KB102594

인문학으로 보는
그리스신화

일러두기

- 인명은 국립국어원의 외래어 표기법에 준하되 일부는 관용적으로 알려진 쪽을 따랐습니다.
- 이름의 원어는 첫 등장 시에만 병기했습니다. 자료에 따라 일부 철자가 다른 경우 국립국어원에서 사용한 표기를 따랐습니다.
- 일부 작품의 경우 제작 연도를 국내외 자료마다 조금씩 다르게 추정하기도 합니다. 이 책에서는 저자가 조사한 것을 기준으로 캡션에 넣었습니다.

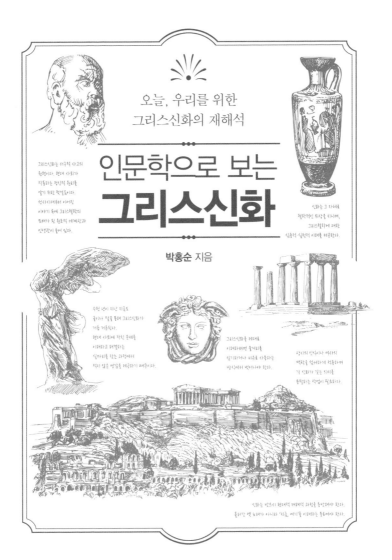

오늘, 우리를 위한
그리스신화의 재해석

인문학으로 보는
그리스신화

박홍순 지음

마로니에북스

그리스신화로 품는 새로운 질문,
지금의 나를 위한 인문학

그리스신화는 서구적 사고의 원형이다. 서구인의 기본적인 생각 틀을 형성한 가장 큰 기둥이 두 개 있다. 하나는 그리스신화고, 다른 하나는 기독교문화다. 어느 하나로 우열을 가리기 힘들기는 하지만 신화가 더 깊고 촘촘한 뿌리를 지닌다. 문학이든 철학이든 서양 고전을 읽을 때면 시도 때도 없이 툭툭 튀어나온다. 단순히 유용한 비유의 역할로 한정되지 않는다. 어떻게 생각하고 판단할 것인지에 대한 기준을 제공한다. 워낙 어려서부터, 그리고 수없이 많은 세대에 걸쳐 축적되어 왔기에 서구적 사고방식의 DNA라고 해도 과언이 아니다. 그러한 의미에서 서구적 사고의 원형이라는 표현이 적합하다.

서구를 이해하기 위한 가장 일차적이고 핵심적인 통로다. 현재 서구는 정치·경제만이 아니라 문화나 학문 영역에 이르기까지 전 세계에 막강한 영향력을 발휘한다. 한국의 제도와 규범, 문화의 중요 부분을 서구적 요소가 차지한다. 현대 사회가 작동하는 정신적 원리를 알기 위해서는 서구적 사고의 이해가 필수적이다. 그 첫걸음에 그리스신화가 있다.

주변에서 그리스신화에 대해 웬만큼 알고 있다고 생각하는 사람들을 자주 접한다. 비록 단편적인 내용이라 하더라도 몇 가지 대표적인 신화의 줄거리를 꿰고 있다. 그런데 언제 읽었느냐고 물어보면 대부분 초등학교나 중학교 시절을 떠올린다. 그래서인지 그리스신화를 동화 속의 이야기 정도로 치부하는 경우가 많다. 하지만 몇몇 신화의 줄거리를 기억하고 있다는 사실이 중요한 게 아니다.

그리스신화는 3천 년도 더 된 유서 깊은 고전이다. 선사 시대부터 이야기가 시작되어 기원전 16-12세기 미케네 시대에 이르러 본격적으로 원형이 형성되었다. 그 후 입에서 입으로 전승되어 오다가 8세기 즈음 호메로스Homeros와 헤시오도스Hesiodos 등 서사 시인에 의해 체계적 형태로 서술되었다. 그리스 역사가 헤로도토스Herodotos가 이들이 그리스인들에게 신을 만들어주었다고 말했을 정도로 절대적인 위치를 차지한다.

신화에는 그리스철학의 모태가 되는 원초적 세계관과 인생관이 들어 있다. 우리는 그리스신화를 통해서 그리스철학이 어느 날 갑자기 개벽처럼 찾아온 것이 아니라 10세기 이상에 걸친 사유 방식의 축적과 전환 과정의 산물임을 발견할 수 있다. 그만큼 신화는 그 자체로 독립적으로 하나의 철학적인 위상을 지닌다. 더 나아가서는 그리스철학에 대한 심층적·실천적 이해에 한 발 더 바짝 접근할 수 있는 기회를 제공한다.

흔히 유행처럼 쓰이는 말이 "신화적 사고에서 이성적 사고로"라는 구절이다. 반은 맞고 반은 틀린 규정이다. 고대 사회에 신화적 사고가 풍미한 데 비해 근대와 현대 사회에서 이성적 사고가 지배적인 지위를 차지한다는 점에서는 맞는 말이다. 아직 문자가 존재하지 않거나 일반화되지 않았던 시대, 그리하여 불가피하게 구전에 의하여 정보가 전달된 시대에 신화는 가장 훌륭한 기록의 방식이었다. 때문에 직접적 기록이 부족한 시대의 사유 방식을 이해하는 데 있어서 신화는 매우 유익하다.

하지만 마치 '이제 신화적 사고는 사라지고 이성적 사고로 모두 대체되었다'고 생각한다면 잘못이다. 신화의 의미는 과거로 한정되지 않는다. 흔히 신화가 상상에 따른다면 이성은 개념과 논리에 기초하기에 상반된 것이라고 여긴다. 하지만 신화 안에 이미 이성적 사고의 단초가 마련되어 있다. 그리고 현대의 합리적 사고 안에도 신화의 문제의식이 적지 않게 녹아들어 있기도 하다.

그리스신화를 제대로 이해하기 위해서는 줄거리를 암기하는 방식, 비유로 사용하는 방식에서 벗어나야 한다. 역사적·철학

인문학으로 보는 그리스신화

적 맥락과 연결시켜 해석하는 일이 가장 중요하다. 신화는 언제나 특정한 역사적 배경 아래서 탄생한다. 그러므로 당시의 인식이나 역사의 맥락을 섬세하게 적용하며 각 신화가 갖는 의미를 통찰하는 작업이 필요하다.

또한 그리스신화가 하나의 갈래가 아니라는 점도 면밀한 해석이 필요함을 알려준다. 그리스 내에서도 동일한 신화에 대한 상반된 이해가 있다. 예를 들어 호메로스에 귀족의 이해가 반영되는 면이 강하다면, 헤시오도스에는 부분적으로 평민의 시각이 스며들어 있다. 특히 민주정 시기 비극 작가들의 저작에는 시대적인 환경과 맞물리면서 민중적 시각이 적지 않게 담긴다. 시민들 앞에서 공연되기에 평민 정서의 반영은 자연스러운 일이다. 서로 다른 갈래를 비교하며 해석하지 않을 때 신화 이해가 방향을 잃고 방황하게 된다.

또한 반드시 현대적 재해석 과정을 동반해야 한다. 수천 년이 지난 지금도 글이나 말을 통해 거듭 거론되는 것은 과거에 대한 향수나 풍부한 지식의 자랑을 위해서가 아니다. 현대의 인간과 사회에 닥친 문제를 이해하고 해결하는 실마리를 찾는 과정에서 적지 않은 영감을 제공하기 때문이다. 사회적 상황이나 인류의 과제와 관련해서 새로운 발상을 찾아내는 계기여야 한다. 흘러간 옛 노래가 아니라 '지금, 여기'를 이해하는 통로여야 한다.

현대적 재해석이기 위해서는 비판적 접근이어야 한다. 신화는 과거의 모사물이기 때문에 재해석 과정에서 비판적 검토가 필요하다. 하지만 그 비판은 신화를 상상의 산물일 뿐이라며 허위성을 증명하는 데 두는 게 아니다. 오히려 진정한 바탕을 되찾는 일이다. 진실이 신화라는 외피를 쓰고 나타나기 때문에 두꺼운 껍질을 벗겨내고 그 안에서 진실의 단편을 찾아내야 한다.

이 책은 신화의 의미를 제대로 이해하기 위하여 고대 그리스의 저작을 중심으로 분석하고자 했다. 그리스 서사시의 양대 산맥인 호메로스와 헤시오도스는 물론이고, 그리스 문법학자로 신화를 집대성한 아폴로도로스Apollodoros, 소포클레스Sophocles · 에우리피데스Euripides · 아이스킬로스Aeschylos 등 그리스 극작가, 오비디우스Ovidius · 베르길리우스Vergilius · 페트로니우스Petronius 등 로마 작가의 책을 근거로 삼았다. 불핀치Bulfinch를 비롯하여 우리에게 익숙한 근대와 현대 작가의 저작은 신화의 원형을 이해하는 데 오히려 혼란을 초래할 수 있으므로 참고와 분석 대상으로 삼지 않았다.

그리스신화에 한결 흥미롭게 다가서기 위하여 관련된 미술 작품을 통해 이해를 돕도록 했다. 가급적 서양 미술사에서 나름 중요한 위치를 차지하고 있는 화가의 작품에서 골랐다. 단지 특정한 신화 장면이 담긴 그림을 나열한 것이 아니다. 신화의 이해와 재해석 과정에서 필요한 구체적 문제의식과 신선한 발상을 자극할 수 있는 그림을 골라내는 데 심혈을 기울였다. 그림도 언어라는 점을 고려하여 그림에 대한 분석을 통해 내용 전개와 맞물려 인식의 지평을 넓히는 데 도움을 주도록 했다.

이 책을 통해 독자 여러분이 그리스신화에 대한 보다 깊이 있는 이해에 도전하는 계기를 만들었으면 한다. 또한 필자의 재해석을 참고하되 나름대로 현재 한국 사회나 자신의 상황을 창조적으로 해석하는 시도까지 이어진다면 좋겠다. 나아가서는 인문학에 대한 다양한 접근 경로를 마련하는 데 기여했으면 한다.

박홍순

차례

1부

그리스신화로
인간과 세계를 살피다

시시포스

쳇바퀴 인생의 희망은
어디서 오나요?

가장 깊은 절망에 이르는 가혹한 형벌

베네치아 회화의 거장으로서 르네상스를 대표하는 화가 중 한 사람인 베첼리오 티치아노Vecellio Tiziano (1488-1576)의 〈시시포스Sisyphos의 형벌〉은 고통받는 인간을 상징한다. 제우스Zeus가 자신을 속인 죄에 대해 시시포스에게 내린 형벌 이야기다. 저승에서 커다란 바위를 산꼭대기로 밀어 올려야 했는데, 산꼭대기에 이르면 바위는 아래로 굴러떨어져 그대로 또다시 시작해야 한다. 이러한 고역이 영원히 되풀이된다.

그리스 최고의 서사 시인으로 꼽히는 호메로스는《오디세이아》에서 시시포스의 형벌을 이와 같이 설명한다. 오디세우스Odysseus가 저승 세계인 하데스에서 본 장면을 얘기하는 내용이다.

티치아노 〈시시포스의 형벌〉 1549년

"나는 심한 고통을 당하는 시시포스도 보았소. 두 손으로 거대한 돌덩이를 움직이고 있었고, 두 손과 두 발로 버티며 돌덩이를 산꼭대기 너머로 넘기려고 하면 (…) 그 뻔뻔스러운 돌덩이가 도로 들판으로 굴러 내렸소. 그러면 또 기를 쓰며 밀었는데, 몸에서 비 오듯 땀이 흘러내렸고 머리 위로는 구름처럼 먼지가 일었소."

그림은 시시포스가 큰 바위를 어깨에 메고 산 정상을 향해 발걸음을 내딛는 장면이다. 허리를 굽혀 어깨와 등을 바위에 밀착시키고 있어서 온몸으로 바위 무게를 지탱하고 있음이 생생하게 느껴진다. 팔과 다리의 잔근육이 팽팽하게 솟을 정도로 전력을 다해 힘을 쓰는 중이다. 형벌의 느낌을 강조하기 위해 시시포스의 뒤로 지옥의 풍경을 그려 넣었다. 멀리 지옥의 불길이 치솟고, 그를 감시하는 괴물의 눈길이 번뜩인다. 시시포스를 제외하고는 주위를 온통 어둡게 처리해서 고통이 끝이 보이지 않게 이어진다는 점을 강조한다.

그리스신화에서 신이 인간에게 내린 형벌을 워낙 대표적으로 상징하는 내용이어서 많은 서양화가가 극적인 장면을 연출하고자 했다. 대부분의 화가가 신화 내용에 충실하게 바위를 굴려 올리는 방식인데 비해, 티치아노는 독특하게 등에 지고 나르는 모습으로 묘사한다. 굳이 신화의 이미지와 살짝 다르게 묘사한 이유가 있을 것이다. 큰 바위를 산 위로 굴리는 모습이 이야기로는 가능하지만 현실성이 없다. 티치아노는 등에 진 모습을 통해 실제 인간에게 가해지는 고통을 설득력 있게 전달하고 싶었던 듯하다.

몸을 숙이고 바위를 든 두 팔 아래로 시시포스의 얼굴이 보인다. 빛을 등졌고 팔로 가려서 어둡기는 하지만 어렴풋이 표정을 볼 수 있다. 그런데 상식적으로 떠올릴 수 있는 우리의 예상과는 달리 고통에 허덕이는 표정이 아니다. 바닥을 보고 있지만 다음 발걸음을 디딜 곳을 향하지도 않는다. 오히려 무언가 골똘하게 생각에 잠긴 분위기에 가깝다.

티치아노의 관심이 시시포스가 얼마나 큰 '고통'을 받는지를 드러내는 것보다는, 어딘지 '고뇌'로 향하는 게 아닌가 싶다. 보다 정확히 말하자면 그림을 감상하는 사람들에게 시시포스의 고통을 안쓰러워하기보다는 그를 보면서 깊이 있는 생각에 잠기기를 권하는 게 아닐까? 티치아노의 권고를 따라가려면 신화의 의미로 한 발짝 더 다가설 필요가 있다.

사실 시시포스 형벌의 진정한 의미는 바위를 산꼭대기까지 올리는 과정에서 겪는 육체적 고통에만 있지 않다. 그리스신화에는 더욱 극심한 고통을 형벌로 주는 경우가 드물지 않게 나온다. 그럼에도 불구하고 전체 신화를 놓고 형벌의 대명사로 시시포스가 떠오르는 것은 다른 점에 주목하기 때문이다.

바로 영원히 되풀이되는 '반복' 자체가 당장의 육체적 고통 이상의 형벌이다. 비록 처음에는 어떤 의미를 느꼈을지라도 단순 행위를 반복하면 얼마 지나지 않아 성취감은 사라진다. 행위의 의미가 사라지는 순간 오롯이 반복만 존재한다. 그만큼 다른 요소가 섞이지 않은 순수한 고통만 남는다. 특히 반복은 끝이 없는 어두운 터널 속을 걷거나, 바닥이 없는 수렁으로 빠지게 한다. 사람들을 희망의 근거가 어느 하나도 남지 않은 절망으로 밀어 넣는다.

몇몇 나라 군대에서 가장 효과적인 징벌로 삽을 들고 땅을 일정한 깊이까지 팠다가 다시 덮도록 하는 행위를 하루 종일 반복하도록 시킨다고 한다. 차라리 전쟁에 필요한 참호를 파거나 막사 짓는 일을 시킨다면 육체적 고통은 더할지라도 형벌로 느껴지지는 않는다. 하지만 의미가 사라진 반복 속에서 육체적 고통보다 더한 정신적 고통이 극대화된다.

러시아 문학을 대표하는 도스토옙스키Dostoevsky가 '강제로 누군가에게 물이나 흙을 한곳에서 다른 곳으로 옮긴 직후에 다시 원위치로 옮겨놓는 일'을 계속 시키는 형벌보다 더 큰 고통은 없을 것이라 하면서 만약 이러한 형벌을 며칠만 겪으면 목을 매달아 자살할 것이라고 말한 바 있다. 다분히 시시포스 신화를 염두에 두고 한 말이었으리라. 또한 프랑스 소설가 알베르 카뮈Albert Camus는《시시포스의 신화》에서 "무익하고도 희망 없는 일보다도 더 무서운 형벌은 없다고 신들이 생각한 것은 일리 있다."라고 했다.

그리스인들은 참으로 철학적인 기질이 다분하지 않았나 싶다. 대부분의 고대 국가 형벌에서 확인할 수 있듯이, 보통은 살이 찢어지고 몸이 타는 극심한 육체적 통증에서 형벌의 극심함을 가늠한다. 동서양을 막론하고 근대 국가 이전의 형벌은 어떻게 하면 인간의 육체적 감각을 더 고통스럽게 자극할 수 있는가에 초점을 맞췄다. 하지만 그리스인들은 신화를 통해 육체적 고통만큼이나, 때로는 그 이상으로 사람들을 절망에 빠지게 하는 고통을 반복에서 찾았으니 그들의 정신적 통찰이 한편으로는 놀랍다.

시시포스의 형벌을 생각하는 동시에 내게 떠오르는 이미지가 하나 있다. 누구나 어느 땐가 한 번쯤은 읽었을 소설 속의 장면이다. 생텍쥐페리Saint-Exupéry의 《어린 왕자》에 나오는, 어린 왕자가 다섯 번째로 찾아간 아주 이상한 별 이야기다. 아주 작은 별이어서 가로등 하나와 등지기 한 명이 겨우 서 있을 자리밖에 없었다. 처음에는 이 별에 가로등과 등지기가 무슨 소용이 있는 건지 도무지 이해할 수가 없었다.

그래도 어린 왕자는 처음에 등지기가 나름대로 의미 있는 일을 하고 있다고 생각한다.

'적어도 그가 하는 일은 의미 있는 일이야. 가로등을 켜는 일이 별을 더욱 빛나게 하겠지. 꽃 한 송이가 피어나거나 별이 하나 더 생겨나는 것과 같이 말이야. 그가 가로등을 끌 때면 꽃이나 별은 잠들겠지. 정말 아름답고 유익한 일이야.'

하지만 별에서 확인한 현실은 전혀 다르다. 어린 왕자가 "왜 방금 가로등을 껐어요?"라고 물으면 "저녁이야."라고 답한다. "그런데 왜 방금 다시 가로등을 켰어요?"라고 물으면 "아침이네."라고 한다. 가로등을 켰다가 끄는 일을 계속 반복할 뿐이다. 별이 작아서 하루에도 여러 번 해가 뜨고 지기에 등지기는 쉴 새 없이 같은 행동을 한다. 나이가 꽤 든 지금까지도 매일 그러했고, 앞으로도 변화는 없을 것처럼 보인다.

행위 형태만 다를 뿐 시시포스의 반복과 다를 바가 없다. 비록 어린 왕자는 '별을 더욱 빛나게 하고, 다른 사람을 생각하며 일한다는 점에서 의미가 있다'고 생각하지만 등지기에게는 이미 의미는커녕 아무런 생각도 없다. 가로등을 켜고 끄는 기계적인 동작만 있을 뿐이다. 그저 쉬거나 잠을 자고 싶을 뿐이다. 반복 속에서 의미는 온데간데없이 사라지고 오직 고통스러운 일상만이 남아 있는 상태다.

왜 시시포스에게 최악의 형벌을 주었을까?

시시포스 형벌의 의미를 보다 깊이 통찰하는 데는 그리스의 항아리 그림 〈시시포스를 감시하는 페르세포네Persephone〉가 상당히 흥미로운 단서를 제공한다. 그림에 묘사된 모습은 아주 단순하다. 오른쪽에는 시시포스가 힘겹게 바위를 들어 올리는 중이다. 가운데 페르세포네가 두 눈을 부릅뜨고 혹시 꾀를 부리지는 않는지를 지켜보고 있다. 그런데 문자로 전해지는 신화에서는 이 장면을 찾아보기 어렵다.

글의 형태로 남아 있는 그리스신화는 제한적인 내용만을 전해준다. 대표적인 그리스 작가에 의해 저술된 신화는 여러 도시국가에 흩어진 각 지역의 신을 조합하여 정리한 방식이다. 국가로의 통합 과정에서 신화도 제우스를 정점으로 하는 서열화된 체계를 갖추었지만, 원래는 다양한 갈래로 퍼져 있던 내용이다. 호메로스나 헤시오도스가 집대성한 신화와는 맥락이나 세부 내용에서 차이가 있는 다양한 이야기가 그리스인들 사이에서 입을 통해 전해지고 있었을 것이다.

항아리 그림에서 페르세포네가 감시하는 모습에 주목할 필요가 있다. 일상에서 사용하는 항아리 그림에 신화의 대표적 장면을 담았다는 점을 고려할 때, 당시 그리스인 사이에서는 페르세포네의 감시가 널리 퍼졌던 듯하다. 상식으로 따지자면 저승의 신이자 속임을 당한 하데스Hades가 감시자로 등장해야 자연

그리스 항아리 〈시시포스를 감시하는 페르세포네〉 기원전 530년경

스럽다. 감시 기능과 아무 상관없는 그녀의 등장 자체가 너무나 어색하다. 당시 그리스인들이 어색함을 무릅쓰고 그녀를 연결시킨 것은 시시포스의 형벌에 특별한 의미를 부여하려는 의도임을 충분히 짐작할 수 있다. 그녀의 감시가 의미하는 바를 이해하기 위해서는 관련된 신화 내용을 대략 알 필요가 있다.

페르세포네는 곡물의 성장과 땅의 생산력을 관장하는 대지의 여신 데메테르Demeter와 제우스 사이에서 태어난 딸이다. 절세의 미인이었는데 저승의 신 하데스가 한눈에 반해 납치한다. 분노한 데메테르가 자기 일에서 손을 떼버리자 가뭄이 찾아왔고 초목과 곡식이 말라버렸다. 그녀를 돌려보내라는 명령을 하데스가 거부하자 제우스는 1년의 3분의 2는 지상에서 어머니와 살고 나머지 3분의 1은 하데스의 왕비로 지내라는 절충안을 내놓았다. 그래서 딸이 없는 동안 데메테르는 슬픔에 빠져 지상을 돌보지 않았고, 딸이 오면 기쁨에 넘쳐 대지에 다시 온갖 생명이 자라났다.

페르세포네에 관련된 신화는 농사를 통해 곡식을 거둬들이는 과정을 의미한다. 그녀는 곡물을 상징하는 존재로서 그림이나 조각에서 흔히 밀알을 든 모습으로 등장한다. 페르세포네의 또 다른 이름인 '코레Kore'는 씨앗을 뜻하는 영어 '코어Core'의 어원이기도 하다. 그녀가 대지의 여신인 어머니의 곁을 떠나지하 세계에 있는 때는 농한기, 그녀가 돌아온 일 년 중 3분의 2

기간은 씨를 뿌리고 곡물이 자라나 수확에 이르는 농번기에 해당한다.

페르세포네가 감시자로서 형벌을 받는 시시포스와 함께 있는 신화의 설정은 인간 현실과 밀접하게 맞물린다. 시시포스의 고역이 단순히 죄에 대한 혹독한 대가라는 일반적인 의미가 아니라 인간의 일상 활동, 즉 농사일을 비롯한 노동의 반복과 직접 연결된다. 그러고 보면 농업에서의 노동은 시시포스의 형벌을 닮은 구석이 참으로 많다. 땅을 갈고 김을 매고 곡식을 거두는 과정에서 매일 거의 동일한 노동을 되풀이해야 한다. 또한 매년 같은 형태의 노동이 되풀이된다. 태어나서 죽을 때까지 땅에 속박되어 같은 행동을 해야 한다.

페르세포네는 인간이 노동의 반복 과정에서 꾀를 부려 나태함에 빠지지 않는지 감시하는 역할로 등장한다. 호메로스는 《일리아스》에서 그를 가리켜 "인간 중에서 가장 꾀 많은 시시포스"라고 한다. 신화에서 꾀가 많은 대표적인 영웅으로 등장하는 오디세우스가 시시포스의 아들이라는 점도 그가 인간의 꾀를 상징함을 잘 보여준다. 그가 제우스로부터 가혹한 형벌을 받게 된 이유도 바로 꾀 때문이다.

시시포스는 자신을 데리러 온 죽음의 신에게 꾀를 부려 어떻게 데려갈 것인지를 묻는다. 사신이 수갑을 보여주며 자기 손을 채우는 시범을 보여주는 바람에 갇힌 신세가 된다. 제우스는 전쟁의 신 아레스Ares를 보내 시시포스를 잡아들인다. 시시포스는 저승으로 끌려가면서도 아내에게 자기 시체를 매장하지 말고 광장 한복판에 던져 놓으라고 일러둔다. 그는 저승의 신 하데스에게 자기 시신을 묻어 주지도 않고 장례도 치르지 않는 아내를 혼내주고 다시 돌아오겠다고 사정한다. 물론 그가 돌아오지 않은 것은 당연하고, 시시포스는 다시 꾀를 부려 신을 속인 죄로 바위를 굴려 올리는 형벌을 받게 된 것이다.

시시포스의 형벌이 국가 권력을 상징하는 제우스에 의해 내려졌다는 점에서 일반 사람들에게 노동을 평생의 운명으로 강요하는 고대 국가의 현실을 반영한다. 페르세포네는 최고 권력자인 제우스가 보낸 감시 대리인이다. 시시포스는 아주 예외적이고 특별한 사람이거나 특수한 상황에 처한 것이 아니다. 당시 주된 노동이 농업과 연관된다는 점에서, 매일 고되게 일하며 살아가야 했던 그리스인 대부분의 자화상이다. 평민은 평생 고된 노동을 해야 할 운명이라는 강압적 논리 아래 살아야 했고, 꾀를 부려 이 운명에서 벗어나거나 게으름을 피우는 것은 감시와 처벌 대상이 된다는 경고를 받아야 했다. 그리스인들은 자신이 바로 시시포스이고, 국가로부터 반복 노동이라는 형벌을 강제 받으며 살고 있다는 생각을 했다.

시시포스 안에 갇힌 우리의 희망

어린 왕자가 만난 작은 별의 등지기는 고대 그리스인만이 아니라 현대를 살아가는 우리 대부분도 시시포스의 반복 안에서 살아가고 있음을 보여준다. 자신의 일상을 되돌아보면 어렵지 않게 끄덕여진다. 반복의 전형적인 양상은 생산직 노동에서 나타난다. 대부분의 공정이 컨베이어 벨트 시스템 아래에서 단순 동작만 반복하는 형태로 진행된다. 기계와 인간을 구분하기 어려울 정도로 매일 동일한 동작에서 벗어나지 못한다. 등지기의 일과 형태만 다를 뿐 기계적인 노동이 지배하는 삶이다.

사무직 노동이라고 해서 사정이 크게 다르지 않다. 일 전체의 관장은 자본가나 극히 일부의 임원으로 한정되고, 직원은 분업 체계에서 맡겨진 지극히 부분적인 일을 반복한다. 정해진 근로 시간과 장소 안에서 어제의 근무 형태와 동일하게 오늘을 보낸다. 대부분의 사무직 노동자가 자신의 일상을 다람쥐가 쳇바퀴를 돌리는 일에 비유하는 것에 수긍한다.

시시포스의 삶에 갇힌 점에서는 동일하지만 그리스인과 현대인은 큰 차이가 있다. 그리스인들 자신이 형벌을 받고 있다는 자각을 가졌다. 노동labor의 원어는 라틴어로 구속·형벌을 뜻한다고 한다. 기독교 성서에도 노동은 신이 내린 형벌이다. 창세기에 의하면 명령을 어기고 선악과를 먹은 인간에게 신이 내린 형벌이 노동이다. 그만큼 자기 현실이 어디에 발 딛고 있는지

직시하고 있었다. 반면 현대인은 일에 대해 형벌은커녕 인간으로서 마땅하게 감내해야 할 숭고한 의무처럼 여기는 경향이 강하다. 사회는 사회대로 일상의 지루한 반복과 노동을 '젊어서 고생은 사서도 한다'거나 '고생 끝에 낙이 온다'며 부추긴다.

프랑스 조각가 에밀 그레구아르Émile Grégoire (1871-1948)의 청동 조각 〈시시포스〉는 현대 사회가 유포하는 시시포스의 이미지를 엿보게 한다. 외형적으로는 시시포스를 다룬 다른 그림이나 조각과 마찬가지로 바위를 산 위로 올리는 장면이다. 그런데 언뜻 보이는 모양은 비슷할지 몰라도 조각이 풍기는 분위기가 자못 다르다.

몸이 바위 무게에 잔뜩 눌리고, 시선도 겨우 자기 발밑의 땅에서 벗어나지 못하는, 혹독한 고역의 수렁에서 허우적대는 죄인의 모습이 아니다. 한쪽 다리를 쭉 뻗고 허리를 곧추세운 모습, 산 정상을 향하는 시선에서 형벌보다는 현실의 어려움을 뚫고 나아가는 도전과 미래를 향한 도약 느낌이 강하다. 정면에서 얼굴을 봐도 고통으로 일그러진 표정과 거리가 멀다. 정상을 뚫어져라 응시하는 시선에서 어려움을 넘어서겠다는 극복 의지가 느껴진다.

오늘의 고행을 희망찬 미래를 향한 투자로 보라고 권하는 듯하다. 꾀를 부리지 않고 맡겨진 의무에 묵묵히 충실하게 임할 때 더 나은 내일이 보장된다는 메시지 말이다. 고통스러운 반복

인문학으로 보는 그리스신화

그레구아르 〈시시포스〉 19세기 말

생활과 노동을 미래를 위한 밑거름으로 여기라는 현대 사회의 노동 윤리를 보는 듯하다. 이러한 노동 윤리가 지배하는 사회에서 사람들에게 자신이 시시포스의 형벌을 받고 있다는 자각은 폭넓게 형성될 리 만무하다.

시시포스가 현대인의 삶이고, 그 고역이 우리에게 가해진 '형벌'임을 보기 위해서는 신화는 물론이고 현실에 대한 예리한 이해가 필요하다. 카뮈가 《시시포스의 신화》에서 던진 문제 의식은 충분히 새겨들을 만하다.

> "오늘날 노동자들은 매일 같은 일에 종사하는데, 그 운명도 역시 부조리다. 그러나 그들이 의식적이 되는 드문 순간에만 비극적이다. 신들의 노동자인 무력하고도 반항적인 시시포스는 비참한 조건의 전모를 알고 있다."

카뮈도 현대 노동자의 비극이 '시시포스 안에 갇혀 있다'고 한다. 하지만 무의미하게 반복되는 형벌이라는 비극은 저절로 사람들에게 느껴지는 것이 아니다. 비극을 비극으로 인지하는 사람만이 자신이 비극의 주인공임을 깨달을 수 있다. '의식적이 되는 드문 순간'에만 형벌을 받고 있음을 확인한다. 관성에 따른 삶이 아니라 스스로 일상을 의식적으로 되돌아보고 어떤 상태에 있는지 냉철하게 객관화할 때만 반복의 본질이 형벌에 있음을 알게 된다.

그런데 왜 '드문 순간'에만 찾아온다고 하는가? 대부분의 순간을 관성 안에서 살아가기 때문이다. 빠르게 달리는 열차 안에 있을 때 바깥 경치를 보지 않는 이상 전혀 속도감을 실감하지 못하듯이 말이다. 우리도 마찬가지로 일상에 빠져 제자리를 맴도는 자신을 발견하지 못한다. 게다가 어려서부터 자연스러운 의무나 운명으로 받아들이도록 훈련받아 왔기 때문이다. 초등학교에서 고등학교에 이르는 오랜 교육 기간 동안 반복을 자연스러운 일상으로 느끼도록 철저하게 훈련받는다.

매일 아침에 등교하여 저녁에 집으로 돌아오고, 수업과 잠시의 휴식 시간이 되풀이되는 방식이다. 직장 생활의 반복 패턴과 동일하다. 초등학교에서 고등학교까지 기본적인 학교 교육만 무려 12년이다. 말보다 더 강한 영향력을 발휘하는 것은 장기간 몸으로 익히는 관성이다. 나아가 직장 생활은 생계와도 직결되기 때문에 더욱 강력하게 반복으로서의 삶을 자발적인 선택으로 여기도록 만든다.

그렇기 때문에 자신이 시시포스라는 깨달음은 깨어 있는 의식으로 자기를 객관화하는 아주 짧은 순간에만 찾아온다. 그러한 노력을 하는 소수의 사람에게만, 그나마 의식의 날을 날카롭게 세운 순간에만 '비참한 조건의 전모'를 드러내준다. 혹시 현대 사회로 올수록 민주주의가 확대되고 노동 조건도 개선되고 있기에 반복 양상이 완화되고 형벌의 성격도 사라지거나 최소한 줄어들고 있는 게 아니냐는 반론을 제기하는 사람이 있을 수 있다.

하지만 현실은 정반대 방향으로 향한다. 다시 어린 왕자가 만난 등지기가 제공하는 단서를 볼 필요가 있다. 어린 왕자가 왜 가로등을 켰다 껐다 반복하느냐고 묻자 등지기는 "그건 명령이야."라고 한다. 자발적인 선택이 아니라 사회로부터 받은 명령 때문에 어쩔 수 없이 쳇바퀴가 있는 다람쥐 통 속에 있다. 그래도 과거에는 지금보다 조금은 더 휴식이 길었다.

"전에는 괜찮았지. 아침에 불을 끄고 저녁이면 불을 켰거든. 낮에 남는 시간 동안 쉬고 밤에 남는 시간 동안은 잠을 잤지."

그런데 문제는 갈수록 반복이 더 심해지고 있다는 점이다. 등지기는 명령 자체는 바뀌지 않았는데 반복의 조건이 달라졌다고 한다. 조건은 더 악화되었는데 명령은 그대로이니 더 문제다.

"그게 문제인 거지. 이 별은 해마다 점점 빨리 도는데. 명령은 바뀌지 않으니 말이야. (…) 이 별은 이제 1분마다 한 바퀴씩 도니까 난 1초도 쉴 시간이 없는 거야. 나는 1분마다 한 번씩 불을 켰다 껐다 해야 되거든."

한 번의 반복이 완료되는 구간이 더 짧아지고, 이에 따라 순환 시간도 짧아졌다는 것이다. 등지기의 토로를 단순히 상상 속의 별 이야기로 치부할 수 없다. 등지기는 우주 이야기가 아니라 우리가 매일 부딪히고 살아가는 현실에 대해 말한다.

과거 농경 사회와 현대 산업 사회를 비교해보라. 농사일은 반복의 주기가 하루나 일 년의 기간을 통해 이루어진다. 어제 했던 일을 오늘 하고, 씨를 뿌리고 수확하는 기간으로 치면 일 년이다. 그리고 비록 봄부터 가을에 이르는 농번기에는 고된 노역에 시달려도, 페르세포네가 하데스에게 가는 몇 달 동안의 농한기에는 숨을 돌리고 반복의 굴레에서 일시적으로나마 벗어날수는 있었다.

하지만 현대 산업 사회에서 노동자의 현실은 상당히 다르다. 매년 몇 달 동안 숨을 돌릴 수 있는 노동자가 과연 있을까? 아무리 보다 나은 노동 조건 아래서 살아가는 북유럽 복지 국가의 노동자라 하더라도 누릴 수 없는 호사다. 무엇보다도 반복 주기가 대폭 짧아진 상태다. 나아가서 의미의 확인도 더욱 어렵다.

과거 농민들은 밭을 갈고, 씨를 뿌리고, 김을 매고, 추수에 이르는 노동을 반복하더라도 이 전체 과정을 자신이 주관하고 결과물에 대해서도 권리를 갖고 있었다. 나름대로 자기 노동으로부터 성취감이라는 의미를 느낄 수 있는 여지가 조금은 있었다. 비록 매일, 매년 반복이라는 삶의 형태가 지배하면서 그나마 느끼던 의미도 점차 사라져버리긴 하지만 말이다. 하지만 현대 노동자가 처한 조건은 전혀 다르다.

고도로 분업화된 체계 속에서 각 노동자는 지극히 세분화된 한 부분의 작업에만 관여한다. 나사를 돌리거나 특정 부품을 본체에 조립하는 부분적인 작업만 반복적으로 할 뿐이다. 단순 반복의 성격이 대폭 강화된 것이다. 작업과 작업 사이의 반복 주기가 짧은 순간으로 좁혀진 것도 당연하다. 이제는 하루나 일년 단위의 반복이 아니라 짧게는 몇 분이나 심지어 몇 초 단위로 쪼개진다. 또한 노동을 거쳐 만들어진 성과물에 대해서도 권리가 없다. 만약 자동차 회사의 노동자가 이 자동차는 내가 만들었으니 내 것이라는 생각을 한다면 미치광이 취급을 받을 것이다. 노동자는 단지 임금을 받을 뿐이다.

명령에 종속되는 정도도 현대의 노동자가 더 강하다. 전통 사회의 농민은 비록 손바닥만 한 땅을 가진 소농일지라도 어쨌든 자기 땅이 있기에 스스로 반복의 정도를 조절할 여지가 조금은 더 있다. 또한 반복의 굴레에서 한 발을 조금이라도 더 떼어냈을 때 그로 인해 발생하는 불리한 결과를 스스로 감당하면 될 일이다. 적어도 타인의 명령에 덜 묶여 있는 조건이기는 하다.

하지만 현대 산업 노동자는 집이나 생활에 사용하는 용품은 자기 소유지만, 노동 과정에 관련해서는 자기 소유라고 할 만한 게 전혀 없다. 공장이나 기계 등 생산 수단은 물론이고 나아가 생산물까지 전적으로 자본가의 소유다. 노동자는 오직 노동력만을 소유할 뿐이다. 그러므로 스스로 판단하고 조절할 수 있는 여지가 거의 없다. 생산 수단을 소유한 사람의 명령에 일방적으로 따르는 방법밖에 없다. 내가 판단할 사이도 없이 컨베이어

벨트가 실어 나른 다음 작업에 몰두해야 한다.

명령의 폭력적 성격이 완화되었지만 전체가 호전되었다고 보기도 어렵다. 과거 신분제 사회에서는 신분적 강제라는 노골적이고 폭력적인 명령 아래 반복 행위를 해야 했다. 신분제가 사라진 현대 사회에선 적어도 명령의 폭력적 성격은 사라졌다. 하지만 명령이 사라진 것이 아니다. '폭력적인' 명령에서 '소리 없는' 명령으로 바뀌었을 뿐 명령은 견고하게 유지되고 있다. 그렇다고 해서 명령의 강도가 줄어들었다고 보기 어렵다.

내가 직장을 다니지 않으면 그만이지 않는가라고 물을지도 모르겠다. 그러한 의미에서 명시적이고 폭력적인 명령은 아니다. 하지만 가진 것이라고는 정신적 · 육체적 노동력뿐이고, 생계가 전적으로 생산 수단을 소유한 사람에게 맡겨져 있는 상황에서, 주어진 반복 행위의 조건으로 걸어 들어가지 않을 방법이 없다. 외형적으로는 자발적인 선택처럼 보이지만 따르지 않을 방법이 없다는 점에서 '소리 없는' 명령이다. 비록 명령의 성격은 덜 폭력적인 방향으로 변화되었지만 생계가 온통 맡겨져 있기에 명령의 구속력은 더욱 강화된다.

폭력이나 명시적인 명령이 눈에 보이지 않기에 사람들은 반복의 양상이 과거보다 훨씬 강화되었음에도 불구하고 오히려 형벌로 인식하는 경우가 더욱 희박해진다. 시시포스의 반복 노동 안에 살면서도 부조리의 덫 안에 갇혀 있음을 인지하지 못한다. 비극의 주인공임을 인식하는 순간, 즉 '의식적이 되는 드문 순간'을 만나기가 더욱 어려워진 것이다.

그렇기 때문에 스스로 현대의 시시포스임을 깨닫고 반복이 주는 습성과 타성에서 벗어나기 위해서는 그리스인보다 몇 배는 더 '의식적'이 되는 수밖에 없다. 사회는 흔히 고통의 끝에 희망이 있다며 사람들이 반복에서 벗어나지 않도록 유혹한다. 하지만 희망은 고통으로부터 자라나지 않는다. 고통은 고통을 낳을 뿐이다. 희망은 고통을 고통으로 인식하고 벗어나려 하는 그 순간 자신의 옷자락을 보여준다. 시시포스로 살고 있음을 분명하게 깨닫고, 시시포스로 살아가기를 거부하려는 순간 희망의 가능성이 열린다.

인문학으로 보는 그리스신화

나르키소스

나 자신을 사랑하는 일이
왜 저주였던 걸까요?

나와 사랑에 빠진 나

그리스신화를 대표하는 화가라고 해도 과언이 아닐 정도로 신화의 극적인 장면을 회화로 연출한 존 워터하우스John Waterhouse (1849-1917)의 〈에코Echo와 나르키소스Narcissos〉는 자기를 사랑하는 사람의 기구한 운명을 다룬다. 우리가 너무나 잘 알고 있는, 자기 자신에 대한 애착으로서의 자기애를 지칭하는 '나르시시즘'의 기원이 된 신화다. 물에 비친 모습에 반하여 자기와 같은 이름의 꽃이 된 나르키소스 이야기 말이다.

그림은 샘에 비친 자신에게 몰입하듯이 빠져 있는 모습이다. 옆에는 사냥을 위해 평소에 늘 갖고 다니던 화살과 화살통이 더 이상 주인의 관심을 받지 못한 채 바닥에 나뒹군다. 한낮의 따가운 햇볕을 막아주는 밀짚모자도 거추장스러운지 옆에 벗어

워터하우스 〈에코와 나르키소스〉 1903년

놓았다. 주위의 아름다운 풍경도 그에게는 아무런 의미가 없다.
근처에서 산의 요정 에코가 이 모습을 지켜보고 있지만 아예 안
중에도 없는 눈치다. 일상의 모든 일을 다 팽개치고 오로지 자
신을 사랑하는 일에만 몰두하고 있음을 보여준다.

　땅바닥에 몸을 최대한 밀착한 것도 모자란 듯 조금이라도 더
물속의 자신에게 다가서기 위해 고개를 샘 쪽으로 내밀고 있다.
아주 조심스럽게 오른손을 뻗으며 자신에게 닿으려 한다. 물에
비친 상대를 향해 손을 내밀고 있어서 직접적인 신체 접촉이 곧
이루어질 것이라는 기대감에 한껏 들떠 있는 표정이 보이는 듯
하다.

　　　　　　　　　　　　　　　인문학으로 보는 그리스신화

나르키소스가 자신을 사랑하게 된 사정은 우리에게 알려진 그대로다. 열여섯 살의 아름답고 건장한 나르키소스는 수많은 여인과 요정의 마음을 사로잡았다. 하지만 워낙 자존심이 강해서 어느 누구도 마음에 다가서는 것을 허락하지 않았다. 그러던 어느 날 요정 에코가 숲속으로 혼자 들어온 나르키소스를 보고는 마음을 빼앗기고 만다.

　하지만 에코는 이미 제우스가 바람피우는 것을 도와준 괘씸죄로 헤라Hera로부터 '다른 사람이 하는 말의 마지막 음절만 반복'하게 된 무서운 형벌을 받은 상태였다. 이 저주로 인해 나르키소스에게 제대로 사랑을 전하지 못하고 무시를 당한다. 모욕에 치를 떨며 숲속 동굴에서 밖으로 나오지도 않은 채 여위어만 가던 에코는 나르키소스도 누군가를 사랑하되 그 사랑을 이룰 수 없게 함으로써 자신과 똑같은 고통을 느끼게 해달라고 복수의 여신에게 빈다.

　복수의 여신은 나르키소스가 샘에 비친 자기 모습에 반하도록 만들어버린다. 마른 목을 축이려고 샘을 찾았던 그는 제 모습에 넋을 잃고 샘가를 떠나지 않는다. 이 무정한 샘물에 입술을 대었으나 소용없고, 만지려고 손을 넣어도 부질없음을 알고 절망에 빠진다. 그렇다고 샘을 떠날 수도 없다. 돌아서는 순간 사랑하는 샘 안의 소년도 동시에 사라지니 말이다. 붙박이처럼 떠나지 못하고 애처롭게 자기 모습을 응시할 뿐이다. 워터하우스는 바로 이 장면을 회화적인 상상력을 동원해 캔버스에 옮긴 것이다.

대략 나르키소스에 대해 들어서 알고 있거나, 나름대로 관심을 갖고 독서로 접한 사람들에게 꽤 익숙한 내용이다. 신화를 소개하는 대부분의 서적도 이 내용을 좀 더 풀어서 설명하는 정도다. 그런데 만약 신화가 전하는 내용이 우리가 알고 있는 여기까지라면 나르키소스는 여신이 쳐놓은 그물에 농락당한 불쌍한 소년 정도에 머문다. 하필이면 고약한 복수심에 불타는 에코를 만나 재수 없이 자신을 사랑하는 어처구니없는 덫에 걸린 사내, 죽을 때까지 사랑하는 대상이 자신인 줄도 모르고 고통을 받은 사내 말이다.

하지만 고대인들의 생각은 좀 달랐다. 로마의 시인 오비디우스가 그리스신화를 다룬 《변신 이야기》에는 샘에 비친 아름다운 소년의 정체가 누구인지를 자각하는 대목이 나온다. 어느 순간 몸을 일으킨 나르키소스가 외친다.

"아, 그랬었구나. 내가 지금껏 본 모습은 바로 나 자신이었구나. (…) 나 자신에 대한 사랑의 불길에 타고 있었구나. 나를 태우던 불길, 내가 견디어야 했던 그 불을 지른 자는 바로 나였구나. (…) 나를 내 몸에서 떨어지게 할 수 있다면 얼마나 좋으랴."

물속의 소년이 그림자여서 자신과 똑같이 움직였음을 알게된다. 스스로를 사랑하고 있었음을 깨닫는다. 그럼에도 불구하고 자신에 대한 사랑을 거두지 못한다. 그 곁을 떠나지 못하는이상 죽음이 기다리고 있다는 점도 잘 안다. 계속 먹지도 못하고 잠도 자지 못하니 결국 죽음에 이를 수밖에 없다. 자신은 죽어도 좋으나 사랑하던 사람만은 오래 살 수 있게 되었으면 하는 바람을 갖지만 이조차도 실현되기 어렵다. 하나가 죽으면 다른 하나도 죽을 운명이다. 그럼에도 불구하고 사랑을 멈추지 않는다.

물론 복수의 여신이 걸어놓은 마법 때문에 나르키소스의 자각 여부와 상관없이 고통의 지속이라는 결과는 같다. 하지만 자각 없이 여신이 쳐놓은 덫만 있다면 오직 외적인 작용만 남는다. 자기를 사랑하는 현상이 인간의 내적인 욕구와는 무관하게외부의 거스를 수 없는 힘에 의해서만 주어지고, 형벌의 의미만지닌다는 결론에 이른다.

하지만 나르키소스가 사랑의 대상이 자신임을 자각했다는내용은 상당히 다른 신화의 의미를 우리에게 제공한다. 자의식과 자기애가 연결될 수 있는 가능성이 생긴다. 일방적으로 거역할 수 없는 상황에 이끌려 자신으로 향하는 데 머물지 않고, 스스로의 판단과 의지가 작용하는 틈이 열린다. 물론 여신의 마법을 무시할 수 없으니 자의식만으로 풀 수 있는 문제는 아니다.

나르키소스 신화는 외부적인 힘과 자의식이 맞물리면서 진행되는 것으로 접근할 때 한결 깊은 이해와 현재의 우리에게 필요한 통찰을 만나게 해준다.

자기애가 왜 형벌일까?

먼저 나르키소스에게 가해지는 외부적인 힘의 의미부터 살펴보자. 그리스신화에서 인간에 대한 외부적인 힘으로서 신의 작용은 단순히 불가사의한 신비만을 드러내지 않는다. 신화의 체계화 과정이 고대 국가의 성립과 맞물려 있다는 점에서 신의 체계는 권력의 체계와 연결된다. 또한 신에 의해 주어지는 형벌은 국가가 사회 구성원에게 강제하는 규범과 긴밀한 연관성을 갖는다.

　나르키소스 역시 인간에게 주어지는 최대 형벌인 죽음으로 막을 내린다. 프랑스 근대 회화의 시조로 불리는 니콜라 푸생Nicolas Poussin (1594-1665)의 〈에코와 나르키소스〉는 그의 최후를 담고 있다. 배고픔도 졸음도 그를 물에 비친 자신에서 떼어놓지 못한다. 사무치는 그리움을 이기지 못하고 풀밭에 배를 깔고 엎드려 자기 그림자만 내려다본다. 사랑의 고통 속에서 몸은 야위어간다. 투명하고 고운 살갗도 빛을 잃고 젊음의 활기도 빠져나간다. 마침내 고개를 들고 자신을 내려다볼 힘조차 남지

푸생 〈에코와 나르키소스〉 1630년

않은 상태에서 풀을 베고 눕자 곧 죽음이 찾아온다. 나르키소스의 시신은 사라져버리고 요정들은 그곳에서 흰 꽃잎이 노란 암술을 싸고 있는 꽃 한 송이를 찾아낸다.

　그림을 보면 풀밭으로 고개를 떨어뜨린 채 죽음으로 빠져들기 직전이다. 이미 몸은 모든 에너지를 소진해 늘어진 상태다. 손은 샘을 향해 몸을 지탱할 힘을 상실했고, 다리는 풀려 의지대로 움직이지도 않는다. 가늘게 눈을 뜨고 있지만 초점을 잃었고 더 이상 버틸 힘이 없는지 영원한 잠을 청하며 감기려 한다.

숲 저편에서 에코가 죽어가는 그를 지켜보고 있다. 바위에 기대어 있는 모습이 마치 자신이 복수의 여신에게 빌어서 실현된 형벌이 어떻게 이루어지는지 한순간도 놓치지 않겠다는 듯하다.

왜 신화는 자기애를, 바꾸어 말해서 왜 국가는 사회 구성원이 자기 스스로를 사랑하려는 시도를 단죄 대상으로 삼는가? 고대 국가는 국가주의를 전제로 해서만 성립한다. 국가가 언제나 개인에 우선한다는 사고방식이다. 특히 공동체와 개인을 넘어 고대 국가를 통해 처음으로 국가가 등장하던 당시에는 국가주의가 더욱 특별한 중요성을 갖는다. 개인의 이익은 국가의 이익에 항상 종속되어야 하고, 국가를 위해서 개인은 언제라도 목숨을 내던져 희생할 준비가 되어 있어야 한다는 도덕률이 강력할 때 국가가 성공적으로 자리를 잡기 때문이다.

국가는 이 세상에 자연스럽게 등장한 것이 아니다. 인류가 지구상에 출현한 이래 백만 년이 넘는 대부분의 기간을 자연적인 혈연 공동체에 기초하여 살았다. 고대 국가가 본격적으로 만들어진 것은 지금으로부터 약 5천 년 전이다. 서유럽은 더욱 늦어서 그리스의 경우 기원전 10세기를 전후하여 제대로 체계를 갖춘 도시 국가가 들어선다. 대부분 노예제에 기초한 '신분 제도'와 무력에 근거하여 강력한 통치를 구축하는 '왕정 체제'를 중심으로 한다.

우리가 상식적으로 생각하는 그리스 민주정은 국가가 자리 잡고 상당한 시간이 흐른 후에야 등장했다. 세계 최초의 민주주의로 평가되는 아테네 민주주의는 기원전 5세기 무렵 시작되었다. 그리스 고대 국가의 출발은 왕정이었다. 도시 국가 사이의 잦은 전쟁으로 귀족의 협력이 중요해지면서 점차 귀족정 형태로 변모했다. 이후 귀족 내부의 소수 세력이 무력을 동원하여 독재적인 지위를 유지하는 참주정이 들어섰다. 참주정은 기원전 7세기 즈음 시작되었고, 아테네에 민주정이 자리 잡은 후에도 상당수 도시 국가에서 기원전 3세기까지 폭넓게 영향력을 행사했다.

고대 국가의 억압적 체제는 공동체나 개인으로부터 자연스럽게 시작되고 정착될 수 있는 방식이 아니다. 소수의 귀족과 다수의 평민으로 수직적인 체계를 갖추는 데 사회 구성원이 자발적으로 동의할 리 만무하기 때문이다. 게다가 노예 처지를 스스로 선택한다는 생각을 할 사람도 없다. 국가에 의한 엄격한 규제와 가혹한 형벌 체계도 국가 이전의 사람들에게는 낯설고 무서운 것이었다. 고대 국가의 성립은 소수 세력이 무력과 재산을 독점하고, 이를 폭력을 통해 정당화하고, 나아가 통치 영역을 확장하는 과정에서 생겨났다.

태생적으로 자연스럽지 않은 강제이자 생소한 운영 원리를 가진 국가가 사람들의 상식과 습관을 지배하기 위해서는 모든 일에 국가를 우선하는 사고방식이 지배해야 한다. 기본적으로 군대를 동원한 폭력이 뒷받침하지만 한계가 있다. 폭력은 억압 질서에 이완이나 균열처럼 일정한 조건이 만들어지면 반발을 초래하기 마련이다.

가장 좋은 방법은 사회 구성원들이 마치 스스로의 동의와 자발적인 선택에 의해 국가가 유지된다는 생각을 갖도록 만드는 것이다. 국가주의가 일상의 삶과 사고를 지배해야 한다. 이를 위해서는 국가주의와 일란성 쌍둥이에 가까운 집단주의가 힘을 받아야 한다. 국가주의나 집단주의를 약화시키는 가장 위험한 적은 개인을 내세우는 사고방식이다. 개인의 이익이나 취향을 우선하게 될 때 신분제에 기반을 둔 강력한 고대 국가 출현이 지장을 받는다.

국가의 논리를 대중적으로 정당화하는 가장 효과적인 수단이 바로 신화다. 입에서 입으로 전해지면서 사람들의 일상적인 사고방식과 습관에 직접 영향을 미치기 때문이다. 그리스신화를 집대성하고 체계화한 호메로스나 헤시오도스는 기원전 8세기에 활동한 서사 시인이다. 이들에 의한 신화의 체계화 과정에 국가주의나 왕정의 논리가 적잖게 스며들어 있음을 놓치지 말아야 한다.

나르키소스의 자기애는 집단이나 국가와 구분되는 개인에 대한 관심을 상징한다. 사람들이 자신에게 관심을 두고 이를 기준으로 선택하고 행동할 때 국가주의나 집단주의가 설 자리는 그만큼 좁아진다. 국가의 이익과 개인이나 작은 공동체의 이익이 충돌할 때 국가의 이익이 뒤로 밀릴 가능성이 생기기 때문이다. 통치 세력 입장에서는 당시 사람들에게 낯설고 부자연스러운 국가를 강제하기 위해 제일 먼저 제거해야 할 불순한 사고방식이다.

나르키소스에게 가해지는 외부적인 힘으로서의 형벌은 심술궂은 여신의 충동적·일시적인 장난이나 신비로운 능력으로 좁혀서 생각할 문제가 아니다. 고대 국가의 권력 체제를 정착시키는 과정에서 필수적이고 가장 긴급했던 과제다. 그러므로 나르키소스 이야기는 사람들의 흥미를 유발하는 단순한 에피소드가 아니라, 국가가 사회 구성원에게 강제하는 규범을 신화라는 대중적 형태를 통해 유포시키는 작업이다.

티셔츠와 청바지를 입은 나르키소스

이번에는 나르키소스 신화에서 찾을 수 있는 자의식 측면에 주목해보자. 극적인 조명 효과와 사실적인 묘사로 바로크 미술의 탄생에 많은 영향을 준 이탈리아 화가 미켈란젤로 카라바조Michelangelo Caravaggio (1573-1610)의 〈나르키소스〉는 나르키소스의 내적인 자각에 주의를 기울이도록 만든다. 나아가서는 자기애의 현대적 의미를 고민하게 한다.

카라바조 〈나르키소스〉 1596년

앞에서 본 워터하우스나 푸생은 물론이고 다른 화가들도 대부분 샘과 숲의 풍경을 담고 에코를 주인공의 일부로 등장시키곤 했다. 하지만 카라바조는 주변 요소를 과감하게 생략한다. 신화의 매개가 되는 에코를 배제하고, 바위나 나무와 같은 부수적인 요소들을 어둠을 이용하여 철저하게 가려버린다. 캔버스 가득 샘을 응시하는 나르키소스와 물에 비친 그림자만 남겨놓는다. 우리의 시선이 카라바조만을 주목하게 만든다.

마치 연극 무대에서 한 줄기 조명이 그를 비추는 듯해서 카라바조의 특징적 화풍이 고스란히 나타난다. 주변에 무엇이 있는지를 구분하기 어려울 정도로 배경을 온통 어둡게 처리한 데 비해 온몸으로 환한 빛을 받고 있는 나르키소스를 연출해서 감상자가 그의 행동과 표정 하나하나를 따라가도록 만든다. 주인공의 섬세한 움직임에 집중하도록 만들 때 신화가 제공하는 대강의 줄거리에서 한발 벗어나 심층적으로 감상하는 거리가 생긴다. 나르키소스가 무엇을 생각하고 어떤 감정을 갖고 있는지에 대해 관심을 갖도록 한다.

그의 표정도 의미심장하다. 서양 회화에서 주인공이 입을 벌리고 있다는 것은 무언가 대화를 하는 상황임을 의미한다. 단지 물에 비친 자기의 외적인 모습에 황홀해하며 빠져 있는 데 머물지 않는다. 대화를 통해 자신과의 소통을 시도하는 분위기를 풍긴다. 카라바조는 외모에 대한 애착만이 아니라 신화에서 내면적인 움직임을 발견하고 이를 회화적으로 묘사하려 했던 듯하다. 그림을 통해 나르키소스의 자의식과 연결되는 통로를 만든다.

특히 그의 의상에 주목할 필요가 있다. 워터하우스나 푸생의 그림에서 나르키소스는 전통적인 그리스 복장을 입고 있다. 직사각형의 천을 반으로 접어 몸에 두른 후 어깨에 핀을 꽂아 고정시킨 헐렁한 옷차림 말이다. 하지만 카라바조는 16세기 이탈리아에서 유행하는 복장을 입힌다. 회화에서 고대 인물에게 현재의 의상을 입히는 설정은 '겉으로 드러난 신화 줄거리에 갇혀 있지 말고 현대적인 재해석을 해야 한다'는 화가의 주문으로 봐야 한다.

오비디우스가 제시한 "내가 지금껏 본 모습은 바로 나 자신이었구나."라는 나르키소스의 자각, 마음이 향한 대상이 자신임을 알게 된 후에도 사랑을 멈추지 않는 것은 자의식 형성을 보여주는 징표다. 신화적인 특징이라고 할 수 있는 상상력과 과도한 설정을 살짝 벗겨놓고 나르키소스 신화에 접근하면 가질 수 있는 새로운 문제의식이다. 카라바조는 상식을 벗어난 혁신적인 묘사를 통해 그의 자의식과 만나도록 안내하는 게 아닐까?

인간의 자신에 대한 관심, 즉 자의식은 개별 존재로서 개인의 발견을 의미하기도 한다. 자신을 사랑하는 '나'는 개인으로서의 자신에 대한 자각이다. 물론 고대 그리스의 조건 아래에서 기본적으로는 공동체적 질서 의식이 개인 의식을 압도했음을 부정할 수는 없다. 집단성이 생존을 위한 절대적 가치로 여겨지던 사회에서 개인의 의미를 찾는 일이 쉽지는 않다.

그러한 의미에서 매우 한정된 범위 내에서이긴 하지만 나르키소스 신화는 공동체와 구분된 개인이라는 발상이 싹트고 있음을 보여준다. 국가나 집단에서 구분된 개인의 의미가 조금씩 관심의 대상으로 자리 잡는 단초라 해도 이를 과도한 해석으로만 치부할 수는 없다. 공동체적 질서의식이 지배하던 시대라고 해서 개인적 의식이나 지향이 전혀 없었다고 보는 것이야말로 단견이고 성급한 일반화다.

실제로 그즈음에 그리스에서는 도시적 생활 양식과 상업이 발달하고, 개인 재산권 관념이 확대되면서 사회적으로 개인적 의식이 자라날 수 있는 토대가 형성되었다. 청중 앞에서 서사시를 낭독하는 시인들 사이에 경쟁 관계가 형성되기도 했고, 시인들은 청중에게 직접 일인칭으로 호소하기도 했다. 이는 사회적으로 개인 의식이 조금씩 형성되어간 사정을 반영한다. 기원전 7백 년을 전후한 시기에 아리스토노토스Aristonothos라는 작자의 서명이 있는 최초의 작품이 나온 것도 그 연장선상에 있다. 기원전 6세기에 들어서는 도기에 '아무개가 만들었다'라든가 '아무개가 그렸다'는 식의 작자 서명이 일반화된다.

국가나 집단만을 의미 있는 가치로 강조하던 시대에 나르키소스는 개인의 가치를 내세우려는 반항아일지도 모른다. 다수가 국가주의 가치에 지배당하고 있을 때 외롭게 집단과 구별되는 존재로서의 자신을 발견하라고 외치는 이단아 말이다. 오직 국가 구성원으로서 자격을 가질 뿐인 국민의 일부로만 살아가기를 강요당하는 상태에서 벗어나 자기 스스로를 '관심의 주체이자 대상'으로 삼는 개인의 선언일 수 있다.

카라바조는 이러한 문제의식을 더 진전시켜 나르키소스에 대한 현대적 재해석을 유도한다. 천 년이 넘는 서양의 중세 역시 개인으로서의 자신을 사랑하기보다는 혐오하도록 가르쳐왔다. 기독교의 핵심적 교리인 원죄설은 모든 인간을 원초적인 죄인으로 규정한다. 신에 의해 만들어진 피조물에 불과한 아담과 이브가 신의 명령을 어기고 선악과를 먹은 이후 그의 후손인 인간은 모두 죄인의 처지다. 자신을 죄인으로 인식하고 자기 몸과 의지에 대해 부끄러워하도록 교육받았다. 중요한 것은 신의 뜻이고 신의 의지다. 사람이 사랑해야 할 대상은 자신이 아니라 오직 절대적 존재로서의 신이다. 그리고 그 신의 권위를 할당받은 교회와 성직자, 영주를 중심으로 한 중세 권력이다.

카라바조는 중세의 해가 지고 근대를 향한 여명이 아주 희미한 빛을 비추는 시대에 당대의 옷을 입은 나르키소스, 다른 요소는 일체 배제한 채 오직 자신에게만 주목하는 나르키소스를 등장시켜 인간이 자기 스스로를 인식하고 사랑하도록 권한다.

그러한 의미에서 카라바조의 작업은 회화적 형식의 혁신을 넘어 발상의 혁신으로 향한다.

우리가 살아가는 21세기 현대 사회에서는 더 이상 나르키소스가 필요 없을까? 이미 개인주의가 팽배한 사회여서 누구나 다 나르키소스로 살아가고 있기 때문에 구태여 자신에 대한 관심과 사랑을 강조할 필요가 없는 시대를 살아가고 있을까? 정말 현대 사회는 자기애가 너무 많아서 문제일 정도로 개인주의가 고도로 발달한 사회이기는 한 걸까?

현대인이 처한 현실을 조금만 되돌아봐도 전혀 다른 양상을 확인할 수 있다. 물론 외형적으로는 자신에 대한 관심이 넘치는 것처럼 보인다. 백화점이나 마트에 가면 같은 용도를 가진 제품이라 해도 수많은 회사에서 내놓은 다양한 상품이 진열되어 있고 우리는 자신의 취향대로 선택하여 소비한다. 하루 종일 쇼핑몰을 돌아다녀도 시간이 모자랄 만큼 매장마다 상품이 넘친다. 자신을 기준으로 삼아 선택할 자유가 전적으로 보장된 상태처럼 여긴다.

자신을 드러내는 개성도 중요한 역할을 한다고 생각한다. '개성 시대'라는 말이 공공연하게 사용될 정도로 개인이 갖는 특성이 강조된다. 길거리에서 만나는 사람들은 저마다 다른 색깔이나 모양의 머리 스타일, 독특한 옷·신발·가방 등으로 치장하고 있다. 프로 스포츠가 활성화되어 있어 축구·야구·농구 등 나름대로 자신이 좋아하는 종목과 팀을 선택하고 열광적으로 응원한다. 다양한 레저나 스포츠 가운데 자기에게 적합한 것을 골라 즐기면서 스스로 개성 있는 라이프스타일을 누리고 있다고 느낀다.

정치적으로도 개성이 존중되고 있다고 생각하는 사람이 많다. 정당과 의회 선거를 통한 참여가 제도적으로 보장되어 있기에 자유로운 선택 안에서 살아간다고 판단한다. 이번에는 이 정당이나 후보를 찍었지만 마음에 들지 않으면 다음 선거에서 다른 정당이나 후보를 선택하면 된다. 더 나아가서 누구나 정치적으로 자신을 실현하고 싶으면 스스로 후보가 되어 선거에 나설 기회도 보장되어 있다.

하지만 피상적으로 보는 눈길을 거두고 실질적인 면에 주목하는 순간 다른 현실을 발견하게 된다. 정말 대다수 사회 구성원에게 소비와 관련하여 진정한 의미의 선택할 자유가 보장되어 있는가? 예를 들어 여러 종류의 스마트폰이 있는 것은 사실이다. 그러나 주어진 몇 종류 가운데 하나를 선택할 수 있을 뿐이다. 그나마 가격 차이도 현격해서 자신의 재정 상태 안에서만 고를 수 있다. 더 심각한 문제는 스마트폰을 사용하지 않고 살아가는 선택, 어떤 의미에서는 더 중요한 선택을 하기가 어렵게 되어 있다는 점이다. 과거에는 흔했던 공중전화를 이제는 길거리에서 거의 발견할 수 없어서 휴대폰 없이는 살아가기 힘들게 만들어져 있다. 사회적 분위기도 스마트폰 없이 사는 사람을 야만인으로 취급한다.

다른 상품도 마찬가지여서 우리가 매장에서 고르는 행위는 몇 가지 주어진 선택지 안에서 이루어질 뿐이다. 어디를 가나 사회의 문화 전반이 소비를 중심으로 편재되어 있어서 오직 더 많은 소비만이 더 많은 행복을 보장하는 것처럼 되어 있다. 현대 사회는 소비 중심의 삶과 가치 중심의 삶 가운데 어디로 향할 것인가라는 더 중요한 선택에 대해서는 사실상 닫혀 있다. 대량 생산은 대량 소비를 전제로 해서만 성립하기에 소비만을 미덕으로 삼도록 강제된다. 그 안에서의 제한된 선택만이 허용된다.

개성도 많은 면에서 착각이거나 환상일 수 있다. 각자는 자신의 개성을 연출하고 있다고 생각하지만 사회 전체적으로 보면 획일화된 문화 안에서 살아간다. 지금 길거리에 나가 사람들의 모습을 살펴보라. 당사자는 독특하다고 생각하겠지만 실제로는 비슷한 스타일의 머리와 옷·신발이 넘친다. 심지어 화장법도 비슷해서 이 사람이 저 사람 같은 경우가 많다. 이른바 '유행'이라는 장치를 통해 비슷한 방식으로 자신을 꾸미도록 한다. 유행을 누가 만드는가? 개인의 선택이 모여 유행이 형성된다고 생각하는 사람은 거의 없다. 유행은 사회적으로 만들어지고 조장된다. 관련 기업의 제품 기획과 마케팅 전략에 의해 조작되는 현상임에도 불구하고 우리는 자신의 선택에 의한 개성의 실현이라는 착각을 갖고 살아간다.

정치적인 다양성과 선택도 매우 한계적이기는 마찬가지다. 한국의 정치 현실만 봐도 어렵지 않게 알 수 있다. 지난 수십 년 동안 선거 경험을 돌이켜볼 때 과연 유권자의 선택지가 늘어났다고 말할 수 있는가? 선거 때만 되면 매번 '그 나물에 그 밥'이라거나 심지어 '그놈이 그놈'이라는 격한 표현까지 등장한다. 주요 정당은 빈번하게 이름만 바뀔 뿐 정치적 지향이나 행태는 거의 변화가 없다.

기존 정치인과 정당에 대한 팽배한 불신에도 불구하고 판박이처럼 비슷한 상황이 반복된다. 약간의 차이를 갖는 보수 정당 내에서의 교체에 머문다. 유권자에게 보장되어 있는 것은 '최선이 아니더라도 최악은 피해야 한다'는 궁색한 논리 안에서의 선택이거나 정치적 무관심이라는 더 나쁜 선택이다. 스스로 뜻을 갖고 선거에 나서는 일은 더욱 어렵다. 정당 공천과 출마가 인맥과 돈에 좌우된다는 점을 누구나 잘 알고 있기 때문이다.

결국 현대 사회가 제공하는 선택할 자유는 지극히 제한된 조건 아래서 한정된 대상 내의 선택이다. 그러한 의미에서 '강요된 자발적 선택'이라는, 기묘하고 모순적인 상황에 처해 있다. 보다 정확히 말하자면 '모순'이라고 말하기도 어렵다. 그것 말고는 선택할 여지가 없다는 점에서, 즉 강요가 본질적·전면적이고 자발성이 부차적·부분적인 성격을 갖는다는 점에서 개인의 자유와 선택은 허구에 가깝다.

현대 사회에서 자신에 대한 관심과 사랑이 충분하다는 발상은 만들어진 환상에 불과하다. 여전히 개인보다는 사회적인 필요나 이익이 지배적인 힘을 갖고 개인의 사고와 일상을 조이고 있다. 나르키소스를 그저 신화적 설정에 불과하다고 무시하거나, 혹은 현실과 연결 짓더라도 재수 없이 못된 운명의 덫에 걸린 예외적인 불행으로 보거나, 조금 더 적극적으로 자의식을 인정한다 해도 이미 현대 사회에서는 실현되었기에 고민의 대상이 되지 못한다고 보는 시각은 별로 설득력이 없다.

과거만큼이나 개인에 대한 사회적 영향력이 막강한 현재도 나르키소스가 여전한 생명력을 지녀야 한다. 오히려 현대 사회에서 더 많은 사람이 자신을 사랑하는 나르키소스의 후예여야 한다. 우리는 이제 티셔츠와 청바지를 입은 나르키소스를 상상해야 한다. 전통 사회에서는 국가나 종교라는 직접적인 덫이어서 나르키소스가 맞서야 하는 상대가 누구인지 비교적 분명하게 보였다. 하지만 현대 사회는 소비·문화·대중 매체 등 보다 교묘한 수단에 의한 간접적인 덫이 사방에 깔려 있어서 상대를 확인하는 일이 더욱 어렵다. 그렇기 때문에 더 강하고 더 영리한 나르키소스로 살아야 한다.

가이아와 크로노스
지배 질서가 아니면
무질서이고 악인가요?

자식을 잡아먹는 아비의 광기

예전에 스페인 프라도 미술관에서 어떤 그림 앞에 선 순간 발이 땅에 붙어버린 듯 긴장감에 휩싸였던 기억이 난다. 숨이 턱막히는 기분에다 뭔가 등골이 서늘해지는 느낌까지 들었다. 한동안 자리를 뜨지 못하고 계속 응시하도록 내 시선을 붙잡았다. 미술관을 나온 이후에도 화집이나 화면을 통해 접할 때면 당시의 전율 비슷한 느낌이 되살아났다. 바로 프란시스코 고야Francisco Goya (1746-1828)의 〈자식을 잡아먹는 크로노스Cronos〉다.

　하늘의 지배권을 장악한 크로노스가 어린 자식을 잡아먹는 장면이다. 광기에 사로잡힌 참혹한 살육 장면이 어떠한 여과 장치도 없이 적나라하게 드러난다. 잡아먹는 모습을 상징적으로 묘사한 정도가 아니다. 이미 아이의 머리와 오른팔은 아버지에

고야 〈자식을 잡아먹는 크로노스〉 1820년

게 먹히고 없다. 막 왼팔을 뜯어 먹는 중이다. 뜯겨져 나간 몸에서 시뻘건 피가 흘러 몸통을 쥐고 있는 크로노스의 손까지 흥건하게 적신다. 뼈가 부서지고 살이 뜯기고 피가 튀는 현장의 생생함을 그대로 전달하겠다고 작정한 듯하다.

그즈음 고야 그림의 특징이기도 한데, 배경이 온통 검은색으로 덮이고, 크로노스의 몸도 배경과의 경계가 군데군데 허물어질 정도로 검은색이 많이 섞여 있어서 공포감을 극대화한다. 크로노스의 허벅지가 인체 비례에 맞지 않게 가늘어서 더욱 괴기스러운 분위기를 풍긴다. 내 눈길을 더욱 사로잡은 것은 크로노스의 얼굴이다. 긴 머리를 풀어헤치고 아들을 뜯어 먹는 표정이 섬뜩하다. 특히 흰자위가 모두 드러날 만큼 부릅뜬 눈이 감상자의 시선과 정면으로 부딪친다. 광기로 가득한 눈빛이 대화를 걸어온다. 마치 자기 광기의 정체를 한 번 밝혀보라는 듯이.

그의 광기에 대한 궁금증을 풀기 위해서는 크로노스와 관련된 신화 내용을 알 필요가 있다. 크로노스는 대지의 여신 가이아Gaea와 하늘의 신 우라노스Ouranos 사이에서 태어난 12명의 티탄 신족 중에 막내다. 기원전 8세기경 호메로스와 함께 고대 그리스 서사시를 대표하는 양대 산맥 헤시오도스의《신들의 계보》에서는 "음모를 꾸미는 크로노스가 막내로 태어났으니, 가장 무서운 이 아이는 건장한 아버지를 싫어했다."라고 한다.

음모와 무서움이 그를 상징한다. 권력욕에 사로잡혀 음모를 꾸며 자신에게 위협이 되는 티탄Titan 신족 형제들을 지하 세계에 감금시킨다. 막강한 권력을 한 손에 거머쥐었지만 어느 날 '아들이 제 아비를 죽이고 권력을 찬탈하게 될 운명'이라는 신탁을 듣는다. 자식들 중 한 명에게 퇴위당할지 모른다는 불안감에 휩싸여, 결국 자식이 태어날 때마다 집어삼키는 무서운 짓을 저지른다. 권력을 빼앗기지 않기 위해 부인인 레아Rhea와의 사이에서 낳은 다섯 명의 어린 자식인 헤스티아Hestia, 데메테르, 헤라, 하데스, 포세이돈Poseidon을 차례로 집어삼킨다.

신화에서 크로노스의 상징은 낫이다. 로마에서는 농업의 신이었던 사투르누스Saturnus와 동일시되었기 때문에 로마나 르네상스 작품에서는 이 이름으로 불리곤 했다. 낫이 농업의 주요 도구 중의 하나라는 점에서 농경 사회와 연관된다. 때가 되면 모든 것을 베어 거두어들인다는 점에서 죽음과도 연관된다. 크로노스라는 이름은 고대 그리스어 가운데 '시간'이란 뜻을 지닌 크로노스chronos와 발음이 같은 데서 왔다는 해석이 유력하다. 혹은 '완성된 자'를 의미하는 크라이노kraino에서 유래되었다는 견해도 있다.

신화가 실제의 인류 역사와 상상력을 매개로 맞물려 있다는 점을 고려할 때, 어원이 어디로 닿아 있든 크로노스의 권력은 농경 사회가 유럽에서 지배권을 갖게 된 역사 단계를 반영한다고 봐야 한다. 형제를 가두거나 죽이고, 자식을 잡아먹는 행위는 이전의 원시 수렵이나 유목을 중심으로 하던 사회에서 농경 사회로의 이행이 평화적이기보다는 매우 폭력적인 과정을 통해 진행되었음을 보여준다. '시간'의 흐름 속에서 새로운 변화가 나타나고, 새로운 것이 낡은 것을 대체하고, 나아가서는 그것이 점차 '완성'을 향해 나아간다는 그리스인들의 믿음이 신화 안에 담겨 있다.

크로노스의 광기는 대체 무엇을 고발하는 것일까?

고야의 그림에 비친 크로노스의 광기 어린 시선은 세상을 평정한 권력자의 광기일까? 그리스인들은 신화를 통해 권력이 폭력적인 광기로 흐를 수밖에 없음을 경고하려 한 것일까? 하지만 이렇게 해석하기에는 몇 가지 이유에서 무리가 따른다. 첫째, 크로노스가 그리스인들이 생각하는 전형적인 권력의 상징으로 보기 어렵다는 점이다.

우리가 상식적으로 알듯이 그리스신화에서 최종적으로 세상을 지배하는 권력자로서의 신은 크로노스가 아니다. 그는 앞부분에 잠시 등장했다가 사라진다. 나중에 크로노스의 아들인 제우스가 크로노스를 제거하고 신 가운데 최고의 신, 우주의 지배자 위치에 등극한다. 크로노스는 그리스인들이 숭배하던 신 가운데 중심적 위치를 차지하고 있지 못하다. 물론 그리스 신전

가운데 크로노스와 부인인 레아의 신전이 있기는 하지만, 제우스나 아폴론Apollon에 비해서는 현실적으로 상당히 비중이 떨어진다.

두 번째로, 크로노스가 농경 이전의 원시 상태를 상징하는 아버지 우라노스와 너무나 닮은 행태를 보여준다는 점도 그를 그리스 고대 국가의 전형적인 권력 상징으로 보기 어렵게 한다. 크로노스는 아버지 우라노스를 죽인 후에 하늘의 지배자가 된다. 고대 그리스의 문법학자로서 당시의 신화를 집대성한 아폴로도로스는《그리스신화》에서 "우주의 최초 지배자는 우라노스였다."라고 한다.

우라노스는 대지의 여신 가이아와 결혼하여 백 개의 손과 쉰 개의 머리를 갖고 태어나 크기와 힘에서 능가할 자가 없는 자식들과 이마에 외눈을 가진 자식들을 낳았다. 하지만 그들의 막강한 힘이 자신의 권력을 위협할지 모른다는 두려움에 휩싸여 자식들을 땅속 깊이 있는 저승의 어둠침침한 곳으로 던져버렸다. 또한 우라노스는 가이아와 함께 막내인 크로노스를 포함하여 12명의 티탄 신족 자식을 두었다.

가이아는 자식들이 지하 세계에 내던져져 사라진 것에 화가 나서 아버지를 공격하도록 티탄 신족을 설득한다. 크로노스에게는 철로 만든 낫을 준다. 티탄 신족은 우라노스를 공격했고, 크로노스는 낫으로 아버지의 남근을 잘라 바다에 던져버렸다.

바사리 〈우라노스를 거세하는 크로노스〉 부분 1560년

티탄 신족은 아버지를 권좌에서 축출한 다음 형제들을 데려오고 크로노스에게 통치권을 넘겼다.

르네상스 시기의 이탈리아 화가로서 미켈란젤로의 제자이기도 한 조르조 바사리Giorgio Vasari (1511-1578)의 〈우라노스를 거세하는 크로노스〉는 크로노스가 폭군 우라노스의 남근을 자르고 권력에서 제거하는 장면을 담고 있다. 르네상스 시대에 많이 그려진 프레스코 벽화다. 날카로운 낫이 막 남근을 자르며 지나가는 중이다.

인문학으로 보는 그리스신화

두 손으로 자루를 움켜쥔 모습에서 아버지에 대한 적개심과 단번에 일을 해치우려는 힘이 느껴진다. 한 발을 들고 달려드는 역동적인 모습을 통해 당시의 긴박한 상황을 전달한다. 뒤편으로 보이는 천구의는 하늘의 신인 우라노스를 의미한다. 여신들이 잔혹한 권력이 무너지는 승리의 시간을 축복한다. 우주의 지배자가 바뀌는 순간을 상징적으로 표현하고 있다.

크로노스가 자식들에게 저지른 짓은 새로운 사회에서 나타난 새로운 악행이 아니다. 판박이처럼 과거를 대표하는 우라노스에게서 온 것이다. 아버지에 결코 뒤지지 않는 만행을 자행하여 어린 자식들을 차례로 잡아먹었다. 신화에 의하면 폭력과 무질서에서 평화와 질서로의 전환은 제우스 시대에 접어들어 실현된다. 물론 제우스 아래에서도 일정하게 폭력이 나타난다는 점에서 상대적인 차이이기는 하지만 말이다.

크로노스도 자식인 제우스에 의해 권좌에서 쫓겨난다. 부인 레아는 자식들을 집어삼키는 크로노스의 만행에 분노하여 제우스를 구할 계책을 세운다. 제우스가 태어날 즈음에 성스러운 동굴로 가서 제우스를 낳는다. 제우스를 가이아에게 맡기고, 크로노스에게는 강보에 싼 돌덩이를 먹게 한다. 화를 피한 제우스는 성장한 후에 크로노스 배 속에 있는 형제들을 모두 토해내게 하여 그들과 힘을 합쳐 아버지를 지하 세계에 가둔다. 제우스와 형제들은 영토와 권위에 차등을 두어 분할하여 차지하고 세상의 질서를 수립한다.

우라노스는 아직 농경과 고대 국가가 일반화되기 전의 권력을 상징한다. 크로노스는 수렵 사회에서 농경 사회로, 원시 공동체에서 고대 국가로 나아가는 과도기를 의미한다. 그러므로 크로노스 신화는 폭력이 고대 국가의 본질적 특징임을 고발한 내용이 아니다. 우라노스를 통해 혼란과 폭력으로 얼룩진 원시 수렵과 유목 단계를 고발했다면, 크로노스를 통해 여전히 기존의 무질서가 지속되고 있는 과도기를 폭로했다고 보는 것이 합리적 해석이다. 새로운 시대는 제우스를 중심으로 신들의 수직적·체계적인 질서 속에서 공존이 이루어졌을 때 찾아온다. 즉, 제우스를 중심으로 한 고대 국가가 신화를 통해 자기 권력의 정당성을 확보하기 위하여 기존 원시 공동체와 과도기 체제를 비판적으로 묘사한 내용으로 볼 수 있다.

그러면 고야의 〈자식을 잡아먹는 크로노스〉에서 보이는 광기의 정체는 무엇일까? 고야는 크로노스의 광기 어린 눈빛을 통해 무엇을 고발하고자 하는가? 스페인의 철학자 가세트Gasset는 이 그림을 보고 고야를 '괴물'이라 불렀다. 하지만 괴물은 고야가 아니다. 고야가 이 그림을 통해 고발하고자 하는 권력이야말로 진정한 괴물이다.

아버지를 죽이고 아들까지 집어삼키는 권력의 더러운 속성을 고발하고자 했을 것이다. 단순히 신화의 꾸며낸 이야기 정도로 치부할 수는 없다. 인류 역사는 권력을 위해서는 무슨 짓이든 할 수 있음을 여실히 보여주었다. 동서양을 막론하고 권력이 생겨난 이래 그 곁에는 항상 피바람이 불었다. 문제는 크로노스 신화에서 폭력의 고발이 어디로 향하는지 구별해야 하듯이, 고야의 고발이 어떤 권력을 향하는지를 제대로 찾아내는 일이다.

고야의 이 작품은 이른바 '검은 그림'의 시기에 그려졌다. 그즈음 전원주택을 한 채 구입하고 세상과 거리를 둔 생활을 한다. 스스로 오래 전에 청력을 상실했기 때문에 '귀머거리의 집'이라고 이름 붙인 집에서 검은색을 주로 이용하여 '검은 그림'으로 알려진 연작을 그린다. 사회의 온갖 악에 대한 폭로, 그럼에도 불구하고 여전히 깨어나지 못한 민중의 무지와 어리석음을 고발하는 내용이 대부분이다.

사회적인 악에 대한 고야의 분노도 주로 과거의 혼란과 폭력으로 향한다. 한편으로는 이미 서유럽이 시민 혁명에 의해 새로운 질서로 나아가고 있음에도 불구하고, 마녀사냥의 광풍처럼 여전히 전근대적 신분제와 군주제의 폭력이 난무하는 스페인의 낙후성과 야만성에 대한 분노다. 다른 한편으로는 나폴레옹이 프랑스 대혁명의 정신을 배신하고 스스로 황제로 올라선 후 스페인을 침략하면서 저지른 폭력성에 대한 분노다. 약 6년 남짓의 전쟁 기간 동안 나폴레옹 군대에 의한 학살과 만행이 줄을 잇는다.

고야에게 좌절감과 저항감을 불러일으킨 '괴물'은 입헌주의 움직임이 패배하고 반동 움직임이 팽배한 스페인의 봉건적 무지몽매와 억압, 역사의 시계를 거꾸로 돌리는 나폴레옹 군대의 잔인성이었다. 기존 체제의 무질서와 폭력에서 오는 독재, 반계몽주의, 인권 박탈 등이 바로 크로노스로 표현된 광기의 다른 모습이었다. 즉 권력 일반이나 서유럽에서 새롭게 등장하는 근대 국가가 아니라, 기존 권력의 무질서와 폭력이 문제였다.

새 질서 이전에는 정말 혼란뿐이었을까?

고대 신화만이 아니라 현재에 이르기까지 대부분의 역사 서술에서 과거는 '무질서'를, 새롭게 수립된 체제와 미래는 '질서'를 대표한다. 혹은 백 보 양보해봐야 과거는 낮은 단계의 질서를, 현재는 보다 높은 단계의 질서를 대표한다. 그리고 무질서나 낮은 단계의 질서에 무지·혼란·폭력 등 일체의 악을 연결시킨다. 반대로 질서나 높은 단계의 질서에 합리성·연속성·평화 등 일체의 선을 적용한다.

　구전되던 신화를 기록으로 남기는 데 머물지 않고 나름의 관점으로 신화를 해석하는 헤시오도스도《일과 날》에서 질서와 무질서를 대립시켜 악의 근원을 설명한다.

"필멸의 존재인 인간에게 질서는 최선이고 무질서는 최악이기 때문이오."

현재의 새로운 체제는 항상 과거를 부정하는 것에서 자신의 정당성을 찾기 마련이기 때문이다. 그리스신화에서 우라노스가 상징하는 원시 상태나 크로노스가 상징하는 과도기 상태는 당시 고대 국가 수립을 주도하는 세력에게 무질서의 다른 이름일 뿐이다.

과연 고대 국가 이전의 원시 공동체에 적용되는 무질서는 악이고 혼란이었는가? 사실 원시 공동체 단계를 반영하는 신은 우라노스나 크로노스보다는 대지의 여신 가이아다. 유럽만이 아니라 대부분의 지역에서 대지의 여신과 연관된 신화에 원시 사회의 모습과 사회 원리가 담겨 있다. 헤시오도스의 《신들의 계보》에는 세상의 생성 과정을 설명하는 내용이 나온다. 최초의 카오스 상태에서 생겨난 대지의 여신 가이아에 의해 다른 신들이 탄생한다.

"가이아는 맨 먼저 자신과 대등한 우라노스를 낳아 자신의 주위를 완전히 감싸도록 함으로써 영원토록 축복받은 신들에게 안전한 거처가 되게 했다."

로마 시대의 조각 〈가이아〉를 보면 원시 공동체의 특징이 분위기로 다가온다. 아기들이 여신의 품에서 놀고 있다. 여신은 아이들을 두 팔로 감싸고 사랑스러운 눈빛을 건넨다. 무릎에는 자연에서 나는 온갖 과일이 풍성하게 놓여 있다. 그녀의 아래로는 소와 양이 평화롭게 쉬거나 풀을 뜯어 먹는 중이다. 뒤로는 들에서 피어난 꽃들이 아름다운 모습을 뽐내고, 그 옆으로는 알곡을 꽉 채운 밀 이삭이 몇 가닥 보인다.

어느 한구석에서도 불안하거나 위험한 분위기를 느낄 수 없다. 지배와 억압을 통한 군림이라든가 폭력과 살육의 그림자는 아예 상상할 수도 없다. 반대로 평화스러운 느낌이 모든 사물을 감싼다. 여신의 섬세한 보살핌 속에서 누구나 안심하고 생의 즐거움을 누린다. 모든 이에게 과일과 곡식, 가축을 통해 풍요를 제공한다.

현대 문화인류학자들의 연구에 따르면 원시 공동체는 인류 역사상 그 어느 시대보다 평화로웠다. 대부분 모계 사회였는데, 이를 반영하면서 가이아와 같은 여신이 주도적인 역할을 한다. 구석기 동굴에서 출토된 조각상이 대부분 여성상이라는 점도 연관성이 깊다. 공동 생산·공동 분배 방식이어서 부를 둘러싼 범죄가 없었다. 계급이 분화되지 않았기에 지배와 피지배로 나뉜 권력도 없었다. 〈가이아〉의 분위기와 닮은 면이 상당히 많다.

가이아가 최고의 신 자리에서 내려왔지만, 아직 밀접하게 연

로마 조각 〈가이아〉 기원전 1세기

결되고 꽤 적극적인 역할을 하는 단계, 즉 우라노스와 크로노스의 시대는 신석기 이후 부족 단계의 공동체를 상징한다. 남성신의 지배는 부계제의 우위를 보여준다. 하지만 모계 문화가 관습 형태로 일정하게 남아 있던 시대다. 또한 농경과 함께 사유재산이 생겨나고 부의 격차도 일부 생겼지만, 아직은 본격적으로 권력에 의한 지배나 폭력이 일반화되기 전이었다.

로마 시인 오비디우스는 《변신 이야기》에서 인류의 변화를 네 시대로 나누어 설명한다. 최초의 시기는 가이아와 우라노스, 그리고 크로노스의 시대인 '황금의 시대'다.

"이 시대에는 관리도 법률도 없었다. 사람들은 서로를 믿었고 서로에게 정의로웠다. 형벌도 알지 못했고, 무서운 눈총에 시달리지 않아도 좋았다. 나라가 포고문을 게시하여 백성을 을러대지도 않았고 민원인이 판관 앞에서 자비를 비는 일도 없었다. 아니, 아예 판관이라는 것이 없었다. 판관 없이도 마음 놓고 살 수 있었다."

오비디우스에 의하면, 갑옷이나 타인을 해치기 위한 칼, 나아가서는 군대나 전쟁용 참호도 있을 필요가 없었다. 사람들은 가까운 가족·친족과 함께 평화를 누렸다. 굳이 나무를 자르고 땅을 파헤쳐 농사를 짓지 않아도, 대지는 온갖 열매로 인간에게 필요한 것들을 모자라지 않게 마련해주었다. 사람들은 자연의 풍요로움에 늘 감사하며 살았다.

이 시대에 법률이 없었다는 것은 아직 국가가 수립되기 전 공동체 사회의 특징을 반영한다. 법률은 전혀 새로운 단계를 대표한다. 인류가 지구상에 나타난 이후 백만 년이 넘는 대부분의 기간은 관습적 규범에 기초한 씨족 공동체로 살았다. 신석기로 접어들면서 부족 단계로 확대되었지만 여전히 관습에 기초한 규범이 주요 운영 원리였다. 고대 국가는 관습과 관행으로는 유지하기 어려울 정도의 규모를 만든다. 적게는 대여섯 개, 많게는 십여 개의 부족을 통합한 단위이기에 혈연·지연이라는 자연스러운 관계의 힘으로 포괄하기 어렵다.

법률은 형벌 체계를 통해 허용과 금지를 강제한다. 금지의 경계선을 넘을 때 신체적인 고통을 당하고, 심한 경우 국가로부터 추방당하거나 목숨을 내놓아야 한다. 공동체는 전혀 다르다. 가족을 떠올리면 한결 이해가 쉽다. 아이가 무언가 잘못했을 때 성문화된 규칙에 근거하여 체벌·감금·추방을 하지 않는다. 때로 야단을 치지만 대체로 말로 타이르는 방식이다. 설혹 체벌이 있다 해도 법적인 형벌에 의한 고통과는 비교하기 힘들다.

서로를 믿고 정의로웠다는 것은 자신과 가족이 범죄 대상이 될 수 있다는 두려움을 느끼지 않았다는 의미다. 가족·친족 중심의 공동체에서는 절도·강도·살인 등 흉악 범죄를 찾아보기 어렵다. 현재 한국의 농촌과 도시를 비교해보면 어렵지 않게 이해될 일이다. 한적한 시골의 작은 마을에서는 범죄 가능성 때문에 불안해하는 사람이 도시보다 적다고 볼 수 있다.

높은 담과 경비실, CCTV와 가까운 거리에 경찰이 있는 조건임에도 불구하고 몇 겹으로 자물쇠를 채워야 안심하는 대도시와 다르다. 여전히 담을 찾아보기 어렵고, 문도 잠그지 않고 생활하는 경우가 대부분이다. 그만큼 마을 사람들은 서로에 대한 믿음을 갖고 살아가고, 실제로 범죄도 드물다. 하물며 국가 이전의 원시 공동체가 어떠했을지는 더욱 짐작이 간다. 당연히 재판관도 사실상 필요가 없다.

무서운 눈총에 시달리지 않았다거나 포고문에 의한 협박도 없었다는 것은 그만큼 사회 내에 억압적인 계급 분화가 나타나기 전이었음을 뜻한다. 아직 지배와 피지배 관계가 곳곳에 뿌리내리지 않아서 사람들이 강자 집단의 눈치를 볼 필요가 없었다. 또한 강자들의 이해를 대변하는 지배 권력이 형성되기 전이어서 온갖 포고문으로 재산이나 개인의 권리를 빼앗겠다는 협박에 시달리지 않아도 되었다.

현대 문화인류학자의 연구만이 아니라 오비디우스처럼 통념적인 신화 해석이나 역사 서술에 나름의 의문을 품은 몇몇 고대 지식인의 눈에도 과거를 무질서나 악으로 규정하는 관점은 허점이 많던 듯하다. 국가 이전의 상태는 무질서가 아니다. '다른' 질서일 뿐이다. 법과 형벌이 아니라 인간관계와 관습과 협동이라는 공동체 질서가 대신한다.

또한 이를 악으로 규정하는 시각도 별로 설득력이 없다. 비록 사회 전체 부의 총량에서는 고대 국가에 비해 적었지만, '한쪽에서는 감당하기 어려울 정도로 부를 쌓아두고 다른 한쪽에서는 굶주려 죽어가는 사람이 존재하는 상황'은 상상조차 할 수 없는 공평한 사회였다. 또한 소수가 다수 사회 구성원을 지배하는 위계 구조 없이, 수평적인 관계만으로도 나름의 질서가 유지되었다. 서로 협력하며 평화로운 삶을 영위했기에 굳이 선악 개념을 적용하자면 오히려 선의 상태에 가까웠다. 그러하기에 오비디우스는 가이아와 우라노스, 그리고 크로노스의 시대를 인류 역사상 가장 행복했던 '황금의 시대'로 기록한 것이리라.

입에서 입을 통해 전해지던 그리스신화가 문자로 기록된 때는 유럽에서 고대 국가가 출현하던 시기다. 부족 단위의 공동체나 부족 사이의 느슨한 협의체로서의 공동체에서 최초로 체계적인 구조와 계급 구조를 갖춘 국가로 변화했다. 이에 따라 신화도 각 씨족이나 부족에서 숭배하는 신들을 그저 수평적으로 나열하는 수준을 넘어서 승자 위치에 오른 세력을 중심으로 다양한 신들 내부에 수직적 서열을 갖춘 위계구조를 만든다.

제우스가 권력을 장악한 '은의 시대'가 여기에 해당한다. 무질서와 질서, 악은 본래 상대적인 개념이다. 국가 이전의 공동체가 무질서 자체도 아니고 하물며 악은 더욱더 아니라는 점을 보다 구체적으로 확인하기 위해서는 그리스신화가 질서와 선으로 놓은 국가 상태가 실제로 어떠했는지 살펴보는 일이 중요하다. 이어지는 '신과 거인족의 전쟁' 내용에서 고대 국가 수립을 통해 정말 비로소 질서가 확립되었는지, 그리고 국가 질서를 선의 기준으로 보는 것이 타당한지 확인해보자.

권력은 왜
질서를 선이라 강조할까요?

무질서에 의한 저항을 단죄하다

서양 미술사를 통틀어 가장 유명한 삽화가 귀스타브 도레Gustave Doré (1832-1883)의 〈지옥에 갇힌 거인들〉은 기괴한 분위기를 풍긴다. 쇠사슬에 묶여 고통 받는 장면이어서 사전 이해 없이 그림만 접하면 감옥의 죄수들인가 싶다. 자세히 보면 두 명의 남성이 손가락으로 먼 곳을 가리키며 대화하는 모습이 눈에 들어온다. 중간에 강이 가로막고 있고, 원근법까지 고려하여 비교하면 어마어마한 크기의 거인들이라는 점을 알게 된다.

상반신만 드러나 있는데, 배꼽 아래 부분은 깊은 웅덩이 속에 있다. 팔과 어깨, 가슴의 근육이 한껏 팽창해 있어서 가공할 힘을 느끼게 한다. 팔과 몸통이 굵고 견고한 쇠사슬에 결박당해서 걷는 것은 물론이고 제자리에서 움직이기도 어려운 처지다. 모

도레 〈지옥에 갇힌 거인들〉 1857년

두의 얼굴이 잔뜩 일그러질 정도로 극심한 고통이 한순간도 떠나지 않고 있다. 이들은 누구이고 무슨 이유로 지옥에서 영원한 고통을 받으며 신음하고 있는가?

　이는 중세에서 르네상스로의 징검다리를 놓은 13세기 이탈리아 시인 단테Dante의 대표작이며, 유럽 근대문학의 효시로 평가받는《신곡》의 삽화다. 단테가 로마 시인 베르길리우스의 안내를 받아 지옥에서 연옥을 거쳐 천국의 구원에 이르는 과정을 서술한 장편 서사시다. 도레는 이 방대한 저작의 주요 장면을 삽화 연작으로 담아낸다. 이 그림은 지옥편 제31곡의 내용을 특유의 정교한 감각으로 묘사하고 있다.

워낙 거대한 몸집이어서 처음에 단테는 줄지어 서 있는 높다란 탑으로 착각한다. 점차 가까워지고 강 주변의 안개가 걷히면서 흉악한 거인들임을 알게 되고 무서움에 떤다. 베르길리우스가 그들의 정체에 대해 설명한다.

"이 교만스런 놈은 제우스에 대항해 제힘을 실험하고자 했기에 저런 벌을 받고 있다. 거인들이 신에게 무서움을 주었을 적에 놀라운 위력을 내며 휘두르던 팔이 이제 꼼짝 않고 있구나."

셀 수 없이 오랜 세월이 지난 지금도 거인들 주위에서 계속 천둥이 울리는데, 제우스가 하늘에서 위협하는 소리다.

도대체 제우스에게 어떤 죄를 저질렀기에 그토록 오랫동안 지옥에서 쇠사슬에 묶여 신음하며, 제우스가 한시도 경계를 늦추지 않고 위협하는가? 게다가《신곡》은 고대 그리스가 아닌, 이미 1천5백 년 이상이 지난 중세의 작품이다. 그리스신화가 아니라 기독교의 구원 사상을 담은 내용이다. 신화와는 상당한 차이를 지닌 기독교 문화에 와서도 용서받지 못할 죄악으로 단죄되고 있다. 그리스 고대 국가 성립 이후 서양에서는 시대를 불문하고 가장 중대한 위험과 악으로 간주되고 있는 것이다.

그리스신화에 의하면 원시 공동체나 부족 단계를 상징하는 거인족이 몇 차례에 걸쳐 제우스로 표현되는 고대 국가 질서에 저항한다. 그리스의 지배 세력과 이후 서구의 역사에서 거인들의 저항은 국가 질서를 무질서로 되돌리려는 가장 위험한 '발악'으로 치부된다.

제우스에 대한 거인들의 첫 번째 도전은 티탄 신족의 저항이다. 이들은 가이아와 우라노스 사이에서 태어난 거인 자식들로서 크로노스의 지배에 이르기까지 세상을 다스린 중심 세력이었다. 크로노스도 티탄의 막내로서 다른 형제들과 함께 우라노스를 몰아내고 세계를 지배했다. 그러나 제우스가 아버지 크로노스에게 반기를 들고 일어나자 많은 티탄이 제우스와 싸웠다. 제우스와 거인족의 첫 전쟁이 벌어진 것이다.

무려 10년에 걸쳐 쉴 새 없이 서로 싸웠다. 헤시오도스의 《신들의 계보》에 의하면 한쪽으로 균형의 추가 기울지 않고 힘겨운 전쟁이 지속되자 제우스가 올림포스의 신들에게 호소한다.

"우리는 벌써 꽤 오랫동안 승리와 권력을 위해 날마다 서로 싸우고 있소. 이제 그대들은 무시무시한 전투에서 티탄 신족에 맞서 강력한 힘과 무적의 손을 보여주시오."

인문학으로 보는 그리스신화

제우스의 강력한 공격이 결국 승부를 가른다. 올림포스산으로 거대한 바위를 던지는 티탄 거인들에게 제우스가 쉴 새 없이 번개를 치자 화염과 열기가 거인들을 꼼짝 못 하게 만든다. 제우스는 결국 전쟁에서 승리하고 티탄 거인들을 지하 세계에 감금한다. 포세이돈은 청동 문을 달고 양쪽으로 높은 성벽을 둘러 이들이 영원히 나올 수 없게 봉인해버린다. 그리고 전쟁에서 승리를 거두는 데 공을 세운 주요 신끼리 권력을 나눈다. 제우스에게는 하늘의 통치권, 포세이돈에게는 바다의 통치권, 플루톤Pluton에게는 저승의 통치권이 주어진다.

당연히 티탄 거인들의 저항은 제우스 체제에 반대하고 기존 체제로 돌아가려는 지향을 상징한다. 현실의 역사에서는 고대 국가라는 새로운 권력의 형성 과정에 반대하고 다시 부족 중심의 공동체 사회로의 복귀를 꿈꾼 역사적 시도가 신화를 매개로 다뤄진 것이라고 봐야 한다. 당연히 이전까지 유럽 역사상 한 번도 없던 생소한 체제가 출현하는 과정이니 국가 수립 과정은 물론이고 일정하게 체계를 갖춘 이후에도 수차례 저항이 있었을 것이다. 소수의 지배 세력이 다수 구성원 위에 군림하고, 법이라는 이름으로 일상의 사소한 행위를 규제하며 무서운 형벌을 가하는 현실이 기존 공동체 관습 아래 살아가던 사람들에게 상당한 거부감을 줬으리라는 점은 어렵지 않게 짐작할 수 있다. 특히 강제로 병합당한 군소 부족은 반발이 더 심했을 것이다.

마침내 거인족을 이긴 제우스

네덜란드의 매너리즘 화가인 요아힘 브테바엘Joachim Wtewael (1566-1638)의 〈신과 거인족의 전쟁〉은 전쟁이 절정을 향해 치닫는 순간을 묘사한다. 거인들이 몽둥이를 들고 신들의 세상을 정복하고자 올림포스산을 오르려는 중이다. 산기슭 여기저기에 수많은 거인이 보인다. 신들의 공격을 맞닥뜨리면 몽둥이를 휘두르며 격렬하게 저항한다.

하늘에서는 올림포스 신들이 일제히 공격을 전개하고 있다. 제우스는 자신을 상징하는 독수리를 타고서 번개를 던진다. 바로 옆에서 포세이돈이 몽둥이를 든 거인을 향해 삼지창을 겨눈다. 다른 신들도 저마다 창을 들고 공격을 퍼붓는다. 여신은 전쟁에서의 승리를 독려하는 나팔을 분다. 어떤 신은 아래로 내려와 직접 거인과 육박전을 치른다.

이미 전세가 신들 쪽으로 상당히 기울고 있다. 부상을 입은 거인들이 바닥에 나뒹군다. 올림포스산을 기어오르다 공격을 받고 추락하는 거인들도 보인다. 하늘 위에서 정신없이 내리치는 제우스의 번개와 다른 신들의 창 공격을 막아보고자 바위를 들어 머리 위로 올려보지만 신통하지가 않다. 전면적인 파상 공세에 점차 전의를 상실하는 분위기다.

매너리즘 화가답게 몇몇 부분에서 전형적인 특징이 보인다. 매너리즘 미술은 르네상스 미술의 고정된 형식에서 벗어나고

브테바엘 〈신과 거인족의 전쟁〉 1600년

자 했던 흐름이다. '엄밀한 인체 비례, 정돈된 구도, 차분한 색을 통해 안정된 분위기'를 추구하던 르네상스 미술에서 벗어난다. 왜곡된 비례, 혼란스러운 구도, 생경할 정도의 화려한 색을 통해 복잡하고 불안한 분위기를 유도한다. 현실성을 왜곡함으로써 환영과 신비로움을 강조한다. 이 그림도 어디 한군데 눈을 고정할 수 없게 중심점을 흐트러뜨린다. 다른 색과 어울리지 않는 강렬한 원색 사용으로 현실성의 틀을 깬다.

이 그림에 묘사된 장면은 티탄 거인들과의 전쟁이 아니다. 티탄 이후 기가스Gigas라는 거인들과 치른 전쟁을 다룬다. 아폴로도로스의 《그리스신화》에 의하면 앞서 티탄 거인들이 지하 세계에 갇히자 분노한 가이아가 기가스라는 새로운 거인을 낳아 다시 제우스에게 저항한다.

"가이아는 티탄 때문에 화가 나 기가스들을 낳았다. 비길 데 없이 덩치가 컸고 무적의 힘을 가지고 있었으며 머리와 턱에서는 숱 많은 털이 흘러내려 보기에도 무시무시했다."

티탄이 주로 바위를 던져 공격한다면, 기가스의 주요 무기는 거대한 몽둥이다. 이 전쟁에서도 제우스의 번개가 위력을 발휘한다. 아폴론은 화살, 헤카테Hecate는 횃불, 헤파이스토스Hephaestos는 발갛게 단 쇳덩이를 던져 공격한다. 다른 신들은 주로 쇠로 만든 창이나 칼을 사용한다. 특히 헤라클레스가 큰 활약을 한다. 헤라클레스가 쏜 화살에 맞아 죽은 거인이 많다. 티탄과 마찬가지로 제우스는 전쟁 승리 후에 이들을 지하 세계에 가두고 봉인해버린다.

브테바엘의 〈신과 거인족의 전쟁〉에서 또 하나 눈여겨봐야 할 부분이 있다. 거인과 신이 사용하는 무기의 차이다. 거인들이 사용한 돌이나 몽둥이는 고대 국가가 모습을 드러내기 시작하는 청동기 이전의 무기를 반영한다. 구석기나 신석기에 동물

사냥이나 일상생활에 사용된 도구는 주로 돌이나 나무, 혹은 동물의 뼈였다. 신화에서 거인족의 무기가 원시적인 씨족 공동체나 부족 공동체의 일상적인 도구라는 점에서 거인들의 공격이 고대 국가 이전 세력의 저항이었음을 충분히 짐작케 한다.

이에 비해 제우스를 중심으로 한 올림포스 신들의 철로 만든 창·칼·화살촉·투구 등은 새로운 시대인 청동기와 철기를 상징한다. 제우스의 번개도 상당히 연관성이 깊다. 청동이든 철이든 고온의 불로 녹여 제작된다. 물론 원시 사회에서도 불을 사용했지만 주로 일상생활에 관련된다. 하지만 제우스나 헤카테의 불은 생활이 아니라 강력한 공격을 위해 사용된다는 점에서, 특히 대장장이 신 헤파이스토스가 발갛게 단 쇳덩이를 던진다는 점에서 무기 제작과 연결된다. 고대 국가는 청동기나 철기를 통한 무기 제작에서 앞섰던 부족의 주도로 이루어졌다는 것도 역사적 사실이다. 청동기나 철기와 같이 발달된 무기가 정복 과정에서 결정적인 역할을 한다.

그러므로 제우스 신화는 당시 그리스 사회가 도달한 지점을 극명하게 보여준다. 제우스가 관장하던 일들은 국가가 수행하는 역할과 거의 일치한다. 제우스는 모든 권력을 주거나 빼앗는 자이며, 범죄자를 벌하고 사회 질서를 유지하며, 국가의 재앙을 막는 위력을 갖는다. 개인의 소유지나 재산을 보호하고, 아내인 헤라와 함께 결혼을 주관한다. 고대 국가의 제도화된 권력을 상징하는 존재다.

제우스 신화는 국가 권력이 강제적인 폭력과 정복에 기초하고 있음을 보여준다. 제우스가 그리스 북방 민족의 신이었다는 점을 고려할 때 아버지 크로노스는 정복 대상이었던 원주민 부족 세력의 상징이었다고 볼 수 있다. 형제인 포세이돈과의 연합을 통해 아버지를 제거했다는 내용은 제우스신 추종 세력이 어떤 해양 세력과의 동맹을 통해 그리스의 지배자가 되었음을 짐작케 한다. 하지만 그 과정이 순탄치만은 않았던 것 같다.

제우스가 그를 죽이려는 티탄과 기가스 거인들을 물리치고 올림포스를 평정한 이야기는 기존 토착 부족 세력의 저항이 상당 기간 이어졌음을 의미한다. 제우스가 권좌에 오른 이후에 계속해서 나타나는 신들 사이의 갈등 역시 당시 고대 국가 성립 과정에서의 기존 부족 세력의 저항이 상당 기간 지속되었다는 것을 암시한다.

그렇기 때문에 그리스 고대 국가 성립 이후 신전의 조각에 제우스를 중심으로 한 올림포스 신들이 몇 차례 거인들과의 싸움에서 승리하는 장면이 단골로 들어간다. 델포이 신전, 파르테논 신전, 페르가몬 신전 등 많은 신전의 벽을 장식하는 부조 가운데 중요한 위치를 차지한다. 그리스 항아리 그림에도 빈번하게 묘사된 가장 인기 있는 소재다. 페르가몬 신전의 조각 〈신과 거인족의 전쟁〉도 그중의 하나다.

페르가몬 조각 〈신과 거인족의 전쟁〉 기원전 170년경

기가스와의 전쟁 이야기를 연작 형식의 부조로 만들어 장편 서사시를 보는 효과를 낸다. 당당한 모습의 여신 아테나Athena가 거인에게 일격을 가하는 중이다. 전쟁의 여신 아테나는 황금빛 투구와 흉갑, 방패와 창으로 유명해서 조각이나 회화에 이 모습으로 자주 등장한다. 방패에는 메두사 머리가 붙어 있어서 휘두르기만 해도 상대방은 두려움에 떤다. 이 조각의 아테나도 방패를 든 모습인데, 안쪽 면인 게 아쉬워 가슴 갑옷에 메두사 머리를 넣은 듯하다. 격렬하고 역동적인 동작을 통해 전쟁 현장에 있는 듯한 생생함을 전한다.

오른쪽 위로 날개 달린 승리의 여신 니케Nice가 날아오르며 아테나에게 승리의 관을 씌워주는 중이다. 결정적인 승리의 장면임을 알게 해준다. 조각가는 상상력을 발휘하여 거인들의 저항이 절망 상태로 치닫고 있음을 보여주는 장치도 첨가한다. 니케의 아래로 보이는 여신이 그러하다. 상반신만 나와 있어서 생뚱맞아 보이지만, 땅에서 솟아오르고 있음을 나타낸다.

바로 거인들을 낳아 이 전쟁을 일으킨 장본인인 대지의 여신 가이아다. 가이아가 거인들을 죽이려는 아테나의 옷을 부여잡고 자신의 자식들을 죽이지 말아 달라며 애원하는 모습이다. 가이아의 처량한 모습에서 '군사력으로 복종시키려는 고대 국가 추진 세력에 패배하여 역사의 뒤안길로 사라져가는 원시 공동체'의 암울한 현실이 느껴진다.

고대 국가에서 신전은 단순히 종교적 행사를 위한 장소에 머물지 않는다. 국가 내부의 강력한 통합을 상징하고 대내외로 국가의 위세를 드러내기 위한 수단이기도 하다. 아테네를 비롯하여 고대 국가들의 수립과 함께 대대적인 신전 건축 바람이 분다. 그리고 신전의 벽을 거인족과의 전쟁 장면으로 장식함으로써 국가의 역사적 승리를 선언한 것이다. 악으로서의 무질서에 대해 선으로서의 질서가 승리했음을 공표한 것이다. 또한 영원함의 상징인 돌로 만든 신전과 조각이라는 점에서, 국가와 질서의 승리가 절대로 되돌릴 수 없는 결정적인 사건임을 확고하게

인문학으로 보는 그리스신화

드러내고자 한 것이다.

과연 국가 질서는 선인가?

거인족의 역사적 패배 이후에 공동체에 대한 국가의 승리, 무질서에 대한 질서의 승리는 악과 선을 구분하는 절대적 믿음이 되어 현재에 이르기까지 인류의 사고방식을 지배한다. 그리스는 물론 로마에서도 거인족은 혼란의 화신이었다. 심지어 기독교 문화로의 전면적인 전환이 이루어진 중세 사회에서도 그리스 신화는 문화의 저변을 형성하며 도도하게 흐른다. 도레의 〈지옥에 갇힌 티탄과 거인〉이나 단테의 《신곡》에서 보았듯이 르네상스의 여명기에서조차 거인은 여전히 쇠사슬에 묶여 지옥에 갇힌 그대로다.

근대에 접어드는 과정에서도 사정은 그리 다르지 않다. 고야의 〈자식을 잡아먹는 크로노스〉에 확인했듯이 낮은 단계의 낡은 질서가 초래하는 악의 표상으로 등장한다. 현대 사회에 이르러서도 국가주의가 기승을 부리는 모든 곳에 현실의 국가를 약화시키는 적대 세력으로서 거인족의 그림자가 어른거린다. 당연히 그 반대편에 새로운 정복자로 등장한 고대 국가나 근대 국가가 선과 정의를 대표하는 자격으로 자리를 잡고 있다. 공동체나 낮은 단계의 질서에 대한 그간의 비판이 정당한지를 파악하기 위해서는 무질서가 악인지에 대한 논의만이 아니라 국가 질서가 선에 해당하는지를 냉철하게 살펴볼 필요가 있다.

먼저 원시나 부족 단계의 공동체야말로 가장 평화롭고 조화로운 '황금의 시대'였음을 강조한 오비디우스의 《변신 이야기》를 통해 국가 질서에 대한 고대인의 비판적 시각을 만나보자. 부족들의 반발을 힘으로 제압하고 고대 국가 체제가 확고하게 자리 잡은 시기는 철기 문화가 뿌리를 내린 '철의 시대'다. 그는 이 시대의 특징을 다음과 같이 설명한다.

"인간들 사이에서 악행이 꼬리를 물고 자행되기 시작했다. 순결·정직·성실 같은 덕목을 기피하고 기만·부실·배반·폭력·탐욕만을 좇았다. (…) 모두의 공유물이었던 땅도 제 땅이라고 우기는 땅 주인들이 그은 경계선으로 얼룩졌다. (…) 사사로운 싸움은 곧 전쟁으로 번졌다. 사람들은 피 묻은 손으로 무기를 휘둘렀다. 약탈을 생업으로 삼는 사람도 생겨났다."

실제의 역사에서 일어난 일도 그의 지적과 비슷하다. 동서양을 막론하고 고대 국가의 시작과 함께 법률을 통해 신분제와 사유재산제가 강제된다. 고대의 국가 질서는 신분 질서를 동반하면서 나타난다. 과거에 서로가 동등한 자격을 가진 공동체 일원이었다면 이제 대부분의 사회 구성원이 왕족·귀족·평민·노예로 구분된 억압적인 신분 질서 아래 종속된다. 왕족과 귀족에 의한 약탈과 폭력 아래 고통스러운 나날을 보낸다.

그 이전까지 대지는 모든 사람이 자유롭게 사용하고 수확물을 나누어 가질 수 있는 공유물이었다. 하지만 국가 수립과 동시에 주도 세력들은 왕족이나 귀족 등 스스로를 특권 계급으로 규정하면서 토지에 대한 배타적인 권리를 주장한다. 마음대로 땅을 구획하여 자기 소유로 삼는다. 다수 구성원은 식구들의 생계를 위해 경작할 작은 땅조차 제대로 이용할 수 없게 되었고, 토지 소유권을 둘러싸고 갈등이 빈번하게 벌어진다.

덩달아 사람들의 심성이 천박해지고 악행이 속출한다. 빈부 격차가 구조화되면서 남의 재물을 빼앗아서라도 더 많은 부를 축적하려는 욕심이 퍼진다. 서로를 속이고 탐욕을 채우려 든다. 가혹한 형벌을 규정한 온갖 법률이 만들어졌지만 오히려 폭력을 비롯한 각종 범죄가 폭발적으로 늘어난다. 형제간의 우애도 찾아보기 어려워진다. 지배 세력 내에서는 국가 권력의 분배를 둘러싸고, 일반 가정에서는 재산 상속을 둘러싸고 분열이 나타난다. 부부는 서로가 죽기를 손꼽아 기다리고, 자식은 아비 죽을 날을 목 늘이고 기다린다.

무엇보다도 일상적으로 전쟁이 벌어진다. 고대 국가는 주변의 많은 부족을 강제로 편입시키는 과정에서 반발하는 세력을 전쟁을 통해 굴복시킨다. 무엇보다도 정복을 통한 영토 확장을 동반한다. 거의 무제한에 가까울 정도로 탐욕스럽게 주변 지역을 정복해나간다. 그리고 정복당한 국가의 주민들은 노예로 전락한다.

과거의 공동체를 파괴하고 국가 질서가 만들어지면서 오히려 사회 전반적으로 혼란과 악행이 폭발적으로 증가하는 양상이다. 폭력의 잔인성이 증가하고 규모도 비약적으로 확대된다. 물론 공동체 사회에서도 '사사로운 싸움'은 있었다. 사람들이 모여 살고 다른 씨족이나 부족과의 이해관계 충돌이 아예 없을 수는 없는 일이다. 하지만 고대 국가가 만들어지면서 폭력의 성격과 수준이 달라진다. 폭력이 우발적이거나 일시적인 차원을 넘어서 일상적이고 구조적인 성격으로 악화된다. 그러한 의미에서 국가 질서는 선은커녕 오히려 악이 본격화되는 계기로 보는 게 더 타당하지 않을까?

고대 국가만의 문제가 아니다. 고야가 〈자식을 잡아먹는 크로노스〉를 통해 보여준 바람, 즉 중세 영주 권력이나 군주제라는 낮은 질서의 악에 절망하고 점차 모습을 드러내는 새로운 근대 국가에 희망을 품었던 바람은 과연 역사적으로 실현되었는가? 현대 국가 체제의 근간이 되는 근대 국가가 신분제를 제거하고 민주주의를 도입한 것은 누구도 부정할 수 없는 사실이다. 하지만 이러한 변화가 폭력과 혼란의 완화를 의미하는 것은 전혀 아니다.

인문학으로 보는 그리스신화

근대 국가는 자본주의의 출현과 정착에 긴밀하게 연결된다. 자본주의 발달을 위한 폭력적인 부의 축적 과정이 특징적이다. 이윤 확대는 거대한 시장 확보가 절대적인 조건이다. 기계와 대규모 공장을 통해 대량 생산된 상품을 무차별적으로 판매하기 위해서는 국내 시장을 넘어서는 해외 시장 개척이 필수적이다. 자본주의가 발달한 서구 근대 국가에서 식민지로부터의 대규모 자원 약탈과 강제 판매라는 폭력적 방식의 시장 개척이 공통적으로 나타난다. 이를 위해 전 국가를 동원한 대대적인 군비 확대에 몰두한다.

근대 국가는 과거의 전쟁을 유치한 규모에 불과한 행동으로 만들어버린다. 중세의 전쟁이나 근대로의 과도기에 나타난 나폴레옹 전쟁은 대부분 유럽 내부에서 벌어졌다. 하지만 근대 국가의 식민지 개척을 위한 침략은 전쟁 범위를 전 세계로 확장한다. 영국을 '해가 지지 않는 제국'이라고 표현한 것이 결코 과장이 아니다. 우리가 현재 선진 자본주의라고 부르는 국가들은 거의 예외 없이 식민지 지배의 선두에 선 경우다. 세계의 어느 지역도 식민지 침략 전쟁에서 자유롭지 못했고, 오랜 기간 식민지 억압과 착취 아래 신음하게 된다.

20세기에 접어들어 현대 국가로 진화하면서 민주주의 요소가 더욱 확대되지만 폭력의 범위와 양상도 동시에 진화한다. 침략 전쟁이라는 가장 극단적인 혼란과 폭력의 세계화 현상이 나타난다. 20세기 초반과 중반에 두 차례에 걸쳐 벌어진 세계대전은 인류 역사상 유례를 찾아볼 수 없는 대규모 살육을 보여준다. 선진 자본주의 국가 사이에서 식민지를 빼앗아 오기 위해 벌어진 추악한 전쟁이다. 상당한 범위에 이르는 지역에서 패권을 누린 고대의 대제국들도 이처럼 전쟁을 전 세계로 일상화시키지는 못했고, 이 정도의 대규모 학살을 자행하지는 못했다.

국가 자체가 언제나 악이라거나, 인류가 이제 국가에서 전적으로 벗어나야 한다는 주장을 하려는 것이 아니다. 하지만 적어도 국가에 의해서 비로소 평화가 가능해졌다거나 국가를 통해 선이 실현될 수 있다는 주장이 거짓임은 분명하다. 고대 국가에서 현대 국가에 이르는 역사적 현실은 '선한 국가'라는 발상이 손에 쥘 수 없는 신기루에 불과함을 보여준다.

그러므로 그리스신화를 여과 없이 그대로 교훈이나 진리의 기준으로 삼으려 한다면 참으로 우둔한 발상이다. 그리스신화는 당시의 역사적 사실이나 해석과 떼려야 뗄 수 없는 관계를 지닌다. 나아가서는 고대 국가 수립 이후 비록 변화는 있었지만 현대 사회도 기본적으로 국가를 중심으로 한 사고방식과 행위가 강제되는 체제 아래 살아가고 있다는 점에서 현재 우리가 직면한 문제나 과제에도 긴밀하게 연결된다. 특히 그리스신화가 서구 문화의 원형을 형성했고, 현재 서구적인 사고방식이 우리의 일상을 상당 부분 지배하는 이상, 그리스신화에 대한 역사적

이고 현대적인 재해석이 중요하다는 점은 아무리 강조해도 지
나치지 않다.

2부

그리스신화로
문명과 국가를 돌아보다

프로메테우스

인간에게 불은
어떤 의미인가요?

제우스는 왜 불을 감췄을까?

상징주의 미술의 선구자 가운데 한 명인 귀스타브 모로Gustave Moreau (1826-1898)의 〈프로메테우스Prometheus〉는 인간의 삶에 가장 크게 기여한 신이 당하는 시련을 다룬다. 프로메테우스 신화는 모든 사람에게 익숙한 내용이다. 신이 숨겨진 불을 훔쳐 인간에게 주었고, 이에 분노한 제우스가 그를 바위에 묶어놓고 독수리에게 간을 쪼아 먹히도록 한 이야기는 그리스신화에 큰 관심이 없는 사람이라 해도 익히 알고 있다.

아폴로도로스는 《그리스신화》에서 이 이야기를 다음과 같이 소개한다.

"프로메테우스는 제우스가 감춰두었던 불을 몰래 인간에게 주

모로 〈프로메테우스〉 1868년

었다. 제우스는 이 사실을 알고 코카서스산 절벽에 그를 꽁꽁 묶어놓도록 명령했다. 프로메테우스는 여러 해 동안 그곳에 묶여 있었다. 날마다 독수리가 내리 덮쳐 간을 먹어치웠다. 밤이 되면 간이 다시 자라났다."

그는 신의 몸이기 때문에 죽지 않았다. 독수리가 불멸의 간을 쪼아 먹었으나, 밤이 되면 낮 동안 쪼아 먹힌 만큼 다시 자랐다. 그렇기 때문에 몇 년에 걸쳐 매일 같은 고통을 겪어야 했다.

그림은 바위에 쇠사슬로 묶인 채 독수리에 의해 간을 쪼아 먹히는 장면을 담고 있다. 독수리가 연약한 살을 헤집어놓은 곳에서 붉은 피가 흐른다. 새의 부리에도 피의 흔적이 역력하다. 손과 발은 튼튼한 쇠로 만들어진 사슬로 묶여 있어서 제대로 움직일 수 없다. 쇠사슬이 채워진 발목을 따라 핏자국이 있어서 격렬하게 몸부림쳤던 흔적임을 알 수 있게 한다. 뒤로는 코카서스 산자락이 웅장하게 펼쳐진다.

그런데 곳곳에서 어색한 설정이 눈에 들어온다. 먼저 프로메테우스의 등 뒤에 고대 그리스의 양식 중 하나인 이오니아식 기둥이 있다. 기둥머리 끝에 소용돌이처럼 말린 장식이 특징적이다. 산꼭대기에 신전 기둥이 있다는 게 생뚱맞다. 기둥 뒤편의 원색에 가까운 푸른색이 무엇을 의미하는지도 분명하지 않다. 훔친 불을 나타내기 위함인지 저 멀리 하늘에 작은 불길을 하나 그려 넣은 것도 이상하기 짝이 없다. 독수리가 날카로운 부리로 쪼는 곳도 간의 위치가 아니다. 당연히 극심한 고통이 뒤따를 텐데도 아주 침착한 얼굴로 하늘을 노려보는 표정도 자연스럽지는 않다.

모로의 상징주의 경향으로 이해해야 한다. 사실적인 묘사와 합리적인 설정보다는 상징성이 강한 요소들의 조합에 기초한 시각적 회화 양식을 추구한다. 상징을 이용하여 인간의 삶에서 맞닥뜨리는 문제에 대해 지성적인 메시지를 던지고자 한다. 신전 기둥은 프로메테우스가 갖고 있는 그리스의 이성적인 지혜를, 하늘의 불은 인간의 삶에 기여하고자 했던 목적을, 침착하게 하늘을 노려보는 표정은 고난에 굴하지 않고 맞서겠다는 굳은 의지를 상징한다. 상징의 강조 과정에서 낭만주의 미술의 선명한 색채 감각을 수용하는 데, 기둥 뒤의 원색에 가까운 푸른색도 그 영향으로 보면 될 일이다.

모로는 원래 신화에 없는 장면을 화면에 넣어서 제우스에 대한 프로메테우스의 격렬한 저항도 상징적으로 드러낸다. 저항은 발밑에 피를 흘리며 죽어 있는 독수리를 통해 확인할 수 있다. 독수리의 목 가운데에서 피가 흐르고 구부러진 것으로 보아 목을 부러뜨려 죽인 듯하다. 그의 왼쪽 발밑에 독수리 깃털이 몇 개 있는 것을 고려할 때 순식간에 밟아 죽였으리라. 독수리는 그리스신화에서 제우스를 상징하는 새이기에, 화가가 만들어 넣은 이 설정은 제우스에 대한 저항을 나타낸다.

신화에 한층 깊이 있게 다가서기 위해서는 제우스가 불을 숨긴 행위의 의미, 인간에게 불이 지니는 의미, 프로메테우스가 불을 훔친 행위의 의미 등으로 나누어 각각 심층적으로 이해해야 한다. 먼저 제우스는 왜 인간이 불을 사용하지 못하도록 하늘 깊은 곳에 숨겨두었을까?

고대 사회라는 조건 안에서 상식적으로 불이 필요한 이유를 생각할 때 음식을 익혀 먹는 것, 겨울의 추위를 이기기 위한 난방을 제공하는 것, 조명 역할을 통해 어두운 밤에도 일과 생활이 가능케 하는 것, 광석을 녹여 청동이나 철로 된 도구를 만드는 것 등이 떠오른다. 대체로 의식주와 연관된 유익함이다. 그리고 불을 훔쳐 인간에게 제공함으로써 이러한 쓰임새를 실현한 프로메테우스를 고마운 신으로 생각한다.

그런데 만약 불이 제공하는 유익함이 이 정도라면 제우스가 굳이 불을 감추고, 인간에게 제공했다는 죄를 물어 몇 년 동안 간을 쪼아 먹히는 극단적 형벌을 준 행위가 이해되지 않는다. 제우스를 비롯하여 올림포스의 신들은 인간이 제사를 지내면서 신전에 바치는 제물이 항상 있어야 한다. 신들의 이익을 위해서라도 인간이 기본적인 의식주 충족에 문제가 없이 살아가는 것이 필요하다. 사정이 이러하다면 제우스가 불을 감추고 인간이 접근하지 못하게 할 이유가 없다.

그리스신화를 면밀하게 살피고 그 의미에 더욱 심층적으로 접근해야 제우스가 왜 불을 숨겼고, 불이 인간에게 어떤 의미를 지니는지에 대해 제대로 이해할 수 있다. 헤시오도스는 《신들의 계보》에서 중요한 단서를 제공한다.

"제우스는 인간들을 위해 지칠 줄 모르는 불의 힘을 주지 않았다. 그러나 프로메테우스는 지칠 줄 모르는 불의 멀리 보는 화광을 훔쳐냈다. 제우스는 인간들 사이에서 불의 멀리 보는 화광을 보자 마음속으로 화가 났다."

헤시오도스의 문장을 자세히 보면 우리가 상식적으로 생각하는 불의 의미와 상당히 다르다. 그가 말하는 '불의 힘'은 '지칠 줄 모르는 불의 멀리 보는 화광'이다. 프로메테우스는 바로 이것을 훔쳐 인간에게 준 것이다. 제우스가 화가 난 이유도 이것을 인간에게 주었기 때문이다. 화광이란 불에서 나오는 빛으로 이해하면 된다. 결국 불의 힘이란 빛의 힘이다. 그러면 지칠 줄 모르고 멀리 보게 하는 빛의 힘이란 무엇인가?

빛이 멀리 있는 것을 보게 한다는 것은 어둠과 대비할 때 정확한 파악이 가능하다. 빛의 기능은 어둠을 걷어내고 먼 곳까지 분별이 가능하도록 해주는 데 있기 때문이다. 어둠을 밝히는 빛의 힘이라고 하면 바로 연상되는 게 있지 않은가? 바로 지성이다. 보통 어둠과 빛의 비유에서 어둠은 무지를, 빛은 지성을 상징한다. 지혜라 부르든 이성이라 부르든 지성적인 요소가 무지를 걷어내는 역할을 한다.

그리스신화에서 아폴론이 이성을 대표하는 핵심적인 이유도 태양의 신이기 때문이다. 당연히 태양은 빛을 의미한다. 어둠을 물리치는 빛의 역할을 이성과 연결시키는 것이다. 고대 수메르 문명에서는 올빼미, 이집트 문명에서는 고양이가 각각 지성을 상징하는 동물로 등장한다. 고대 사회는 물론이고 이후 서구 사회에서 올빼미와 고양이는 이성의 상징으로 계속 사용된다. 올빼미나 고양이 역시 밤에 사물을 분간하는 동물이라는 점에서 어둠을 물리치는 빛의 역할을 동물에 적용하여 지성의 특징을 설명한 경우다. 워낙 오랜 기간 상징으로 사용되었기 때문에 우리는 빛이 어둠을 이긴다는 말을 들으면 곧바로 지성이 무지를 이긴다는 말을 떠올린다.

인간에게 불을 준 행위에 분노한 제우스는 프로메테우스에게만 보복을 한 게 아니라 인간에게도 보복 조치를 내린다. 보복의 내용을 보더라도 불의 힘이 지성에 초점을 맞추고 있음을 알 수 있다. 헤시오도스의 《일과 날》에는 프로메테우스가 인간에게 불을 준 행위에 대해 제우스가 질타하는 내용이 나온다.

"하지만 그것은 그대 자신에게도 후세의 인간들에게도 큰 화근이 되리라. 나는 불의 대가로 그들에게 재앙을 줄 것인즉, 그들은 모두 자신의 재앙을 껴안으며 마음속으로 기뻐하리라."

제우스가 불의 대가로 인간에게 준 재앙은 바로 최초의 여성 판도라Pandora다. 물로 흙을 개어 그 안에다 인간의 목소리와 힘을 넣어 아름답고 사랑스런 모습의 처녀가 태어나게 한다. 판도라는 항아리 뚜껑을 들어 올려 인간에게 근심을 주는 것들을 모두 내보낸다. 무수히 많은 고통이 인간들 사이를 떠돌게 된다. 뚜껑을 닫을 때 항아리의 가장자리 아래 남고 밖으로 날아가지 않은 것이 하나 있었는데 바로 희망이다.

항아리에서 쏟아져 나와 인간을 근심에 빠지게 한 재앙이 무엇인지 주의 깊게 볼 필요가 있다. 헤시오도스에 의하면 고통스러운 그리움과 사지를 상하게 하는 상념, 개의 마음과 교활한 기질, 거짓말과 알랑대는 말, 힘겨운 노고와 죽음을 가져다주는 질병 등의 재앙이다. 판도라의 항아리에서 나온 근심은 공통적으로 지성의 힘을 약화시키는 작용을 한다. 그리움·상념 등은 이성보다는 충동적인 감정에 휘말리게 하여 합리적인 사리분별을 흐리게 만드는 역할을 한다. 거짓말·아첨 등은 진실에 다가서려는 지성의 노력을 가로막아서 무지로 향하게 만든다.

힘겨운 노고란 고된 노동을 말한다. 본래 자연이 제공하는 풍요로움 속에 살던 인간이었지만 이젠 아침부터 밤까지 힘든 노동을 해야만 기본적인 생계를 유지할 수 있도록 바뀌어버렸다. 쉴 새 없이 노동에 빠져 있을 때 그만큼 지성을 쌓고 발휘할 시간은 줄어든다. 질병도 비슷한 역할을 한다. 육체가 건강하지 못하고 병에 시달릴 때 냉철한 정신 상태가 유지되기 어렵다. 결국 제우스가 판도라를 통해 준 근심은 지성을 약화시키는 대표적인 장애물이다. 프로메테우스가 인간에게 준 빛의 힘인 지성을 상쇄시키거나 약화시킬 수 있는 대표적 요인들이다. 불의 의미가 지혜나 이성을 비롯한 지성의 능력이라는 점을 다시 한 번 알게 한다.

불, 인간을 인간답게 하는 힘

프로메테우스 신화를 다룬 대부분의 화가가 독수리에게 고통을 당하거나 이에 저항하는 이미지를 다루었다면, 플랑드르 화가 얀 코시에르Jan Cossiers (1600-1671)의 〈불을 훔치는 프로메테우스〉는 불에 주목한다. 하늘 깊숙한 곳에 숨겨진 불을 훔쳐 인간에게 향하는 모습을 담았다. 제우스를 속인 후 속이 빈 회향풀 줄기 속에 불을 감춰 지상으로 내려오는 긴박한 순간이다.

그의 표정에 긴장감이 감돈다. 제우스가 있는 하늘을 흘낏 뒤돌아보며 발길을 재촉한다. 촌각을 다투지 않는다면 계획이 실패할지도 모른다는 불안감도 스친다. 만약 불이 사라진 사실을

코시에르 〈불을 훔치는 프로메테우스〉 1637년

눈치라도 채면 인간에게 전달하기도 전에 제우스는 즉시 무시무시한 번개를 던져 그를 제지할지도 모른다. 아무리 프로메테우스라 하더라도 제우스를 힘으로 이길 수는 없는 노릇이다. 불을 잡고 있는 손에 근육이 솟아 있어서 어지간히 힘을 주고 있음을 느끼게 한다. 그만큼 인간에게 불을 전하려는 의지가 굳건하다.

지성으로서의 불의 의미는 프로메테우스 자신과도 긴밀하게 연결된다. 그의 이름 자체가 '미리 생각한다'라는 뜻을 갖고 있다. 신화는 그를 소개할 때 "어느 누구보다 영리한 자여"라거나 "꾀 많고 머리가 잘 돌아가는 프로메테우스"라고 한다. 그리스의 3대 비극 작가로 불리는 아이스킬로스 역시 《결박당한 프로메테우스》에서 인간에게 준 불의 힘이 갖는 의미를 지성으로 본다.

제우스의 부하가 프로메테우스를 비난하는 내용이 그렇다.

"이놈이 훔쳐 저 인간들에게 넘겨준 것이 바로 만물을 뜻대로 이루게 하는 기술의 빛인 불이었으니까."

동물처럼 있는 그대로의 자연에 단지 적응하며 사는 데 머물지 않고 자신의 뜻에 따라 자연을 인간에게 유용하도록 바꾸어 사용하는 지성적 능력이 바로 불의 의미다.

불을 '기술의 빛'이라고 한다. 여기에서 '기술'이라는 말은 현대인의 개념과는 상당한 차이가 있다. 현대인은 기술이라는 말을 주로 수단적인 성격에 한정하여 사용한다. '과학기술'이나 '생산기술'이라는 말을 한 덩어리로 사용할 정도로 무엇인가를 이루기 위해 필요한 수단으로 생각한다. 과학이나 기업의 생산 과정에서 요구되는 부분적인 능력이다.

하지만 그리스인들에게 기술은 전혀 다른 뜻과 비중으로 사용된다. 탁월함의 의미를 갖는 '아레테arete'는 기능에서 오는 것이었다. 무엇인가의 훌륭함은 그것에 맡겨진 기능이 최대한 발휘되는 상태를 의미한다. 그러한 의미에서 탁월함은 기술을 통해 획득된다. 인간에게 최고의 탁월함은 덕인데, 이 역시 기술을 통해 도달할 수 있다. 덕은 인간을 인간답게 하는 것, 즉 정신의 고양에서 온다. 지성이라는 기술을 통해 최상의 덕을 획득할 수 있다. 인간에게 불의 의미인 '기술의 빛'은 곧 지성의 빛인 것이다.

또한 프로메테우스가 자신이 한 일을 설명하는 내용도 그러하다.

"어찌할 바를 모르고 있는 인간을 보고 그들에게 생각하는 능력을 주었지. 나를 통해서 그들은 이해력을 얻은 거요."

'어찌할 바를 모르고 있는 인간'이란 지성을 통해 문명을 실현하기 전의 인간을 말한다. 아이스킬로스가 프로메테우스의 입을 통해 전하는 이전의 인간은 원시 공동체 단계와 상당히 유사하다. 벽돌이나 나무를 이용하여 태양을 가릴 만한 집 한 채도 지을 줄 몰랐고, 마치 개미 떼가 햇빛도 안 드는 땅속 깊이 묻혀 살듯이 인간들은 동굴 속에 살고 있었다고 한다. 한 해의 구분, 달이나 주 그리고 날과 시간을 계산하는 방법도 몰랐다.

그가 '생각'하는 능력을 준 후에 인간은 하늘의 운행을 통해 시간을 구분하는 법을 알게 된다. 프로메테우스는 "무엇보다도 으뜸가는 기술인 문자의 사용법과 셈하기도 가르쳐 주었어."라고 한다. 불의 의미인 '기술의 빛' 중에서도 가장 우수한 기술이 언어의 사용이라는 것이다.

그리스인들에게 언어는 생각을 전달하는 수단으로서의 성격을 넘어선다. 말이나 문자와 같은 언어는 인간에게 기술 중의 기술이었고 아레테의 가장 중요한 부분이었다. 인간이 언어를 통해 생각한다는 점에서 언어의 사용법은 '보편적 기술'에 해당한다. 인간의 정신이 스스로에 의해서 발전하는 것이 아니라 언어에 의존한다. 언어가 지성과 직결된다는 점에서 최상의 덕을 실현한다. 정신은 언어에 의존하여 최상의 상태에 도달할 수 있다. 프로메테우스가 준 으뜸가는 기술인 문자를 사용하게 됨으로써 인간은 지성의 꽃을 활짝 피우고 학문의 기반을 만든다.

셈하는 방법도 학문의 획기적인 발전을 가져온다.

불의 진정한 의미를 지성에서 찾았다고 해서 모든 의문이 풀리는 것은 아니다. 인간의 지성이 제우스와 왜 적대적인 관계에 놓이게 되는지가 여전히 큰 의문으로 남는다. 프로메테우스가 불을 전달한 것, 바꾸어 말해서 인간이 지성을 갖추는 것이 왜 제우스의 분노를 끓어오르게 했는가? 분명히 무언가 제우스에게 중대한 위협이 되기 때문일 텐데, 어떤 점이 그러한가?

이 의문을 푸는 데는 그리스철학의 도움이 필요하다. 헤라클레이토스Heracleitos는 프로메테우스가 전달한 불과 지성을 하나로 이해한 대표적인 그리스 철학자다. 그는 만물의 근원을 '불'에서 찾는다. 하지만 여기에서의 불은 우리가 일상에서 접하는 물질적 현상으로서의 불이 아니다. 그리스신화에서 지성의 상징으로 보았듯이 헤라클레이토스가 강조하는 불 역시 세계의 원리이자 정신적 원리에 가깝다.

"세계는 신이나 인간에 의해 만들어진 것이 아니고 법칙에 따라 불타고 꺼지면서, 과거·현재·미래에 걸쳐 영원히 살아 있는 불이다. (…) 불은 세계 이성, 즉 세계 영혼으로서의 로고스다."

그에게 세계는 신이나 그 어떤 전능한 힘에 의해 창조된 것이 아니다. 타오르거나 꺼지면서 영원히 존재하는 불이다. 우리가

장작을 불태우거나 가스레인지의 손잡이를 돌리면 타오르는, 혹은 제철소의 용광로를 달구는 물질적인 불이 아니다. 불은 정신으로서의 로고스다. 로고스는 진리나 보편적인 법칙 등을 뜻하는 말이다. 불타고 꺼지는 불은 생성되어 성장했다가 사라지는 세계의 운동 원리를 상징한다. 또한 이 진리는 오직 이성을 통해서만 이해 가능하다는 점에서 정신적 원리이기도 하다. 로고스의 바탕이 되는 이성이 없으면 세계의 본질을 밝힐 수 없다.

불의 운동 원리에서 가장 중요한 것은 변화다. 헤라클레이토스에게 불은 변화의 철학이라는 핵심 내용을 담고 있다.

"모든 것은 불의 교환물이고 불은 모든 것의 교환물이다."

서로 대립되는 상태가 운동을 일으키며 이로부터 변화가 발생한다. 영원히 변하지 않는 존재라고 여겨졌던 것들은 모두 다 생성과 운동의 지배를 받는다. 심지어 영원성의 상징처럼 여겨지는 태양조차 그러하다.

"태양은 날마다 새롭다. 뿐만 아니라 언제나 계속해서 새롭다."

그렇기 때문에 세계는 결코 완결적일 수 없고, 그 자체가 과정이요, 결코 정지해 있지 않다. 본질은 안정이 아니라 갈등이다. 지성은 대립하는 사물이나 상태가 서로 결합하고 변화하는 원리에 대한 인식을 의미한다.

불이 세계의 형성 원리이고 불이 생성과 소멸이라는 변화 원리라는 점이, 또한 이러한 원리를 인간이 지성을 통해 인식하는 것이 왜 제우스에게 결정적인 위협이 되는가? 제우스가 신으로서 인간에게 절대적인 권위를 누리는 가장 중요한 근거는 인간이 이 세계가 신에 의해 만들어졌다고 믿는 데서 온다. 그래야 공손하게 신에게 복종하고 명령하는 대로 따를 테니 말이다. 또한 인간들이 신에 의해 만들어진 세계 질서가 변화 없이 영원한 것이라고 굳게 믿을 때 제우스의 권위가 흔들리지 않고 유지될 수 있다. 인간이 아무리 노력을 해도 제우스가 강제한 질서가 조금도 흔들리지 않는다고 생각해야 신의 권위에 도전할 생각을 하지 않기 때문이다.

'제우스에게 절대적 권위를 부여하는 신화'는 자기 권위를 정당화하려는 현실 국가 권력이 가진 지배 세력 이해와도 맞아떨어진다. 고대 국가에서 중세에 이르기까지 대부분의 국가 권력은 신의 권위를 빌려 신분 제도와 절대적 권력을 정당화했다. 신의 뜻이 지상에서 관철되듯이, 현실이 아무리 고통스럽더라도 권력을 차지한 소수의 지배자에게 모든 사람이 순종해야 한다는 논리를 펼쳤다.

세상의 질서에 변화가 없고 지속된다는 발상도 고대 국가 지배자의 이해와 일치한다. 소수가 부와 권력을 독점하고 있는 사회, 이를 신분제 논리를 통해 강요하는 사회에서 다수의 사회 구성원은 일상적인 고통 속에 살아가야 한다. 원래대로라면 자연스럽게 권력에 대한 저항이 일어나야 한다. 하지만 만약 현실의 고통이 과거에도 있었고 앞으로도 영원히 그러할 수밖에 없다는 숙명론이 사람들의 마음속에 자리 잡고 있다면 전혀 다른 결과로 나타난다. 현실을 인정하고 감내하는 경향을 갖게 된다.

반대로 인간이 불의 힘, 즉 지성을 갖춤으로써 이 세계가 신이 만든 질서가 아니고, 현실의 고통이 변화 불가능한 절대적인 상태가 아니라는 점을 깨닫는 순간 제우스의 권위에 상당한 균열이 생기게 된다. 제우스와 지배 권력이 분노를 쏟아낼 수밖에 없는 위기 상황이고, 열 일 제치고 프로메테우스에게 직접 극단적인 고통을 안겨주는 형벌을 내릴 수밖에 없는 중대한 사태다.

혁명가 프로메테우스

마지막으로 프로메테우스가 불을 인간에게 전해준 행위가 갖는 의미를 살필 차례다. 이것은 단순히 꾀를 부려 불을 훔친 영리함을 알려주는 데 머물지 않는다. 개인적인 지혜를 넘어 혁명적인 저항의 의미를 지닌다. 이미 모로의 〈프로메테우스〉에서 형벌의 집행자이자 제우스의 상징이기도 한 독수리를 밟아 죽인 행위, 두 눈을 부릅뜨고 하늘의 제우스를 노려보는 시선을 통해 저항의 의지를 확인한 바 있다.

17세기 바로크를 대표하는 화가 페테르 파울 루벤스Peter Paul Rubens (1577-1640)의 〈결박된 프로메테우스〉를 통해서도 꺾이지 않는 저항 정신을 만날 수 있다. 루벤스는 빛과 어둠의 대비, 뒤틀린 신체의 역동성, 사실적 재현과 합리적인 공간 구성 등의 요소들을 종합적으로 소화하면서 바로크 미술의 꽃을 피웠다. 프로메테우스 신화 역시 바로크 미술의 특징적 요소들을 캔버스 위에 효과적으로 구현할 수 있는 소재라고 여긴 듯하다.

모로의 그림과 비교해 보면 확실히 루벤스의 그림에서 역동적인 분위기를 느끼게 된다. 독수리가 간의 일부를 끄집어내어 먹는 장면인데 프로메테우스의 손과 몸, 그리고 다리가 뒤틀리면서 화면에 한껏 긴장감을 불어넣는다. 여기에 독수리가 날개를 편 모습, 그의 머리와 배에 발톱을 박은 모습, 고개를 틀어 간을 쪼는 모습 등이 맞물리면서 역동성을 배가시킨다. 강렬한 조명을 비추듯 몸과 주변의 명암 대비를 통해 극적인 효과를 살린다.

역동적인 형식을 보여주는 데 머물지 않는다. 뒤틀린 몸이 단지 고통의 표현만은 아니다. 그림을 자세하게 보면 그의 날카로운 눈이 독수리의 눈을 정면으로 쏘아보고 있다. 쇠사슬에 묶여 있는 손은 만약 풀어지기만 한다면 단번에 독수리의 목을 잡고

인문학으로 보는 그리스신화

루벤스 〈결박된 프로메테우스〉 1611년

비틀어 숨통을 끊을 태세다. 두려움과 고통에 떨기보다는 회심의 반격 기회를 엿보는 전사의 태도다. 부릅뜬 눈은 당연히 독수리로 상징되는 제우스를 향한다.

당시 그리스인들도 프로메테우스에게서 현실의 억압을 근본적으로 뒤엎는 혁명가를 떠올렸다. 아이스킬로스의 《결박당한 프로메테우스》는 그를 바라보는 대중적 시각을 잘 보여준다. 제우스의 경고를 전하기 위해 찾아온 헤르메스Hermes에게 프로메테우스가 저항 의지를 불태우는 대목이다.

"폭정을 시작한 지 얼마 안 되는지라, 네가 사는 궁전에는 영영 슬픔이 오지 않으리라 생각하는군. 하지만 이미 폭군이 둘이나 쫓겨나는 걸 내 눈으로 보았다. 세 번째는 지금 왕이지. 그가 완전히 망하는 걸 보고야 말 테다. 내가 허리를 굽히고 벌벌 떨 줄 알았나? 천만의 말씀. 썩 가거라! (…) 너 같은 노예 신세보다는 지금의 이 고통이 나으니 그리 알아라."

프로메테우스는 신의 명령을 어기고 지성의 힘을 인간에게 전달한 후 처벌을 당한 순교자라기보다는 제우스의 절대 권력과 폭정에 저항하는 혁명가에 가깝다. 제우스의 권력을 '폭정'이라고 분명히 규정한다. 또한 이 권력이 영원할 수 없음을 역사를 통해 역설한다. 둘이나 쫓겨난 폭군이란 기존의 지배자였

인문학으로 보는 그리스신화

던 우라노스와 크로노스를 뜻한다. 이미 두 차례의 변화에서 확인할 수 있듯이 제우스의 억압적인 권력도 종말을 향해 나아가고 있다고 한다.

게다가 독수리에게 몇 년 동안 간을 쪼아 먹히는 흉악한 처벌이 이어지지만 절대로 굴복하지 않겠다고 한다. 인간에게 불을 준 행동이 정당하다고 생각하기에 후회를 하지도 않는다. 억압된 노예 상태로 사느니 차라리 처벌의 고통을 견디며 저항의 길에 계속 서 있겠다는 의지를 멈추지 않는다. 혁명가로서의 결연한 투지가 넘친다.

하지만 프로메테우스가 불을 통해 전달한 지성이 인간에게 전적으로 해방과 자유만을 선사했다고 보기는 어렵다. 아이스킬로스에 의하면 프로메테우스도 이러한 점을 걱정한다. 어머니인 테미스Themis가 여러 번 그에게 '앞으로의 승리자는 폭력이나 무력으로 정복하는 것이 아니라 교묘한 술책으로 뜻을 이룰 수 있다'고 예언한 적이 있다. 하지만 프로메테우스는 "내가 인간들에게 바로 이 말을 전했지. 그러나 그들은 내 말을 들으려고도 하지 않았어."라며 안타까움을 토로한다.

미래를 예견하는 아주 의미심장한 통찰이 담긴 내용이다. 사실 우리는 억압 체제라고 하면 직접적인 무력이나 폭력을 떠올린다. 실제로 인류 역사에서 수많은 독재자가 군사력을 동원하여 권력을 찬탈하거나 주변 지역을 강제로 지배했다. 또한 경찰력을 동원하여 자국 내에서 권력에 저항하는 백성들을 폭력으로 제압했다. 이에 비해 지성은 물리적인 폭력과는 상반된 특징, 즉 대화와 합의를 통해 합리적으로 사회를 이끌어나간다는 생각이 상식으로 자리 잡았다. 지성은 언제나 억압과 폭력의 반대편에 서서 자유와 민주적 참여를 증가시키는 힘이라고 믿었다.

하지만 인류 역사가 보여주는 현실은 전혀 다르다. 테미스가 여러 번 예언한 것처럼 지성이 폭력의 역할을 대신하는 경우를 얼마든지 확인할 수 있다. 또한 프로메테우스가 안타까워했듯이 인간은 권고를 듣지 않았다. 독재는 군대를 동원한 쿠데타에 의해 정권을 찬탈하고 폭정을 일삼는 군사 독재만 있는 것이 아니다. 토론과 선거에 의해 민주적으로 만들어진 정권에 의한 민간 독재도 적지 않다.

특히 20세기 들어 군부 쿠데타에 의한 집권이 대중적으로 인정을 받지 못하게 된 상황에서 지성에 의한 교묘한 술책으로 억압 체제를 만들고 유지하는 경우가 늘어난다. 가장 전형적인 사례가 히틀러를 중심으로 한 나치 정권이다. 독일의 파시즘은 다수결이라는 민주적 절차를 보장하는 대의제가 극단적인 전체주의 체제를 만들어낼 수 있음을 명확하게 보여준다. 히틀러는 무력이 아니라 선거를 통해, 즉 사회 구성원의 자발적 동의에 근거하여 정권을 장악하고, 국민 다수의 지지에 기초하여 전 세계를 상대로 침략 전쟁을 일으켰다.

인문학으로 보는 그리스신화

이 과정에서 지성에 의한 교묘한 술책이 큰 힘을 발휘했다. 가장 유력한 수단이 선전이다. 나치는 각종 매체를 이용한 선전을 통해 국민을 대상으로 전체주의에 동의하도록 심리전을 펼쳤고 대대적인 성공을 거둔다. 선전은 무작정 감성적인 용어를 쏟아낸다고 해서 효과를 내는 것이 아니다. 대중의 심리에 대한 냉철하고 객관적인 분석을 통해 주도면밀한 전략을 수립할 때 성공한다는 점에서 이성의 결과물이다. 무력을 동원한 직접 폭력만큼이나 지성을 이용한 간접 폭력도 위험할 수 있음을 보여준다.

나치라는 특수한 집단에게만 나타나는 예외적 현상이 아니다. 현대 사회에서도 TV · 신문 · 인터넷 등을 비롯하여 광범위한 영향력을 발휘하는 대중 매체가 대중 의식을 조작하려는 권위주의 통치 세력의 선전 작업에 빈번하게 동원된다. 선거에서도 대중 매체를 통한 왜곡된 여론 형성이 막강한 위력을 발휘한다. 언론은 대기업이 직접 언론사를 운영하든가 아니면 광고주의 힘을 이용하여 조종한다. 당연히 대기업의 정치적 이해를 대표하는 정당에게 유리하다. 다양한 방법으로 정부가 직접 언론에 영향력을 행사하는 경우도 흔하게 볼 수 있다. 애국심을 빌미로 전체주의적 정책에 대한 대중적 동의를 조작해낼 수 있는 여지가 폭넓게 열려 있다.

그리스신화의 문제의식이 여전히 현대적 의미를 지니고, 프로메테우스의 경고가 수천 년이 지난 지금도 우리에게 뼈아픈 교훈을 준다. 실제의 인류 역사에서 벌어진 일들을 볼 때, 고대 그리스의 신화와 비극 작가가 어떻게 이 정도로 날카롭고 깊은 통찰력을 지닐 수 있었던 것인지 참으로 놀라울 따름이다.

인문학으로 보는 그리스신화

이카로스

무모한 도전일까요,
무한한 도전인가요?

이카로스는 도전의 상징인가?

상징주의 미술로 잘 알려진 프랑스 화가 오딜롱 르동Odilon Redon
(1840-1916)의 〈이카로스Icaros〉는 그동안 접한 이카로스의 분
위기와 상당히 다르다. 신화 줄거리는 대략 우리가 아는 그대로
다. 최고의 조각가·건축가이자 발명가인 다이달로스Daedalos는
미로 구조 때문에 빠져나갈 수 없는 궁전을 만들었지만 미노스
왕의 뜻을 어긴 죄로 그 미궁에 갇힌다. 그는 아들 이카로스와
함께 그곳을 탈출하기 위해 날개를 만든다. 아들에게는 햇볕에
아교가 녹아 날개가 떨어지지 않도록 너무 높이 날지도 말고,
습기로 인해 날개가 제 기능을 못하지 않게 바다 가까이 날지도
말라고 한다. 하지만 아폴로도로스의 《그리스신화》에 의하면
"이카로스는 아버지의 지시를 무시하고 의기양양해져 아교가

르동 〈이카로스〉 1890년

녹아내릴 만큼 점점 높이 날았다." 다분히 그의 어리석음을 질타하는 내용이다. 결국 바다에 떨어져 죽는다.

워낙 인상적인 장면이어서 많은 화가가 이 신화를 회화로 표현했다. 대부분 이카로스가 태양 가까이 너무 높이 날다가 하늘에서 떨어지는 순간, 혹은 바다로 곤두박질치는 순간을 담았다. 아버지의 현명한 지시도 무시하고, 오만한 마음으로 의기양양해져서 맹목적이고 충동적인 행동을 한 결과로 비극적인 최후를 당하는 교훈의 표현에 치중했다.

조금 다른 분위기의 그림이라면 죽은 이카로스를 위로하고 추모하는 모습 정도가 있다. 마치 로마의 최고 시인으로 꼽히는 베르길리우스가《아이네이스》에서 추모하듯 말이다.

"이카로스여, 이 위대한 작품에서 그대도 큰 자리를 차지했을 것이오. 다이달로스의 비통한 마음이 그것을 허락했더라면. 두 번이나 그대의 추락을 황금으로 형상화해보려고 했으나, 두 번이나 아버지의 두 손은 아래로 떨어졌소."

그는 이카로스의 충동을 꾸짖기보다는, 다이달로스의 성공에 함께 자리를 차지하지 못한 점과 아버지의 슬픔을 안타까워한다.

르동의 이카로스는 전혀 다르다. 날개를 단 이카로스가 산 위에 서서 하늘을 바라본다. 주변에 어린 아들을 보호하는 아버지 다이달로스도 없다. 온전히 홀로 우뚝 선 모습이어서 자립적인 주체로서의 이미지가 강하다. 막연히 하늘을 보는 게 아니다. 그의 몸과 날개에 그림자가 진 각도나 짙은 정도로 봐서는 하루 가운데 태양이 가장 강렬하게 대지를 비추는 시간에 햇볕을 응시하는 중이다.

날개에 깃털을 이어 붙인 아교가 녹아 바다에 떨어졌으면 일반적으로는 햇볕에 대한 극심한 트라우마가 있기 마련이다. 과거 경험했던 위기나 공포와 비슷한 일이 발생했을 때 당시의 감정을 다시 느끼면서 심리적 불안을 겪는 증상 말이다. 하늘을 정면으로 바라보고, 나아가서는 펼친 날개가 붉게 물들고 있어서, 트라우마는커녕 오히려 태양에 더욱 다가서려는 적극적인 자세를 보인다. 당장이라도 태양을 향해 다시 날아오를 기세다.

하늘을 원망하는 태도도 아니다. 두 팔에 무언가를 들고 하늘을 향해 치켜올린다. 하늘의 신에게 올리는 감사의 제물일지도 모른다. 그 물체가 무엇이든 분명한 것은 패배자가 아니라 오히려 승리자의 모습에 가깝다는 점이다. 승리자가 영광의 트로피를 머리 위로 올려 기쁨을 만끽하듯 벅찬 감정이 스친다. 대신 하늘이 지고 자기가 이겼다는 교만스러운 태도는 아니다. 하늘의 영광이자 곧 자신의 영광이기도 하다는 분위기다.

르동은 구체적인 이야기를 통해 합리적인 설명을 하기보다

인문학으로 보는 그리스신화

는 상징주의 화가답게 몇 가지 상징으로 메시지를 전한다. 앞 장에서 보았던, 같은 상징주의 경향 화가인 모로의 〈프로메테우스〉와는 적지 않은 차이가 있다. 모로가 구체적 형태를 지닌 상징 장치를 넣어 메시지를 전달한다면, 르동은 형식보다는 신비스러운 색채와 분위기를 통해 암시한다. 보이는 방식보다는 감상자에게 느껴지는 방식으로 상징주의를 실현한다.

그리스 작가들이 전하려 했던 교훈과 달리, 현실에서 적지 않은 사람이 이카로스를 탓하기보다는 르동처럼 불가능에 도전하는 의지의 상징으로 보고 싶어 했다. 과거든 현재든 다수가 회의적 반응을 보이는 일에서 누군가 새로운 혁신을 시도할 때 이카로스에 비유하곤 한다. 보다 직접적으로는 비행기 스케치를 그리던 레오나르도 다빈치의 마음에도, 열기구든 프로펠러 장치든 최초로 비행의 꿈을 실현하려 했던 사람들의 마음에도 이카로스가 자리 잡고 있었으리라.

왜 사람들은 이카로스의 실패한 시도에서 미래에 대한 기대를 찾으려는 것일까? 중용을 벗어난 무모한 도전이 초래한 비극적 최후라는 교훈과 달리 왜 그의 도전에서 희망을 발견하려 할까? 다이달로스가 경고한 위험 요소인 태양의 열기와 바다의 습기는 자연의 보편적 질서에 해당한다. 인간 세상에 적용하면 사회의 질서가 된다. 신화는 도전하더라도 자연이나 사회의 보편적 질서에서 벗어나지 않는 틀 내에서 이루어져야 함을 강조한다. 극단으로 향하거나 지나칠 경우 화를 불러일으킨다는 경고다. 꽤 이성적이고 합리적인 수준의 교훈임에도 왜 사람들은 이카로스를 기다릴까?

이카로스 신화나 르댕의 그림을 접할 때면 연상 작용처럼 함께 떠오르는 이야기가 있다. 독일 문학을 대표하는 괴테Goethe의 《파우스트Faust》 도입부에 나오는, 파우스트를 유혹하게 될 메피스토펠레스Mephistopheles와 신이 계약을 맺는 이야기다. 메피스토펠레스는 신과 만난 자리에서 인간이 보편적 질서에 갇혀 얼마나 우스꽝스러운 삶을 살고 있는지에 대해 조롱 섞인 목소리로 설명한다.

"인간은 언제나 판에 박은 듯, 천지창조의 그날 그대로, 괴상망측하지요. (…) 그걸 이성이라 부르며, 짐승보다 더 동물적으로 살아가는 데만 쓰고 있지요. 다리가 긴 여치 같아요. 언제나 나는 듯 팔딱팔딱 뛰어가서는 곧 풀숲에 처박혀 케케묵은 옛 노래나 불러대지요."

예나 지금이나 신이 천지창조로 만들어놓은 자연과 사회의 질서 내에서 벗어나지 못하고 살아가는 인간의 현실이 괴상망측하다고 한다. 심지어 이러한 사고방식과 삶을 이성을 통해 정당화한다. 우리가 너무 높지도 낮지도 않게만 날라는 다이달로스의 지시에서 합리적인 태도를 발견하는 것과 마찬가지로, 메피스토펠레스가 보기에 사람들은 지나침을 경계하고 중용 내에 머무는 것을 이성적인 판단이라고 부르며 항상 준수한다는 지적이다.

가끔 혁신이나 도전이라는 이름으로 새로운 시도를 하는 사람이 있지만, 그가 보기에는 제자리걸음에 불과하다. 여치가 퍼덕이며 꽤 높이 뛰어올라서 언뜻 날아가는 듯 보이지만 사실은 비행이 아니다. 자기가 사는 풀숲 안에서 벗어나지 않는다. 평소 자기의 행동반경 내에서 조금 옮겨 다닐 뿐이다. 새로운 무언가를 시도하는 듯 보여도, 결국은 케케묵은 옛 노래, 즉 신이 천지창조 당시에 정해놓은 질서의 틀에 묶여 있다. 그러한 의미에서 동물보다 우월하다고 자처하는 인간이 동물 수준에 만족하며 살고 있다는 것이다.

신은 인간을 상징하는 파우스트가 지금은 혼미한 상태로 살아가지만 "머지않아 나는 그를 명료한 곳으로 인도할 것"이라고 한다. 동물과는 확실히 다른 존재로 이끌겠다고 장담한다. 그러자 메피스토펠레스는 신에게 내기를 하자고 제안한다. 허락만 해준다면 신이 정해놓은 사회적·도덕적 질서를 훌쩍 뛰어넘어 자신의 자유로운 충동과 생각대로 살아가도록 유혹하겠다는 제안이다.

신은 그의 제안을 흔쾌히 받아들인다.

"파우스트가 지상에서 살고 있는 동안에는 네가 무슨 일을 하든 금하지 않겠노라. 인간은 노력하는 한 방황하는 법이니라."

파우스트의 영혼을 근원으로부터 끌어내어, 메피스토펠레스가 의도하는 길로 유혹하여 이끌어가 보라고 한다. 영혼을 파는 대가로 무제한의 자유를 누리게 하도록 유혹하는 것을 허용한 것이다. 그런데 흥미로운 것은 신이 파우스트가 유혹에 넘어가지 않으리라 확신하고 있지 않다는 점이다. '인간은 노력하는 한 방황하는 법'이라고 함으로써 유혹에 넘어가 자유를 위해 영혼을 팔 것이라는 점을 알고 있다.

메피스토펠레스는 유혹이 성공하는 데 그리 오래 걸리지도 않을 것이라며 좋아한다. 자신의 목적을 달성하게 되면, 가슴 가득히 승리감을 맛보겠다고 한다. 이에 대한 신의 대답도 매우 의미심장하다.

"인간은 쉽사리 느슨해지고 휴식을 무조건 좋아하니, 내 기꺼이 그에게 동반자를 붙여주어, 그들을 자극하고 일깨우면서 악마 역할을 다하도록 하겠노라."

신의 말이 의미심장한 이유는 파우스트가 유혹에 넘어가리라는 예상을 넘어 더 적극적으로 이를 권하기 때문이다. 인간은 본래 휴식을 갖거나 놀기를 좋아하니 자유로운 충동에 자신을 내맡기려는 경향이 있다. 그러한 인간에게 메피스토펠레스라는 동반자를 붙여주겠다는 것이다. 인간이 유혹에 넘어가 세계의 질서를 벗어난 과도한 생각과 행동을 하도록, 그리하여 실패와 좌절을 겪도록 자극하겠다는 뜻이다.

일시적으로 신 스스로 인간이 질서에서 벗어나도록 인도하는 악마 역할을 하겠다는 의사 표현이다. 신이 인간을 포기하려는 걸까? 가당치 않은 추측이다. 앞의 내용에서 보았듯이 신의 목적은 인간을 '명료한 곳으로 인도'하는 데 있다. 이를 위해서도 충동이나 과도한 욕심에 이끌려 합리성을 벗어난 판단과 행위를 하고, 그 결과로 실패의 고통이라는 뼈아픈 경험을 겪는 것이 도움이 된다는 의미다. 그렇기 때문에 인간이 당장은 비극적인 최후를 맞게 될지언정, 신이 이를 자극하는 악마 역할을 할지언정, 더 명료한 곳으로 향하는 계기를 마련하도록 인도하겠다는 의지다.

우리가 이카로스의 실패에도 불구하고, 그에게 희망을 거는 것도 비슷한 맥락이지 않을까? 이카로스의 추락을 인간이 노력하는 한 겪을 수밖에 없는 '방황'으로 이해하고, 실패와 좌절을 딛고 더 '명료한 곳'에 이르려는 기대를 그에게 거는 것이 아닐까? 만약 그렇다면 이카로스를 되살리는 시도야말로 그리스신화에 대해 우리 시대에 필요한 현대적 재해석이 아닐까?

이카로스의 날개가 갖는 의미

17세기 프랑스 미술에서 주도적 역할을 한 샤를 르브룅Charles Le Brun (1619-1690)의 〈다이달로스와 이카로스〉는 또 다른 면에서 이카로스 신화에 대한 색다른 경험을 제공한다. 다른 화가들처럼 하늘을 날거나 떨어지는 장면에 주목하지 않고, 오히려 부차적인 이야기 소재로만 여기던 날개 제작과 착용 과정을 캔버스에 담는다.

다이달로스가 아들의 몸에 날개를 다는 중이다. 새의 깃털을 하나하나 아교로 붙여 날개 모양을 만들고, 이를 끈을 이용해 팔과 어깨에 고정시킨다. 새가 날갯짓을 하듯이 팔을 움직이면 하늘을 날도록 만들어진 장치다. 왼손에 날개를 달기 위해 먼저 손목 부분을 단단히 매었고, 지금은 손을 뻗게 하고 어깨에 줄을 묶으려 한다. 다이달로스의 표정과 손길에서 성공적인 탈출을 위해 작업을 빈틈없이 마무리하려는 아버지의 섬세한 마음이 느껴진다. 왼쪽 창밖으로는 미궁의 일부가, 오른쪽 창밖으로는 함께 날아서 통과해야 할 하늘과 바다가 펼쳐져 있다.

르브룅이 주도하던 당시의 화풍이 전형적으로 나타나는 그림이기도 하다. 그는 열아홉 어린 나이에 모든 화가의 열망인 궁정 화가가 되었고, 루이 14세로부터 "가장 위대한 예술가"라는 찬사를 받았으며, 귀족 칭호까지 받은 화가다. 프랑스 아카데미를 주도하는 화가로서 엄격한 양식의 구현, 즉 신화나 종교

인문학으로 보는 그리스신화

르브룅 〈다이달로스와 이카로스〉 1650년

를 주제로 다루되 르네상스 미술의 전형을 이어가는 데 주의를 기울였다. 형식적으로 이상적인 아름다움과 사실적·합리적인 화면 구성을 중시하는 경향이 이 그림에 그대로 나타난다. 이카로스의 자세와 근육 묘사는 마치 고대 조각을 회화적으로 구현한 미켈란젤로의 그림을 보는 듯하다.

그리스신화를 볼 때 날개 제작에서 주인공은 아무래도 이카로스보다는 다이달로스다. 다이달로스는 최고의 발명가로서 실력을 발휘한다. 오비디우스는《변신 이야기》에서 날개 제작 과정도 꽤 자세하게 다룬다. 새의 깃을 모아, 처음에는 짧은 것에서부터 시작해서 긴 것에 이르는 순서로, 길이를 늘여가며 차례로 나란히 늘어놓는다. 준비가 끝나자 가운데 부분은 실로 묶고, 뿌리 부분은 밀랍으로 견고하게 붙인다. 조금 구부리자 모양이 새의 날개와 아주 흡사해진다.

오비디우스에 의하면 날개를 만드는 작업 자체가 신이 만들고 정해놓은 자연의 질서에서 벗어나는 도전이다.

"다이달로스는 그때까지 한 번도 만들어진 적이 없는 것을 만들 궁리를 했다. 자연의 법칙을 거슬러 보기로 마음먹은 것이었다."

신은 천지를 창조할 때 물고기는 물, 새는 하늘, 인간은 땅에

인문학으로 보는 그리스신화

서 살도록 만들었다. 하늘을 날겠다는 계획은 이를 정면으로 부정하는 시도다.

그리스 시대에는 다이달로스의 작업이 발명가로 불렸지만, 근대 이후 현대에 이르기까지 우리의 상식으로는 과학자의 역할과 가장 가깝다. 이카로스 신화를 조금 좁혀서 이해하면 과학을 통해 자연의 질서를 넘어서려는 도전 성격을 갖는다. 이 과정에서 이카로스의 행위처럼 비록 합리적인 기준으로 판단할 때 균형을 넘어서는 과도한 발상이나 시도를 해서 당장은 실패하거나 해를 끼치는 경우가 생길 수 있다. 하지만 장기적으로는 인간의 삶을 진보로 이끄는 데 기여하리란 전 인류의 기대를 반영한다.

확실히 인류는 그동안 과학 영역에 있어서 이카로스의 날개를 달고, 처음에는 비록 무모해보일지라도 거듭된 도전을 통해 새로운 성취를 이루어왔다. 의식주를 비롯한 일상의 삶에 핵심 영역을 차지하는 자원 문제만 해도 그러하다. 인류는 제한된 조건을 지닌 지구에서 급속하게 인구를 증가시키면서 부족한 자원 문제와 씨름할 수밖에 없었다. 하지만 과학을 통해 기존의 자원을 새롭게 고쳐 쓰거나, 과거에 자원이 아니었던 물질을 효과적인 자원으로 개발해 쓰는 능력을 발휘했다.

물론 이 과정에서 자원 고갈이나 생태계 파괴와 같은 문제가 생긴 것은 사실이다. 꽤 심각한 문제도 일어나서 이카로스의 추락만큼이나 충격을 준 피해도 있었다. 어떤 지역은 목초지로 되돌릴 수 없을 만큼 회복 불능 상태에 빠졌고, 사막화를 자초하기도 했다. 하지만 과학적 능력을 활용하여 나무에서 석탄으로, 또한 석유로 새로운 자원을 개발하며 문제를 해결해 왔다.

지난 20세기 이후 석유가 가장 일반적인 자원으로 사용되고, 대기에 이산화탄소 배출이 급증하면서 기상 이변을 비롯하여 지구와 인류 자신을 재앙으로 몰아넣을 수도 있는 각종 문제가 생겨난 것도 그리스신화가 경고한 중대 위험일 수 있다. 너무 높게 날지 말라는 경고를 무시하고 제한 없이 과학을 맹신하고 개발을 가장 중요한 가치로 여겨왔던 인류가 맞닥뜨린 위험일 수 있다.

하지만 이카로스의 도전에 무한한 신뢰를 보내고 과학 진보에 낙관론을 펴는 사람들은 별로 문제가 될 게 없다고 생각한다. 화석연료로 인해 생긴 문제도 과학 발전으로 얼마든지 해결할 수 있다는 자신감이다. 대표적인 대안으로 지난 수십 년 사이에 맹위를 떨친 것이 바로 핵분열이나 핵융합을 이용한 원자력 에너지다. 적은 원료로 막대한 전력을 생산하기에 엄청난 효율성을 자랑한다. 우라늄 1그램이 석탄 3천 톤으로 만드는 에너지와 맞먹는다.

한국 사회만 해도 지난 수십 년 사이에 급속하게 원자력 발전을 확대해 왔다. 한국은 이미 세계 6위의 원전 보유국이다. 전체 발전량의 30% 이상을 차지한다. 국토 면적당 설비 용량은 물론이고 단지별 밀집도, 반경 30킬로미터 이내 인구수 등에서는 세계 1위다. 게다가 이산화탄소로 인한 대기 오염을 막을 수 있으니 인류의 에너지로 안성맞춤이라고 주장한다. 주요 선진국을 비롯하여 한국의 과학 수준으로 볼 때 원전의 안정성은 매우 높은 수준이기 때문에 안심하고 사용해도 된다는 것이다.

핵무기가 결국 인간을 되돌릴 수 없을 대재앙에 빠뜨릴 것이라는 비판에 대해 과학의 문제가 아니라고 한다. 기술이 낳은 힘을 정치가 왜곡된 목적으로 이용한 것이 문제다. 새로운 힘을 무기 제조라는 정치적 목적에 악용하지 못하도록 하고, 원전처럼 원자 에너지를 평화적으로 이용한다면 과학이 인류의 진보에 지속적으로 기여한다는 믿음을 멈추지 않는다.

그리스신화에서 인간을 약화시키기 위해 제우스가 내린 재앙으로 나오는 질병도 과학에 이카로스의 도전 정신을 적용하면 극복할 수 있다고 믿는다. 예를 들어 현대 과학자들은 인간 유전체의 DNA 염기서열을 해독하는 게놈 프로젝트를 통해 각종 질병의 원인을 규명하고 근본적인 치유를 할 수 있다고 확신한다. 수많은 유전병은 물론이고 나아가서는 각종 암과 에이즈를 비롯해서 아직까지 인류가 극복하지 못한 난치병에 대해서도 유전자와의 관계가 밝혀진다면 치료와 예방을 위한 새로운 길이 열린다는 것이다.

이카로스와 다이달로스 사이에서 균형잡기

이카로스의 도전을 과학에 그대로 적용하는 견해에 대해 의심의 눈길과 경고를 보내는 사람들은 전혀 다른 태도를 보인다. 루벤스의 영향을 받으며 바로크 미술의 한 부분을 차지한 야코프 페터르 고위Jacob Peter Gowy (1615-1661)의 〈이카로스의 추락〉이 보여주는 이미지는 이카로스에 대한 그리스신화의 충고에 충실한 편이다.

이카로스가 더 높이 날고 싶다는 욕심에 사로잡혀 아버지의 충고를 어기고 올라가자, 태양의 열기에 날개를 붙인 아교가 녹기 시작한다. 깃털도 제자리에 붙어 있을 리 없다. 그림을 보면 이미 대부분의 깃털이 그의 어깨와 팔에서 떨어져 나갔고 몇 가닥만이 앙상하게 남아 있을 뿐이다. 날개가 사라지자 공중에 떠 있을 힘과 중심을 잃은 이카로스가 순식간에 추락한다.

머리가 땅을 향하고, 팔과 다리를 허우적거리는 모습에서 절박함이 느껴진다. 공포로 가득한 표정도 생생하다. 오비디우스는 그가 추락하면서 아버지를 불렀다고 하는데, 벌린 입에서 비명과 함께 아버지를 부르는 고함 소리가 들릴 듯하다. 충고를 무시하고 욕심을 부린 자신의 행위를 후회해봐야 이미 늦었다.

바다 인근의 육지에는 도시의 성곽과 길을 가는 사람들의 모습이 보인다. 오비디우스는 물에다 낚싯대를 드리운 어부, 지팡이에 몸을 기대고 선 목동, 쟁기를 잡고 선 농부가 하늘을 가로

고위 〈이카로스의 추락〉 1637년

질러 가는 다이달로스와 이카로스를 놀라운 얼굴로 쳐다보았다고 전한다. 그러면서 이들이 "하늘을 날 수 있는 다이달로스 부자를 신으로 여겼을 것"이라고 한다.

실제로 어느 순간 인류는 과학의 힘을 신의 능력처럼 여기기 시작했다. 과학으로 해결하지 못할 일이 이 세상에 없으리라는 믿음을 가졌다. 과학만능주의가 현대인의 마음을 휘어잡았다. 심지어 생명 과학을 발전시켜 동물 복제에 이어 인간을 복제할 수 있는 수준까지 나아가는 중이다. 유전자 과학을 통해 생명의 인위적 조작이 얼마든지 가능하다는 확신까지 가질 정도이니 가히 스스로를 신의 위치에 올려놓았다는 말이 그리 과장은 아니다.

현대 과학은 다이달로스의 충고와 후회를 잊어버린 지 오래다. 그림을 보면 다이달로스는 추락하는 아들을 보며 절망적 몸짓으로 절규한다. 이미 손을 쓸 수 없는 상태여서 아들이 떨어져 죽는 광경을 지켜보는 수밖에 없다. 오비디우스는 "이카로스를 부르던 아버지는 바다 위에 뜬 깃털을 보고, 날개를 만들어 하늘을 난 자신의 재주를 저주"했다고 한다.

현대 과학이 이룩한 능력을 비판하거나 경각심을 갖고 있는 과학자는 흔하지 않다. 현대인의 다수도 과학이 가져다주는 생활의 편리에 취해 다음에는 어떤 발명이 나올지를 기대에 찬 눈길로 기다린다. 마치 과거에 인간이 신을 보듯 과학의 신비한 능력에 감탄한다. 소수의 과학자와 일부 시민 단체에서 과학의 무한정한 발전과 확대에 경종을 울린다.

매우 작은 목소리이긴 하지만 제동장치 없이 전속력으로 직진만 하던 과학의 해악이 지구와 인류가 감당할 수준을 넘어서고 있다고 진단한다. 그렇다고 해서 과학 자체에 대한 부정이나 비판은 아니다. 이카로스의 도전보다는 다이달로스의 신중함이 필요한 때라고 한다. 과학의 발전을 유지하되 과도함을 경계하는 다이달로스의 균형적 태도, 인류에 위험을 초래할 시도에 대해서는 자책하고 분노할 줄 아는 태도가 필요하다는 것이다.

이들이 보기에는 현대 과학이 이룩한 성과로 자랑하는 새로운 에너지 과학이나 생명 과학도 경계나 비판의 대상이다. 과학의 성과를 정치적으로 악용하는 핵무기만이 문제가 아니다. 과학의 선한 이용으로 주장하는 원자력 발전소도 정도의 차이만 있을 뿐 재앙 수준의 위험을 초래할 가능성이 농후하다.

일본의 후쿠시마 사고는 원전이 안전하다는 믿음을 허물어뜨렸다. 대형 원전 사고는 핵 과학 수준이 뒤떨어진 나라에서 발생한 게 아니다. 1979년 미국 스리마일섬 사고, 1986년 구소련 체르노빌 폭발, 2011년 후쿠시마 폭발은 모두 뛰어난 과학을 자랑하는 국가에서 생긴 일이다. 이른바 원전 기술 선진국이고 원전을 많이 보유하고 있는 나라에서 발생한다는 점에서 한국도 사고 가능성에서 자유롭지 못하다.

원전의 안정성에 대한 부정적 견해가 확산되면서 많은 국가가 원전 축소나 폐쇄 정책을 취한다. 독일은 원전 17기를 2022년까지 모두 폐쇄, 벨기에는 2025년까지 단계적 폐쇄, 스위스는 2034년까지 폐쇄하는 탈핵 선언을 했다. 미국도 단계별로 폐쇄한다는 입장이다. 이탈리아는 원전 4기 건설 계획을 취소했고, 전력 생산의 75%를 원전에 의존하는 프랑스는 2015년까지 의존율을 50%로 낮추는 게 목표다. 대만은 이미 공정이 90%인 원전 건설을 중단했다. 다이달로스의 신중함을 강조하는 사람들은 한국도 그동안의 원전 확대 정책을 진지하게 재검토할 필요가 있다고 한다.

이들에 의하면 생명 과학에 대해서도 충분한 경계가 필요하다. 게놈 프로젝트를 비롯한 유전자 과학의 성과를 질병 치료에 이용하는 문제에 대해 비판적 태도를 보인다. 설사 특정한 유전병에 대해 당장 효과를 볼 수 있는 치료법이 만들어졌다고 해도 문제다. 유전자 치료는 우리의 일시적인 몸, 즉 체세포에만 영향을 미치는 것이 아니라 생식 기관의 생식 세포에 우연한 변화를 일으키면서 미래 세대의 몸까지 영향을 줄 수 있다.

설령 유전자 과학의 의도가 일시적으로 환자의 몸에 적절하게 기능하는 유전자를 제공하는 것이라 할지라도, 이식된 DNA의 일부는 미래의 정자나 난자 세포에까지 들어가서 그 세포들을 변형시킬 수 있다. 그렇게 되면 미래 세대들은 태어나기도

전에 유전자 치료를 받게 되는 셈이고, 이러한 DNA가 미칠 영향에 대한 그릇된 계산은 까마득한 후손에게까지 무거운 짐으로 지워질 것이다.

이제 현대인들은 스스로가 이카로스여야 하는지, 아니면 다이달로스여야 하는지 선택을 해야 할 기로에 서 있다. 그렇다고 해서 항상 둘 중의 하나여야 한다는 이야기가 아니다. 모든 종류의 도전, 혹은 모든 종류의 과학적 시도에 둘 가운데 하나의 유형을 적용하기에는 이미 현대 사회가 고대 사회와 비교할 수 없을 정도로 다양성과 복잡성을 갖고 있다.

신화에서 교훈을 이끌어내려 한다면, 괴테가《파우스트》에서 보여준 통찰과 지혜가 일정하게 유용할 듯하다. 그의 말대로 분명 '인간은 노력하는 한 방황하는 법'이다. 당장은 세상의 합리적 기준에서 벗어나 과도하거나 심지어 일탈에 해당한다 하더라도, 그러한 의미에서 이카로스의 실패로 인해 해가 생기더라도, 장기적으로 인간을 '명료한 곳'으로 이끌 가능성이 있다면, 사람들을 자극하고 일깨우는 '악마 역할'을 인정할 필요가 있다. 이카로스의 길을 가는 선택이다.

하지만 사회적으로든 과학적으로든 새로운 도전이 방황의 정도를 넘어설 때, 당장은 명료해 보이지만 장기적으로 인류와 지구에 대한 위험의 확장으로 향할 때 과감하게 다이달로스의 선택을 따라야 한다. 신화에서 이카로스의 실패는 그 행위를 선택한 개인의 불행이다. 괴테의 분신인 파우스트의 선택은 개인적인 일탈이거나 사회적으로 확장되더라도 방조제를 세우고 바다를 메워 땅을 만드는 간척 사업 정도라는 점을 잊지 말아야 한다.

고대 사회에서 그리스인이 직면했던 선택, 그리고 근대 사회에서 괴테가 마주했던 선택보다 현대인은 더 깊고 넓은 통찰을 요구받고 있다. 우리의 내면에 이카로스와 다이달로스 모두를 품고, 둘 사이의 선택이나 균형을 성공적으로 이루어내야 하기 때문이다.

크레온과 안티고네
법과 정의는 왜
여전히 뜨거운 쟁점일까요?

법의 절대성을 둘러싼 오랜 논쟁

환상적 분위기의 작품으로 유명한 하인리히 퓌슬리Henry Fuseli (1741-1825)의 〈안티고네Antigone를 발견한 하이몬Haemon〉은 안티고네와 관련한 비극이 절정에 이른 순간을 묘사한다. 왼쪽으로 안티고네가 이미 숨을 거둔 채 쓰러져 있고, 약혼자인 하이몬이 그녀를 끌어안고 칼을 빼려 한다. 이를 본 테베의 왕이자 하이몬의 아버지인 크레온Creon이 절규하며 황급히 아들의 행동을 제지하려는 장면이다.

이 신화는 그리스 3대 비극 시인 중 하나인 소포클레스의《안티고네》에 가장 상세하게 소개되었다. 그리스의 주요 도시국가 테베를 중심으로 이야기가 전개된다. 테베와 아르고스가 전쟁을 벌인다. 그런데 안티고네의 두 오빠 중 폴리네이케스Polynices

퓌슬리 〈안티고네를 발견한 하이몬〉 1800년

가 아르고스 공주와 결혼하여 동맹을 맺고 테베와 싸우게 된다. 또 다른 오빠는 테베의 권력을 지키기 위해 전쟁에 나섰는데, 전투 과정에서 둘 다 사망한다.

새롭게 권력을 차지한 크레온 왕은 테베를 배신한 폴리네이케스에 대해 "그놈은 아무도 묻어주거나 슬퍼해서는 안 되고, 벌판에 버려진 채로 새나 개들이 뜯어먹도록 내버려두라."는 포고를 내린다. 누구든 조금이라도 어기는 자가 있으면 엄한 처벌을 받는다는 내용도 포함되었다. 하지만 누이동생인 안티고네가 이를 거스르고 오빠의 시신을 흙으로 덮어준다. 병사들에게 체포된 그녀는 왕 앞에서도 자기 행동의 정당성을 주장한다.

분노한 크레온은 그녀를 풀어달라는 하이몬의 호소와 설득에도 불구하고 "아주 인적이 드문 곳으로 데려가 산 채로 바위 굴 속"에 처넣으라는 명령을 내린다. 홀로 무덤처럼 어두운 굴 안에 갇혀 살든지 죽든지 자기가 알아서 하라는 식이다. 그러던 어느 날 테베에 늘 도움을 준 예언자 노인이 안티고네를 굴 안에서 죽게 할 경우 왕의 가족에 큰 재앙이 찾아오리라는 예언을 한다. 이에 크레온은 명령을 거두고 직접 안티고네를 풀어주기 위해 바위 굴을 찾아가지만, 퓌슬리의 그림에 묘사된 끔찍한 순간을 맞이한다. 소포클레스는 왕비에게 전하는 사자의 말을 통해 당시의 현장을 생생하게 전한다.

"무덤 속 깊은 곳에서 아가씨는 끈으로 목을 졸라매 숨져 있었습니다. 하이몬 님은 그녀를 껴안고 아버지가 한 일과 불행한 사랑을 저주하며 울고 계셨습니다. (…) 매서운 눈으로 왕을 노려보고 칼을 빼 들었습니다. 그러나 왕께서 재빨리 피해 칼은 빗나갔습니다. 하이몬 님은 즉시 온몸으로 칼 위에 엎어졌고 칼이 절반이나 옆구리를 뚫고 튀어나왔습니다. (…) 그분은 시체가 되어 시체 위에 겹쳐 누웠습니다."

퓌슬리는 이 상황을 연극의 한 장면을 보여주듯 캔버스에 연출한다. 안티고네의 목에 줄이 감겨 있다. 이미 숨이 멎어 목이 꺾였고 팔과 다리도 축 늘어진 상태다. 그녀를 안은 채 피눈물을 흘리며 비탄에 잠겼던 하이몬이 굴 안으로 들어오는 아버지를 향해 일어나는 중이다. '어서 정신을 차리라'며 다가오는 왕을 바라보는 아들의 눈은 원망과 분노로 가득하고, 손은 어느새 허리춤의 칼을 향한다. 무덤처럼 어둡고 침침한 바위 굴에 대비시켜 안티고네와 하이몬에게 한 줄기 빛을 강렬하게 비춤으로써 비극이 절정에 이른 순간을 극적으로 잡아낸다.

세 인물이 얽혀 있는 이 신화의 진정한 의미는 단순히 비극의 극대화에 있지 않다. 비극이라는 형식 이상으로 세 인물을 통해 전하고자 하는 메시지가 중요하다. 오빠의 시신에 흙을 덮어준 안티고네의 행위를 둘러싸고 법이란 무엇인지에 대한 치열한

인문학으로 보는 그리스신화

논쟁이 벌어진다. 신화가 다룬 이 논쟁은 고대만이 아니라 근대와 현대에 이르기까지 법의 본질을 놓고 벌어지는 논의의 핵심 쟁점을 담고 있기에 거듭 재조명되고 재해석된다.

먼저 비극의 계기를 만든 크레온의 입장이 논의의 출발점이 된다. 안티고네와 자식인 하이몬, 나아가서는 자기 부인까지 죽게 만들었다는 결과만 보고 그를 무조건 자기 기분에 따라 충동적으로 폭정을 일삼는 독재자로 규정하는 것은 섣부르다. 일단 안티고네의 오빠가 국가를 상대로 군사적 반역 행위를 한 점은 부인할 수 없는 사실이다. 또한 왕으로서 국민에게만 엄격한 잣대를 들이댄 것도 아니다. 크레온은 안티고네의 외숙부이니 친척 관계다. 또한 그녀는 아들의 약혼자이기도 하다. 국법의 잣대를 친척이자 곧 가족이 될 사람에게도 적용했다는 점에서 나름대로 일관된 태도를 보인다.

'악행'이라는 색안경을 끼고 접근하기보다는, 법에 대한 관점을 중심으로 볼 필요가 있다. 그는 법에 대해 어떤 태도를 갖느냐가 그 사람의 실질적인 생각을 알 수 있는 기준이라고 한다.

"사람의 정신도 생각도 판단도, 통치와 법에서 그의 실천을 보기 전에는 완전히 알 수 없는 것이오."

말을 통해서는 얼마든지 본심을 가릴 수 있다. 또한 일상의 주제에 대해 그럴 듯한 말과 행위로 꾸민다. 하지만 통치나 법에 대해 보이는 행위를 보면 진정 그 사람이 가진 생각의 진정한 뿌리를 손쉽게 밝혀낼 수 있다는 것이다.

무엇보다도 중요한 기준은 법과 국가 질서에 얼마나 철저하게 복종하느냐의 여부다.

"복종하지 않는 것보다 더 심한 악은 없다. 이것이야말로 나라를 망하게 하고, 집안을 파멸시킨다. (…) 공정한 길을 걷는 사람들의 대부분을 안전케 하는 것은 복종이다. 그래서 우리는 질서를 소중하게 지켜야 한다."

크레온의 논리는 분명하다. 오직 모든 일에서 국가를 우선해야 하고 어떤 경우에도 국법을 지켜야 한다. 안티고네가 처벌을 받아야 하는 이유는 국가나 법보다 가족 사이의 관계를 더 소중하게 여겼기 때문이다. 그녀가 사람들로부터 어떤 평판을 듣고 있는지는 중요한 판단 근거가 아니다. '통치와 법'에 대한 불손한 행위가 국가를 위험에 빠뜨린다. 그녀의 오빠는 테베를 상대로 칼을 들었다는 점에서 국가에 대한 반역 행위를 했다.

반역자에 대해 국가가 법을 통해 어떠한 애도나 장례 행위도 하지 못하게 엄격히 금했는데, 가족이라는 이유로 어긴 것은 용서받지 못할 죄가 된다. 가족 사이의 정은 중요한 판단 근거가 될 수 없다. 국법은 사사로운 관계나 사정에 항상 우선한다. 국가라는 배가 안전하게 항해할 때 가족이나 친구도 온전할 수 있기 때문이다. 사람들이 소중하게 생각하는 가족과 친구라 하더라도 국가나 법과 갈등하는 상황이 발생한다면 망설이지 않고 후자를 선택해야 한다는 것이다.

고대 그리스에서 법에 절대적 지위를 부여하는 입장으로는 소크라테스Socrates의 생각을 함께 참고할 만하다. 그의 생각을 담은 플라톤Platon의 《크리톤Kriton》에서, 사형 선고 후 탈출을 설득하려 찾아온 크리톤의 제안에 대해, 비록 올바르지 못한 판결이라 해도 왜 국법을 지켜야 하는지를 설명한다.

"나라가 노했을 때는 아버지가 노했을 경우보다는 부드럽고 존경하는 태도로 설득해야 하며, 설득하지 못하는 경우 순종해야 한다는 것을 알지 못한단 말인가?"

부모가 자식을 낳고 기르듯이 개인은 국가가 만들어내고 키운 피조물이다. 국가의 도움으로 결혼하여 아이를 낳았음을 보더라도 국가가 개인을 존재하게 만들었다. 양육과 교육에 대한 국가의 법률 아래서 비로소 자랄 수 있었다. 가정에서 부모가 하는 역할을 국가가 했으므로 자식이 부모에 속하듯이 개인도 국가에 절대적으로 속해야 한다. 그렇다고 해서 한 번 만들어진

법이 어떤 경우에도 변함없이 영원해야 한다는 말은 아니다. 만약 법이 문제가 있다고 생각된다면 설득을 통해 법을 바꿔야 한다. 설득하는 데 성공하지 못했다고 해서 개인이나 집단이 법을 어기는 행동을 해서는 안 된다. 설득을 통한 변경이 이루어질 때까지는 오직 법을 지키는 선택만이 남는다.

자기가 태어나기 전에 이미 만들어져 있던 법이라고 해도 사정은 다르지 않다.

"재판을 하고, 나라를 다스리는 방식을 경험한 자가 아직도 그대로 남아 있다면, 법이 명령하는 바를 행하겠다는 사실상의 계약을 맺은 것과 같네."

만약 법이 마음에 들지 않았으면 성인이 되어서 국가 행정을 알게 되고 법률을 이해하게 되었을 때, 좋아하는 나라로 재산을 갖고 떠났으면 될 일이다.

그런데 소크라테스 자신은 전쟁에 군사로 참여하여 아테네를 벗어난 일 말고는 외국이라고는 가본 적이 없을 정도로 아테네에 충실했다. 국가와 법에 대해 개인에게 판단할 기회를 주었을 때 스스로 선택한 행위로 봐야한다는 것이다. 그러므로 이제 국법을 철저하게 지키는 일만 남았다고 주장한다. 개인과 국가, 개인과 법을 일체화된 관계로 바라본다.

크레온과 소크라테스의 생각이 동일하다는 말은 전혀 아니다. 세계관이나 인생관에서 상당한 차이가 있다. 하지만 적어도 국가와 법을 절대화하는 점에서는 적지 않은 유사성을 보인다. 고대 그리스에서 법의 본질을 둘러싸고 논쟁이 벌어질 때, 절대적 성격 쪽으로 손을 들어줄 입장으로 신화에서는 크레온이, 철학에서는 단연 소크라테스가 꼽힌다는 점에서 비교하여 살펴볼 만하다.

실정법과 자연법, 무엇이 우선인가?

다음으로는 비극의 또 다른 당사자인 안티고네의 입장을 살필 차례다. 그녀가 어떤 심정이었는지를 가장 잘 알려주는 그림으로는 그리스 출신의 영국 화가 마리 스파르텔리 스틸만Marie Spartali Stillman (1844-1927)의 〈오라비를 매장하는 안티고네〉가 대표적이다.

역사나 신화를 회화의 주요 소재로 삼고, 강렬한 색감과 복합적인 화면 구성, 풍부한 세부 묘사를 중시한 라파엘 전파 경향이 강한 화가다. 이 그림만 봐도 그리스신화를 소재로 하여 한 장면 안에 여러 인물이 등장하고, 또한 신화 내용에서 시간상 차이가 있는 상황을 복합적으로 배치한 구성을 보인다. 비극적인 내용임에도 불구하고 화사한 색감이 눈길을 사로잡는다. 무

스틸만 〈오라비를 매장하는 안티고네〉 1873년

엇보다도 안티고네의 애끓는 심정을 잘 표현해낸 것이 인상적
이다.

　슬픈 표정으로 오빠의 시신 위로 흙을 덮는 중이다. 맨손으로
주변의 마른 흙을 끌어 모아 뿌리는 동작 자체가 애처로움을 풍
긴다. 주변에 까마귀가 날아와 시신을 훼손할 기회를 엿보고 있
어서 마음이 더욱 조급할 것임을 보여준다. 옆에서 손과 팔을
붙잡고 저 멀리 언덕에 있는 한 무리의 사람들을 불안한 듯 바
라보는 여인은 안티고네의 여동생 이스메네Ismene다. 산 너머로
테베시의 모습이 보인다.

　　　　　　　　　　　　　　　인문학으로 보는 그리스신화

사실 신화에서 오빠의 시체를 거두는 행위를 한 사람은 안티고네 혼자다. "네가 싫건 좋건 네게도 오빠가 아니냐?"라며 함께 하자고 제안했지만, 여동생은 "어떻게 감히 그렇게 해. 왕께서 금하고 계신데."라며 만류한다. 화가는 신화 내용을 볼 때 시간이나 공간에서 동떨어진 상황을 하나의 화면에 복합적으로 넣어 구성한다. 여동생의 만류를 언니의 팔을 잡는 행위와 불안한 분위기를 통해 암시한다. 저편 언덕에 모여 있는 사람들은 크레온이 감시를 위해 보낸 병사들이다. 화가는 눈치를 보는 불안한 몸짓을 통해 법 위배 행위를 기피하려는 여동생의 심리를 표현한다.

안티고네는 병사들에게 잡혀 크레온 앞으로 끌려간다. 법을 모르고 한 행위가 아니다. 금지한 행위임을 아느냐고 묻자, "모를 리가 있겠어요? 세상이 다 아는 일인데요."라고 한다. 의식적인 선택과 행동이다. 그런데도 왜 감히 법을 어겼느냐며 다그치자, 반역자라는 이유로 가족으로서의 애도나 장례조차 금지하는 법은 '신'이 정한 것도 아니고 '정의'에 합당하지도 않기에 부당하며 오히려 자신의 행위가 정당하다고 주장한다.

무엇보다도 국가가 정한 실정법보다 더 중요하고 우위에 있는 법이 있고, 자신은 이를 지켰을 뿐이라고 한다.

"글자로 기록된 것은 아니지만, 확고한 하늘의 법을 사람으로

태어난 몸이 넘어설 수 있을 만큼 법령이 그렇게 강한 힘을 가
지고 있다고는 생각지 않아요. 하늘의 법은 어제 오늘 생긴 것
이 아니라 불멸한 것이며, 그 시작은 아무도 모르지요."

한 어머니에게서 태어난 가족이 죽었는데도 장례도 치르지
못한 채로 버려둬서 짐승들이 뜯어 먹게 방치한다면 그것이야
말로 신이 만든 세상의 질서를 어지럽히는 짓이며 정의롭지 못
한 짓이라고 한다. 국가가 정하고 문자를 통해 공표한 법령만을
법으로 한정해서는 안 된다고 한다. 오히려 국법보다 더 중요한
법이 있다. 문자를 통해 인위적으로 규정된 법은 아니지만, 이
세상에 국가가 만들어지기 전부터 자연의 질서처럼 사람과 사
람의 관계를 이끌어주던 법이 있다는 것이다.

안티고네는 우리가 흔히 '자연법'이라고 칭하는 원리를 주장
한다. 그녀에 의하면 자연법이 국법보다 더 우위에 있다. 국법
보다 훨씬 더 오래 전에 생겨났고, 인류가 이 세상에 살아가는
한 인간의 관계와 행위를 규정하는 원리로서 영원하다. 오빠의
반역 행위 자체는 처벌받아 마땅하지만, 가족에 대한 사랑으로
서 죽은 자에게 애도를 표하고 땅에 묻어주는 행위는 국법 이전
에 자연법으로 보장되어 있는 행위다.

크레온이 "나라를 망치려던 놈"인데도 애도와 장례가 보장되
어야 하느냐고 화를 내자, 안티고네는 "서로 미워하는 게 아니

라 서로 사랑하도록 태어났어요."라고 답한다. 어떤 상황이든, 무슨 잘못을 저질렀든, 그가 죄를 범했다는 사실과 가족으로서 사랑을 갖는 것은 전혀 별개의 문제다. 인간의 타고난 천성 자체를 부정하는 법이 잘못이다. 만약 국법이 이를 금지하면, 오히려 실정법을 어기고 자연법을 따르는 것이 올바른 행위다.

안티고네를 무덤 같은 굴에 가두고, 오빠의 시체를 짐승의 먹이로 방치하는 법적 조치가 잘못임을 지적하기 위해 크레온을 찾아온 예언자 노인도 비슷한 논리를 펼친다.

"살아 있는 생명을 몰인정하게 무덤 속으로 처넣고, 시체는 묻어주지도 않고 천대하고 있습니다. 이런 일은 왕이나 신이 할 일이 아니며, 오히려 신에 대한 폭행입니다."

안티고네의 입장은 인위적인 규범 이전에 기본적인 인간관계를 규정하는 자연적인 원리로서의 자연법 사상의 전형적인 논리를 제공한다. 실정법 자체를 부정하는 논리가 아니다. 실정법이라고 해서 무제한의 권위를 갖는 것이 아니고, 인간의 천성과 자연적 관계를 비롯하여 인간으로서 누려야 할 가장 기본적인 권리를 침해할 수 없다는 문제의식이다. 소포클레스에 의해 펼쳐진 안티고네의 주장은 고대 자연법 사상의 원형이라고 할 만하다.

그리스 민주정 아래에서 자연법 사상은 주요 철학자의 문제 의식은 물론이고 사회적으로도 꽤 폭넓게 인정되었다. 나아가 그리스의 자연법 사상은 로마로 이어진다. 로마는 국제법으로서의 만민법, 국내법으로서의 시민법과 함께 자연법이 공존하는 법체계가 사용된다. 그리스에서 시민적인 가치·관행과 철학적인 차원에서 자연법이 통용되었다면, 로마에 이르러서는 법적인 차원의 자연법으로 구현되었다고 볼 수 있다.

홉스·로크·루소 등의 근대 자연법 사상은 자연권으로서의 개인 가치의 주장으로 나타남으로써 역사 변혁의 중요한 동력으로 작용했다. 현대 사회에서 중시되는 인권 개념 자체가 자연권 관념에서 나왔다는 점에서, 또한 당면한 실정법의 한계나 한계를 지적할 때 중요한 근거를 제공한다는 점에서 여전히 중요한 의미를 지닌다. 그만큼 그리스신화를 통해 제시된 안티고네의 주장은 현대의 국가와 법에 대한 논의에서도 중요한 문제의식을 마련한다.

법의 진정한 존재 이유

마지막으로 또 다른 맥락을 가진 하이몬의 입장을 들여다보자. 프랑스 화가 세바스티앵 노르블랭Sébastien Norblin (1796-1884)의 〈연행되는 안티고네〉는 오빠의 시신이 짐승의 먹이가 되는 것

노르블랭 〈연행되는 안티고네〉 1825년

을 막으려 한 안티고네를 병사들이 제지하며 끌고 가는 장면이다. 훈련된 병사들의 완력을 당해낼 수 없어서, 장례 절차를 행하려는 간절한 몸짓에도 불구하고 벌써 몸은 오빠에게서 멀어지고 있다.

　험상궂은 표정을 한 병사가 그녀의 팔을 거칠게 붙들어 일으킨다. 병사가 다른 한 손으로 시체를 가리키고 있어서 '반역자를 배려하는 행위는 똑같이 반역에 동참하는 짓'이라며 소리 지르고 있을 것 같다. 왼쪽의 병사는 손가락으로 다른 쪽을 가리켜서 그녀를 잡아오라는 왕의 엄명이 있었음을 전하는 듯하다. 앞에만 병사들이 있는 게 아니다. 뒤편으로 완전히 무장을 한 한 무리의 병사가 그녀를 연행하려 득달같이 달려오는 중이다.

이 과격한 연행 장면을 테베의 시민들이 봤다면 과연 어떤 반응을 보였을까? 또한 이 장면을 전해 들은 시민들은 어떤 생각을 했을까? 여성 한 명을 체포하는 데 상당한 수의 병사를 동원하고, 그것도 모자라 완력으로 거친 행동을 한다. 게다가 다른 일도 아니고 자기 오빠의 시신이 훼손되지 않게 지키겠다는 순수한 행동이 아닌가.

원래는 오빠가 저지른 반역 행위에 분노하던 시민들이었지만, 그 가운데 상당수는 군대를 동원하여 거칠게 제지하고 연행하는 대응에도 반감을 갖기 시작하지 않았을까? 점차 안티고네를 두둔하는 마음을 가진 사람들이 늘어났을 가능성이 크다. 나아가서는 가족으로서 가장 기본적인 마음을 금지하려는 법령에 대한 불만이 커졌을 것도 충분히 예상된다.

하이몬의 입장은 이러한 대중의 정서와 문제의식을 반영한다. 안티고네와 오빠에 대한 법적 조치가 철회되어야 하는 이유를 아버지에게 설명한다.

"아버지를 위해 사람들의 말과 행동, 비난을 주시하는 일은 저의 직분입니다. 일반 백성은 아버지가 무서워서 귀에 거슬리는

　인문학으로 보는 그리스신화

말을 못 하기 때문입니다. 그러나 저는 어둠 속에서 불평하는 소리를 들을 수 있습니다."

테베의 시민 다수는 가족의 시신을 거두려는 그녀의 행동을 고귀하게 여긴다고 한다. 그럼에도 불구하고 부당한 법 때문에 가장 비참하게 죽어야 하는 그녀의 운명을 불쌍하게 여겨 탄식하는 소리가 여기저기에서 터져 나온다는 것이다. 크레온이 그녀가 '범법자를 존중하는 짓'을 저지르고 있다고 하자, 하이몬은 '테베 사람들은 모두 입을 모아 그렇지 않다고 한다'며 반박한다. 다시 크레온이 "국민이 내게 지시하는 거냐?"라며 법적 조치가 왕과 국가의 절대적 권한임을 강조하자, "한 사람의 소유물이라면, 그건 국가가 아닙니다."라고 하며 '정의를 어기고 계신 것을 계속 지켜볼 수만은 없다'고 한다.

아무리 공식적인 법적 조치라 하더라도 국민 다수가 반대하면 즉시 효력이 정지되어야 한다는 주장이다. 법은 국민 위에 있는 것이 아니라, 다수 국민의 뜻 아래에 있다. 다분히 법에 대한 아테네 민주정의 직접 민주주의 발상과 문제의식이 신화에서 하이몬을 통해 제시된 것으로 봐야 한다. 국법이라 하더라도 국민 다수의 의사에 의해 언제든지 변경되거나 무력화될 수 있었다.

직접 민주주의 아래에서 법은 무소불위의 절대적 지위를 갖지 못했다. 투표권을 갖고 있는 아테네 시민 모두가 참여하는 민회가 민주정 절정기에 거의 매달 열렸다. 민회에서는 시민들의 관심사가 거의 제한 없이 논의되었고, 민회가 열린 당일 투표에 의해 바로 결정이 이루어졌다. 엄정한 법령이라 하더라도 민회에서 확인된 다수의 의사에 의해 언제든지 효력이 상실될 수 있었다.

소포클레스의 《안티고네》가 상연된 기원전 440년경은 클레이스테네스Cleisthenes의 개혁 이후 아테네 직접 민주주의가 성숙한 단계로 들어섰을 때다. 안티고네와 하이몬을 통해 당시 아테네의 정신을 펼치려 했던 듯하다. 테베의 왕인 크레온과 대비시킨 것도 나름대로 아테네와 테베의 상이한 정치 체제에 대한 비판적 고려가 깔려 있었다고 봐야 한다.

그리스 도시국가 중의 하나인 테베는 주변 지역의 맹주 지위를 갖고 있었다. 오랜 기간 아테네에 적대적인 연맹의 중심 역할을 했다. 기원전 480년 페르시아의 침공 때는 귀족들이 페르시아 군에 참여를 결정함으로써 테베는 페르시아 군의 그리스 공략 거점이 되기도 했다. 민주정인 아테네 중심의 동맹과 과두정인 스파르타 중심의 동맹 사이의 제1차 펠로폰네소스 전쟁(기원전 460-445년) 때는 스파르타 측에 가담했고 아테네에 대한 저항의 거점이 되었다. 이후에도 오랜 기간 테베는 스파르타의 충실한 동맹자로서 그리스에서 민주정을 확대하려는 아테네에 맞서 싸웠다.

소포클레스는 신화를 통해 테베의 왕 크레온을 왕정이나 과두정 체제를 상징하는 인물로 그리고, 안티고네와 하이몬을 직접 민주주의의 우월성을 보여주는 상징으로 대비시킨 게 아닌가 싶다. 그리고 안티고네와 하이몬이 실정법과 정의를 구분한 후, 정의가 우선한다고 주장한 점도 주목할 필요가 있다.

《안티고네》 이후 현대 사회에 이르기까지 법을 둘러싼 논의에서 '법의 안정성'과 '정의' 가운데 무엇이 판단과 행위의 기준으로서 더 중요한 역할을 해야 하는지가 논쟁의 중심 역할을 했다. 법에 절대적 지위를 부여하려는 크레온의 입장은 법의 안정성 논리와 적지 않은 연관성을 지닌다. 안티고네와 하이몬의 입장은 정의를 중시하는 논리를 뒷받침하는 근거로 자주 사용된다. 그리스신화가 흘러간 옛 노래가 아니라 여전히 현대적 의미를 지녔다는 증거이자, 앞으로도 이를 충분히 검토하고 고민해야 한다고 주장하는 하나의 이유다.

아킬레우스와 헥토르

전쟁은 결국
누구를 위한 것인가요?

전쟁의 본질을 묻다

그리스신화에서 가장 유명한 전쟁 영웅은 단연 그리스 연합군 최고의 전사로 활약한 아킬레우스Achilleus다. 그의 적수로 등장하는 트로이의 총사령관 헥토르Hector도 지혜와 용맹을 갖춘 영웅의 상징으로 통한다. 페테르 파울 루벤스의 〈헥토르를 공격하는 아킬레우스〉는 두 전쟁 영웅의 마지막 결전을 묘사한다. 트로이 전쟁을 다룬 신화의 정점을 이들의 전투가 장식한다.

　아킬레우스의 창이 상대의 목을 꿰뚫는 순간이다. 헥토르가 미처 방패로 막기도 전에 날카로운 창이 파고든다. 이미 충격으로 다리가 풀려 무릎을 꿇었고, 칼을 든 손이 다시 공격을 위해 움직일 가능성도 없어 보인다. 분노와 전의로 불타는 아킬레우스의 눈에 비해 헥토르의 눈빛에는 절망이 스친다. 뒤로는 트로

루벤스 〈헥토르를 공격하는 아킬레우스〉 1632년

이 성벽 근처에서 접전을 벌이던 병사들이 두 영웅의 전투를 보고 있다. 성벽 아래의 그리스 병사들은 아킬레우스의 승세가 굳어지자 손을 치켜 올려 만세를 부른다. 성벽 위의 트로이 병사들은 예상치 못한 결과에 어쩔 줄 모르는 분위기다. 하늘 위로는 전쟁과 지혜의 여신 아테나가 자신을 상징하는 올빼미와 함께 아킬레우스의 승리를 축하하려는 듯 모습을 나타낸다.

그런데 우리의 고개를 약간 갸우뚱하게 하는 모습이 나온다. 아킬레우스는 긴 창을 사용하는 데 비해 왜 헥토르는 짧아서 아무래도 불리할 칼로 대응하고 있는지 의아스럽다. 둘 다 창을 사용하든지, 아니면 칼을 사용하든지 해야 무언가 공평한 결투일 텐데 말이다. 의문을 풀기 위해서는 신화 내용을 살펴야 한다. 두 영웅이 주인공으로 등장한 트로이 전쟁 신화로는 호메로스의 《일리아스》가 가장 상세한 내용을 담고 있다. 루벤스의 그림은 호메로스의 서사시 내용을 아주 충실하게 재현하고 있다.

전쟁이 절정에 이를 때 두 영웅의 결투가 시작된다. 그리스와 트로이 측 군대가 혼전을 벌이고 있는 와중에 마주 선다. 먼저 헥토르가 이제는 더 이상 둘의 결전을 회피하지 않겠다며 누가 죽든 승부를 겨루자고 한다. 대신 둘 사이에 미리 약속을 하나 하자고 제안한다.

"내가 그대 목숨을 빼앗는다면, 나는 그대를 욕보이지 않고 무구들을 벗긴 다음 시신은 돌려줄 것이니 그대도 그렇게 하라."

하지만 아킬레우스가 단호하게 거절한다.

"그대와 나는 친구가 될 수 없으며 우리 사이에 맹약이란 있을 수 없다. 둘 중에 한 사람이 쓰러져 자신의 피로 불굴의 전사 아

인문학으로 보는 그리스신화

레스를 배부르게 하기 전에는."

　말을 마치자마자 아킬레우스는 긴 창을 던진다. 헥토르가 잽
싸게 피하자 창은 그의 위로 날아가 땅에 꽂힌다. 하지만 그리
스의 승리를 바라던 아테나 여신이 몰래 아킬레우스에게 창을
돌려준다. 이번에는 헥토르가 던진 창이 실수 없이 아킬레우스
를 향해 날아갔지만 방패의 한복판을 맞고 멀리 튕겨 나간다.
헥토르가 전투 중에 늘 가까이에 있던 트로이 장수에게 다른 창
을 달라고 요청하려 했으나 그는 마침 그 자리에 없었다. 할 수
없이 허리에 차고 있던 칼을 빼 들고 아킬레우스의 공격에 대응
한다. 루벤스는 결투에 개입한 아테나 여신을 포함하여 호메로
스의 신화 내용을 그대로 캔버스에 옮긴 것이다.

　헥토르는 독수리가 먹이를 공격하듯 날카롭게 칼을 휘두르
고, 아킬레우스는 거센 분노를 담아 긴 창으로 응수한다. 아무
리 당대 최고의 전사인 아킬레우스라 하더라도 헥토르가 워낙
출중한 실력을 갖춘 데다 방패와 갑옷 등 청동 무구로 보호하고
있기에 단번에 승부를 가릴 회심의 일격을 노린다. 그러던 중
목 근처에 허점이 드러난 순간을 놓치지 않고 순식간에 창을 꽂
자, 예리한 창끝이 부드러운 살을 뚫는다. 결국 먼지 속에 쓰러
져 장렬한 죽음을 맞이하고 아킬레우스는 승리의 환호성을 터
뜨린다.

호메로스의 《일리아스》를 읽으면서, 특히 두 전쟁 영웅의 용맹스러운 전투를 접하면서 많은 사람은 가슴이 뜨거워짐을 느낀다. 무언가 개인의 사사로운 이해를 넘어서 국가의 운명이라는 대의, 생사를 함께 넘나드는 전우 사이의 진한 감정에 감화되는 기분이 든다. 그리스신화의 전쟁 이야기에만 국한된 느낌은 아니다.

중국 삼국시대에 중원의 패권을 놓고 유비·관우·장비·조자룡과 조조·황충·하후돈·사마의 등 당대 영웅들이 투지를 불사르는 전쟁 이야기, 혹은 일본의 오랜 분열을 끝내고 통일 막부를 향해 노부나가·히데요시·이에야스 등이 펼치는 웅대한 전쟁 이야기 등을 만날 때면 마음이 꿈틀거린다. 전쟁 영웅 가운데 한 인물에 자신을 투영하기도 하고, 일종의 '롤 모델'로 삼기도 한다. 전쟁 관련 신화나 역사 이야기를 접하면서 전쟁으로부터 위화감·거부감·적대감보다는 용기·투지·격려 등의 적극적 자극을 받는 경우가 적지 않다.

하지만 전쟁의 속살을 조금만 들춰보면 영웅적인 풍모보다는 참기 어려운 악취가 풍겨 나온다. 전쟁의 본질에 대한 문제의식을 갖고 다가서는 순간 이면의 추악한 목적이나 행태가 눈에 들어온다. 《일리아스》에 나타난 트로이 전쟁의 목적만 해도 실제의 내용을 꼼꼼하게 살피면 애초에 그리스 연합군이 겉으로 내세운 명분, 트로이의 왕자 파리스Paris가 스파르타 왕 메넬라오스Menelaos의 아내인 헬레네Helene를 유혹하여 데려간 일에 대한 복수라는 명분이 허구에 가깝다는 점을 알게 된다.

신화 속의 트로이 전쟁은 실제 역사에서 고대 국가는 물론이고 이후 국가가 벌인 대부분의 전쟁과 마찬가지로 약탈적 성격을 보여준다. 신화는 약탈 전쟁을 노골적으로 정당화한다. 사실 트로이 전쟁은 그리스 연합 내에 분열만 없었다면 훨씬 일찍 끝날 수 있었다. 하지만 총사령관인 아가멤논Agamemnon과 아킬레우스 사이의 내분이 길어지고, 전력의 중심을 차지하는 아킬레우스가 전투 참여를 거부하면서 어려움을 겪는다. 내분에 휩싸인 가장 중요한 원인은 약탈 전리품의 분배를 둘러싼 이견이다.

트로이 전쟁 초기부터 내부 균열이 생긴다. 약탈로 획득한 전리품 분배 결과를 놓고 다투던 중 아킬레우스가 아가멤논에게 항의하듯 따진다.

"내가 함대를 이끌고 점령한 도시는 열두 개에 달하오. 그 도시의 어느 곳에서도 모두 훌륭한 보물을 빼앗아왔고 더욱이 남김없이 아가멤논에게 넘겨주었소. 그것을 그놈은 뒤에서 기다리고 있다가 받았고 약간은 분배도 하지만 대부분은 자기가 받아 챙겼소."

치열한 전투의 노고를 언제나 더 많이 감당한 사람은 바로 자신이었다고 한다. 하지만 분배는 아가멤논을 비롯하여 권력을 장악하고 있는 일부를 중심으로 이루어지고, 정작 자신은 보잘 것없는 물건을 간직한 채 함선으로 돌아가야 했다는 것이다. 그동안 전쟁을 통해 획득한 전리품의 편파적인 분배에 대한 불만이 이제는 더 이상 참을 수 없는 지경에 이르렀고, 이 문제를 근본적으로 해결하지 않은 이상 전투에 나서지 않을 것임을 선언한다.

전투 중에 트로이 측의 장수 아드라스토스Adrastos가 패하자 아가멤논의 동생이자 스파르타의 왕인 메넬라오스에게 많은 전리품을 제공할 테니 살려달라고 애원한다.

"제발 나를 사로잡아주시오. 그리고 몸값을 적당히 받으십시오. 재산이 많은 내 아버지의 집에는 청동이며 황금이며 공들여 만든 무쇠 같은 보물이 그득 쌓여 있으니."

더 많은 약탈을 보장해주겠다는 제안에 메넬라오스의 마음이 움직인다.

전쟁 영웅이나 병사들의 약탈과 탐욕에 머물지 않는다. 그 배후에 있는 올림포스의 신들조차 자랑스럽게 전쟁을 통한 약탈의 정당성을 주장한다. 아킬레우스가 전리품 분배에 불만을 갖고 전투에 나서지 않아 전쟁이 혼전 양상으로 치닫자, 심지어 전쟁과 지혜의 여신이자 그리스의 대표적인 도시국가 아테네의 수호신이기도 한 아테나가 설득하는 내용만 봐도 그러하다.

"나는 그대의 분노를 가라앉히려고 하늘에서 내려왔노라. (…) 앞으로 그대에게 빼어난 선물들이 세 배가 더 돌아가게 되리라. 그러니 자제하고 우리에게 복종하라."

신이 직접 몇 배는 더 약탈을 보장해줄 테니 전투에 참여하라는 설득이다.

올림포스 신들 사이에서 이미 전쟁과 약탈은 거의 동의어로 쓰인다. 약탈에 거부감을 갖기보다는 정당한 권리로 인정된다. 제우스조차 헤라에게 "전리품을 가져다주는 아테나더러 치라 하시오."라고 할 정도다. 뛰어난 지혜와 분별력으로 칭송을 받는 헥토르도 어머니에게 "어머께서는 전리품을 가져다주는 아테나 신전으로 가세요!"라고 함으로써 약탈을 보장하는 전쟁의 여신에게 기원하도록 재촉한다.

인류의 역사에서 벌어진 주요 전쟁을 떠올려보라. 과연 약소국이 강대국을 침략한 적이 있는가? 거의 예외 없이 강대국이 약소국을 공격하면서 전쟁은 시작된다. 겉으로는 갖가지 대의 명분을 늘어놓는다. 하지만 실제의 전개 과정은 정벌을 통해 직접 온갖 재물을 빼앗아오거나, 속국으로 만들어 정기적으로 재물을 바치도록 강제한다. 현재 강대국으로 불리는 유럽 국가의 박물관에 전시된 물품 목록만 보더라도 어렵지 않게 이해될 일이다. 대부분 침략 전쟁을 통해 획득한 약탈 물품을 자랑스럽게 전시해놓고 있다.

'전쟁사'는 곧 대량살상 무기의 역사

그리스 항아리 그림 〈아킬레우스의 무구를 전달받는 테티스〉는 전쟁의 또 다른 면을 보여준다. 보통 신화는 영웅들의 지혜와 전투 능력에 의해 승패가 좌우된다는 식으로 이야기가 전개된다. 하지만 전투와 전투 사이에 벌어지는 일들을 세밀하게 살필 때 우리가 놓쳐서는 안 되는 전쟁의 매우 중요한 요소가 드러난다.

그림은 아킬레우스가 사용하는 전투 장비인 무구를 어머니이자 여신인 테티스Thétis가 챙기는 장면이다. 오른편의 여성이 테티스고, 망치 등 도구들이 있는 것으로 봐서 왼편의 사내는 대장장이다. 온갖 무구를 전달하는 중이다. 던지거나 찔러서 적을 제압하는 청동 창, 그리스 군대의 특징이기도 한 둥근 방패, 코와 뺨까지 가려지는 청동 투구, 적의 공격으로부터 무릎에서 발목까지 다리를 보호하는 정강이받이 등이 보인다. 여기에 상체를 보호하는 갑옷인 가슴받이도 중요한 무구에 포함된다.

인문학으로 보는 그리스신화

그리스 항아리 〈아킬레우스의 무구를 전달받는 테티스〉 기원전 490~480년

  각 신화의 결정적 장면을 담기 마련인 항아리 그림에 무구
를 제작하여 전달하는 모습이 들어가 있는 것이 언뜻 이해가 가
지 않는다. 우리 상식으로는 지극히 부차적인 이야기에 불과한
데, 이를 굳이 공을 들여 묘사할 필요가 있을까 하는 생각 때문

이다. 하지만 신화 내용을 보면 전사의 무구를 둘러싼 이야기가 곳곳에서 상당한 비중을 차지한다. 특히 아킬레우스와 헥토르의 전투에서 호메로스는 무구에 대한 내용에 꽤 공을 들인다.

아킬레우스는 그리스 군대가 위기에 빠진 상황에서, 직접 전투에 나서지 않는 대신 둘도 없이 가까운 전우인 파트로클로스Patroclus에게 자신의 무구를 빌려주어 출전하게 한다. 그의 무구만 보고도 트로이 병사들이 겁을 먹고 전의가 떨어지리라 생각했기 때문이다. 하지만 재수가 없었는지 그에 못지않은 무구를 갖추고, 게다가 최강의 전투력을 지닌 헥토르를 상대하게 되어 죽임을 당한다. 헥토르는 그의 무구를 빼앗아 자신을 무장하는 데 사용한다.

아킬레우스가 전우의 시신이라도 찾아오려 하자 테티스가 가로막는다.

"내가 오는 것을 네 두 눈으로 보기 전에는 전쟁의 소용돌이 속으로 들어가지 마라. 내일 헤파이스토스에게서 무구를 구해서 돌아오겠다."

그 사이에 여신 이리스Iris도 찾아와 그에게 전우의 시신을 구하라는 헤라의 말을 전했지만 헤파이스토스가 만든 무구 없이는 출전하지 못한다고 답한다. 도대체 무구가 뭐 그리 대단하기에 전우의 죽음에 피눈물을 흘리면서도 구하러 나가지 않는가? 다른 장수의 무구를 빌려서 싸우면 될 일인데 말이다.

그런데 그가 기다리는 무구는 평범한 장비가 아니다. 헤파이스토스는 올림포스의 주요 신 중의 하나로 대장장이 신으로 불린다. 신들도 그가 만든 무기를 갖기를 원해 조바심을 낼 정도로 최고의 성능을 자랑한다. 헤파이스토스는 예전에 큰 은혜를 받은 적이 있어서 테티스의 간청을 받아들인다. 누구나 감탄할 무구를 만들어 아킬레우스를 죽음에서 멀리 빼돌리겠다고 한다. 청동과 주석, 황금과 은을 불 속에 집어넣어 각종 무구를 만든다. 먼저 어떠한 창도 막을 수 있도록 다섯 겹으로 된 크고 튼튼한 방패를 만든다. 이어서 청동으로 정교한 솜씨를 부려 투구를, 유연한 주석으로는 가슴받이와 정강이받이를 만든다. 이를 전달받은 테티스는 곧바로 아들에게 달려간다. 아킬레우스는 무구를 보며 만족스러워한다.

"과연 신의 작품이어서 인간이 만든 물건과 다르군요. 저는 이제 무장할 거예요."

사실 결투에서 헥토르가 던진 청동 창은 정확히 아킬레우스를 향했다. 하지만 헤파이스토스가 만든 방패로 막았기에 뚫지 못하고 튕겨 나간 것이다. 대장장이 신이 만든 무구가 아니었으면 싸움에서 패배했을지도 모를 일이다. 그리스를 대표하는 전사인 아킬레우스조차 상대를 제압할 만큼 충분히 우수한 무구 없이는 전투에 나서지 않을 정도로, 전쟁에서 무기가 차지하는 비중이 상당하다는 점을 잘 보여준다. 그러하기에 호메로스는 최고의 무기를 마련하는 과정에 대해 공을 들여 설명했다고 봐야 한다.

전쟁의 승패는 《일리아스》 또는 그리스신화나 《삼국지》처럼 전쟁을 다룬 역사 소설의 관점처럼 영웅의 용맹함과 지혜로움에 의해서만 갈리지는 않는다. 장수의 기량 이상으로 무기의 수준이 크게 작용한다. 실제로 인류에게 전쟁의 역사는 무기 발달의 역사이기도 하다. 즉, 어떻게 하면 최소한의 병사로 최대한 살상력을 높여 신속하게 상대의 전력을 무력하게 만드는가로 향한다는 점에서 '대량 살상 무기' 발달사다.

인류가 자랑하는 과학기술의 발전은 전쟁 무기의 발전과 궤를 같이한다. 석기에서 청동기로, 청동기에서 철기로의 발전도 전쟁 무기에서 먼저 도입되었다. 고대 사회에서 정복에 성공한 국가나 지역은 대체로 청동기든 철기든 앞선 무기를 갖춘 세력이었음은 주지의 사실이다. 다음 시대에 들어가서는 화약이라는 획기적인 무기가 전쟁의 양상을 바꾼다. 이슬람이나 중국은 여러 성분을 배합하여 폭발력이 강한 화약을 제조해 주변 지역을 정복하는 데 효과적으로 사용한다.

근대에 접어들어 고대와 중세의 무기를 단번에 제압해버릴 가공할 무기를 만들어낸다. 유럽은 과학기술의 성과를 총기 제작으로 집약했고, 18세기 이후 전 세계를 식민지로 만드는 전쟁의 원동력이 된다. 유럽인들이 아메리카 대륙을 식민지로 만드는 과정에서의 몇몇 사례만 봐도 총기가 전쟁 양상을 얼마나 획기적으로 바꾸었는지를 실감하게 된다.

예를 들어 1808년 찰리 새비지라는 영국 선원이 피지 제도에 도착한 후, 소총을 사용하여 혼자 힘으로 피지의 권력 균형을 무너뜨린다. 카누를 타고 강을 거슬러 올라가서 피지의 어느 마을에 이른다. 사격 거리 안에 들어왔을 때 카누를 멈추고 주민들을 마구 사살한다. 살아남은 주민들은 시체를 쌓아놓고 그 뒤에 숨었으며 마을 옆으로 흐르는 냇물은 새빨갛게 피로 물들었다고 한다. 총을 지닌 한 명에게 마을 전체가 제대로 대항조차 못하고 궤멸당하는 사태가 벌어진 것이다. 사정이 이러하니 총으로 무장한 유럽 부대를 아메리카 대륙이든 어디든 원주민들이 전투를 통해 당해낼 도리가 없다. 불과 한 세기도 안 되는 짧은 기간에 유럽이 전 세계를 식민지로 지배할 수 있었던 배경에 바로 총이 있다.

20세기 벽두를 연 제1차 세계대전 때는 총을 든 상대의 전력을 무력화시키는 탱크가 사용되고, 심지어 인위적으로 만들어낸 세균까지 무기화하여 인류를 공포로 몰아넣는다. 제2차 세계대전에는 본격적으로 전투기나 미사일이 사용되면서 다시 한번 큰 변화를 초래한다. 이제 전쟁이 일어나면 상대 국가의 수도를 비롯한 주요 대도시에 대대적인 폭격부터 시작하는 것이 마치 공식처럼 되어 있을 정도다. 대도시에는 민간인이 집중적으로 거주한다. 누가 상대방 민간인을 빠른 시간에 더 많이 죽이느냐가 전쟁 승패의 관건이 되어버린다. 핵분열 원리의 발견에 따른 첫 번째 수혜자도 전쟁이다. 단 한 발로도 순식간에 대도시 전체를 파괴하고 수십만 명 이상을 참혹한 죽음으로 몰아넣을 수 있는, 원자 폭탄이라는 가공할 무기까지 등장한다.

전쟁의 역사가 대량 살상 무기 발달의 역사라는 사실은, 신화가 만들어내는 전쟁에 대한 낭만적인 태도가 얼마나 안이하고 위험한 사고방식인지를 보여준다. 재해석 과정 없이 겉으로 드러나는 신화의 메시지를 그대로 수용할 때 교훈보다는 해악으로 작용하기 쉽다. 특히 전쟁처럼 개인을 넘어 다수 구성원에게 큰 영향을 미치는 주제는 더욱 그러하다.

전쟁에 과연 진정한 승자가 있을까?

과연 아킬레우스는 트로이 전쟁의 승자였는가? 보다 근본적으로는 전쟁에 진정한 승자가 있을 수 있는가? 루벤스의 〈아킬레우스의 죽음〉은 참여하는 전쟁마다 상대 군대를 공포에 떨게

루벤스 〈아킬레우스의 죽음〉 1635년

만들고, 시대의 영웅인 헥토르를 일격에 쓰러뜨린 아킬레우스
조차 전쟁의 희생양이 되는 상황을 보여준다. 뒤에서 화살을 쏘
고 있는 사람은 헥토르의 동생 파리스다. 신의 도움을 받아 아
킬레우스의 약점인 발목을 향해 정확하게 화살을 날린다. 예상

치 못한 기습을 당한 아킬레우스는 외마디 비명을 지르며 쓰러진다.

아킬레우스의 최후에도 신의 계략이 작용하는데, 이에 대해서는 오비디우스의 《변신 이야기》에 자세한 내용이 나온다. 태양의 신 아폴론은 전쟁터에서 그리스 병사들을 상대로 싸우고 있던 파리스에게 다가간다. 칼을 휘두르며 트로이 병사들을 죽이고 있던 아킬레우스를 가리키며 속삭인다.

"왜 하찮은 것들을 죽이는 일로 창에 피를 묻히고 있느냐? 아킬레우스를 공격하여 죽은 네 형의 원수를 갚아라."

아폴론은 파리스를 위하여 활의 겨냥을 도와준다. 신의 인도를 받은 화살이기에 한 치의 오차도 없이 날아간다. 오비디우스는 "살아 있을 때 호랑이 같은 장수였던 아킬레우스도 재가 되었을 때는 항아리 하나도 채우지 못했다."라며 그의 죽음을 안타까워한다.

결국 아킬레우스 자신도 전쟁의 불구덩이 속에서 한 줌 재가 됨으로써 승자라는 말이 무색해진다. 더 큰 문제는 파리스에 의해 죽기 전에 그는 이미 진정한 의미의 승자라고 보기 어려운 상태에 빠져 있었다는 점이다. 여러 전투에서 수많은 적의 심장을 창으로 뚫고 목을 베면서 의식하지 못하는 사이에 스스로 인간성이 파괴될 대로 파괴된다.

호메로스에 의하면 헥토르가 죽기 직전에 자기 시신을 트로이로 돌려보내 달라고 호소했음에도 불구하고 아킬레우스는 저주를 퍼붓는다.

"그대의 어머니는 결코 그대를 침상에 뉘고 슬퍼하지 못할 것이며 개 떼와 새 떼가 남김없이 뜯어 먹게 하리라!"

시신의 두 발을 뒤꿈치에서 복사뼈까지 뚫고, 소가죽 끈을 꿰어 전차에 매달아 머리가 끌리게 한다. 성벽 위의 트로이 사람들 모두가 보라는 듯이 여러 날을 끌고 다닌다. 이 모습을 보고 헥토르의 어머니는 머리털을 쥐어뜯으며 통곡하고, 트로이 백성들도 하염없이 눈물을 흘린다.

전쟁은 패한 쪽이 맞이하는 죽음이나 억압의 고통 이상으로 이긴 세력의 정신까지 갉아먹는다. 더 이상 인간이라고 말하기 어려울 정도의 야만성을 증폭시키는 것이다. 신화에서만 나타나는 현상이 아니다. 인류 역사에서 수도 없이 반복되어 왔던 문제다. 수백만 명의 유대인을 무참하게 학살한 나치 병사들이 본래 악마의 심성을 갖고 있었다고 볼 수는 없다. 전쟁 과정에서 적극적인 살상 행위에 참여했을 때 국가로부터 애국자나 영웅이라는 찬사를 듣는다. 점차 사람을 죽이는 일 자체에 무감각해지고, 나아가 명령에의 복종이라는 근거를 들어 민간인에 대한 대량 학살도 자연스럽게 받아들인다. 전쟁에서 우세를 보이는 세력이 자신의 인간성을 말살해버린다는 점에서 당장의 군사적인 승리가 진정한 승리라고 보기는 어렵다.

대량 살상 무기가 일반화된 현대 사회에서는 더욱더 전쟁의 진정한 승자가 없다. 핵무기가 미국의 독점 무기였던 제2차 세계대전과 달리 현재는 적지 않은 수의 강대국이 핵무기를 다량 보유하고 있다. 게다가 과학기술의 지속적 발전으로 현재 핵탄두 하나의 위력이 히로시마에 떨어진 핵폭탄의 수백 배에 달한다. 이처럼 가공할 위력을 지닌 핵탄두를 미국과 러시아가 각각 수천 개, 영국·프랑스·중국이 각각 수백 개, 인도·파키스탄·이스라엘 등이 각각 수십 개씩을 갖고 있다.

만약 강대국 사이에 전면전이 벌어져 이 가운데 지극히 일부만 사용된다 해도 역사를 석기 시대로 되돌려버릴 정도로 문명의 상당 부분을 파괴하고, 계산하는 일 자체가 끔찍할 만큼 무수히 많은 사상자를 발생시킨다. 이제 주요 국가 사이의 전면전은 인류 자체의 전멸을 초래한다. 핵무기의 사용이 인류의 전체적인 집단 자살로 향하게 된 상황에서 전쟁의 승자와 패자를 구분하는 일은 무의미하다.

핵무기만이 문제가 아니다. 핵무기보다 훨씬 더 많은 양을 보유하고 있는 미사일도 순식간에 도시를 파괴하고 수많은 인명

인문학으로 보는 그리스신화

살상을 초래하기는 마찬가지다. 설령 전투에서 이겼다고 하더라도 자국 도시의 폐허 위에서 승리를 선언해야 하는 처지다. 과연 승자일 수 있을까?

3부

그리스신화로
이성과 감성에 관해 묻다

아폴론

이성이란
마냥 찬란한 것일까요?

아폴론이 왜 이성을 상징하는 신일까?

프랑스 화가 샤를 메이니에Charles Meynier (1768-1832)의 〈빛·
예언·시의 신 아폴론〉은 아폴론의 능력을 종합적으로 묘사한
다. 아폴론을 상징하는 장치로 가득하다. 먼저 주변에 피어 있
는 해바라기, 몸에서 찬란한 빛이 나거나 월계관을 든 모습은
'빛의 신' 즉 '태양의 신'임을 상징한다. 월계관은 어둠에 대한
빛의 승리를 보여준다. 리라는 음악의 시인이자 시의 신이라는
표시다. 리라 연주에 맞춰 시를 낭독했기에 둘 모두의 징표다.

예언의 신임을 보여주는 상징은 옆에 있는 여신 우라니아Ura-
nia다. 별의 위치를 통해 미래를 예견하는 능력을 가진 천문天文
의 여신이다. 보통 손에는 천구의와 컴퍼스를 들고 두 눈이 항
상 하늘을 쳐다보는 모습으로 묘사된다. 그녀의 팔 아래 여러

메이니에 〈빛·예언·시의 신 아폴론〉 1800년

개의 별이 박힌 천구의가 있고, 무릎을 꿇은 모습으로 바라보고 있어서 아폴론이 예언을 주관하는 신이라는 점을 암시한다.

아폴론은 그리스신화에서 '이성'을 대표하는 신이다. 음악과 시, 빛과 예언의 능력은 모두 이성과 긴밀하게 연결된다. 아폴론은 올림포스의 여러 신 가운데 제우스 다음으로 숭앙받는다. 아폴론에 대한 특별한 숭배는 '공상적이고 모호하며 형태 없는 것'과 반대되는, '지적이고 단호하고 명확한 형태를 가진 것', 즉 이성적인 것에 대한 그리스인들의 편애를 반영한다.

음악이나 시가 이성과 어떤 관련이 있는지 언뜻 이해가 가지 않을 수 있다. 우리의 상식으로는 감성 쪽에 더 가깝게 느껴지기 때문이다. 그리스인이 이해하는 음악은 지금 우리의 상식과 많이 다르다. 음악이나 시는 개인적·감성적 영역에 해당하면서 동시에 사회의 기강을 바로잡고 청소년을 교육하기 위한 도구였다는 점에서 사회적·이성적인 성격을 지녔다. 그래서 피타고라스 학파는 음악이 우주의 원리를 반영한다고 주장했다.

태양의 신이 아폴론을 규정짓는 대표적 표현이라는 점도 그리스 이성의 특징을 이해하는 데 도움을 준다. 모든 사물을 밝게 비추는 빛은 현상을 분명하게 드러낸다. 사태가 명료해질 때까지 자연이나 사회 현상에 대한 치밀한 탐구욕을 자극한다. 빛의 신인 아폴론은 현상적인 지식을 넘어서는 진실, 즉 본질적 사고를 상징한다. 또한 어둠을 물리치는 빛은 범죄나 비도덕적 행위에 대한 규명과 처벌을 의미하기도 한다. 그렇기 때문에 아폴론은 도덕이나 법을 주관하는 신이기도 하다.

예언의 신은 아폴론을 더욱 이성으로 밀착시킨다. 아폴론이 태어나자 제우스는 델포이 신전으로 가라고 명령을 내렸다. 델포이 신전을 지배하던 대지의 여신 가이아를 내쫓고 아폴론의 신탁을 통해 제우스의 뜻을 직접 인간에게 전달하기 위해서였다. 이후 그리스인들은 중요한 결정을 해야 할 때 델포이에 참배하고 아폴론의 신탁을 받았다. 델포이의 아폴론 신전에는 '너 자신을 알라', '그대의 정신을 억제하라' 등의 유명한 금언이 새겨져 있다. 신탁을 통해 예언을 관장하던 신전의 신관이 그리스 초기에 지식에 관한 권위를 상징했다는 점에서 아폴론은 지식의 총책임자였다.

특히 아폴론의 예언은 개인의 운명에 대한 예측보다는 주로 국가의 통치나 전쟁에 관련된다. 예를 들어 호메로스의 《일리아스》에서 아킬레우스는 트로이 전쟁이 교착 상태에서 벗어나지 못하고 불리한 상황이 자꾸 발생하자 예언자인 칼카스Kalchas의 예언을 청한다. 신화는 그가 "아폴론이 부여한 예언 능력에 힘입어 그리스의 함선들을 트로이로 인도해온 사람"이라고 한다. 트로이 전쟁도 예언에 따른 행동이다. 베르길리우스의 《아이네이스》에서 아이네이아스Aeneias도 아폴론이 예언한 바대로 국가를 수립한다.

"아폴론은 나에게 위대한 이탈리아를 차지하라고 명령하셨소. 이곳이 나의 조국이오."

특히 아폴론과 트로이 공주 카산드라Kassandra에 얽힌 신화는 그리스인이 가진 이성적 사고의 특징을 이해하는 데 도움을 준다. 카산드라는 아폴론과 교제하는 조건으로 예언 능력을 요구한다. 예언 능력을 전수받자 계약을 파기하고 아폴론의 구애를 거절한다. 아폴론은 작별 키스를 통해 그녀의 입에서 설득력을 빼앗는다. 카산드라는 항상 정확한 예언을 했지만 설득력이 사라져서 아무도 그녀의 말을 믿지 않는다. 그녀의 예언을 무시한 트로이는 멸망하고, 카산드라 자신도 살해당한다.

이성은 '설득력'을 가져야 한다. 세계에 대한 지식만으로는 이성이 제 역할을 하기 어렵다. 어떤 지식을 갖추는 일만큼이나 공감을 통해 타인을 이끌어내는 설득력이 중요하다. 이성이 신의 명령이라는 명목으로 사회 구성원에게 일방적으로 강요되는 것이 아니라, 설득을 통해 동의를 이끌어내는 능력까지를 포함한 영역으로 확장된다.

이성이 갖는 설득의 힘은 이후 그리스철학의 중요한 특징을 형성한다. 지식 자체에 머물지 않고 지식을 전달하거나 깨우치게 하는 기술에 해당하는 소피스트의 변론술이나 소크라테스의 산파술이 그리스에서 발전한 것은 우연이 아니다. 한편으로 고대 그리스 민주정이라는 사회적 성격이 '설득력'에 대한 필요를 만들어낸 측면이 있지만, 다른 한편으로는 그리스신화를 통해 연연히 내려오던 이성에 대한 이해가 적지 않게 작용한다.

이성의 빛은 인간에게 축복만을 주는가?

하지만 이성이 인간에게 세계 질서에 대한 지식, 앞날에 대한 예측, 합리적인 설득력 등의 축복만 제공하는 것이 아니다. 델포이의 아폴론 신전에 새겨져 있는 '그대의 정신을 억제하라'는 금언이 경고하듯이, 이성은 과도해지거나 잘못 사용될 때 인간에게 해악을 미치는 방향으로 폭주한다.

오딜롱 르동의 〈태양 수레를 탄 아폴론〉은 태양의 폭주가 초래하는 재앙 가능성을 암시한다. 빛이 어둠을 물리치고 매사를 분명하게 하는 이성의 상징이라는 점에서, 태양의 폭주는 곧 이성의 폭주다. 아폴론이 태양 수레를 타고 하늘로 향하는 장면이다. 아폴론이 온통 황금빛을 내는 수레에 올라 있고, 네 마리의 천마가 막 날아오르는 중이다. 언뜻 보기에는 태양신이 자신의 수레를 모는 평범한 모습이다.

하지만 이 그림을 보면서 놓치지 말아야 하는 점이 있다. 앞서 이카로스 신화에서 확인했듯이 르동이 대표적인 상징주의 화가라는 점이다. 특히 그는 신비스러운 색채와 분위기를 상징

르동 〈태양 수레를 탄 아폴론〉 1908년

으로 삼아 메시지를 전한다. 그러므로 어떤 사실이나 신화 이야기의 단순한 재현으로 이해하는 데 머물러서는 안 된다. 그림 안에서 독특한 분위기를 찾아내고 의미를 해석하는 과정을 거쳐야 제대로 문제의식에 접근할 수 있다.

먼저 천마의 모습이 심상치 않다. 아폴론이 타고 있음에도 제멋대로 날뛰는 분위기다. 주인의 말을 제대로 들을 것 같지 않을 만큼 거칠다. 심지어 오른쪽 말은 다른 방향으로 내달릴 기세다. 수레 주위의 불길도 평범하지 않다. 태양신의 수레는 태양을 상징하고 있으니 불길 자체가 특이할 것은 없다. 문제는 수레 밑의 대지조차 붉게 물들어서 불길에 타오를 듯하고, 하늘에도 검은 연기가 퍼져서 불길한 예감을 갖게 한다는 것이다.

곧 무슨 일이 벌어질 듯한 긴장감을 풍긴다는 점에서 아폴론의 평범한 일상과는 거리가 멀다. 그리스신화에서 이 그림과 연관될 수 있는 비슷한 분위기를 찾으려면 오비디우스의《변신 이야기》가운데 태양신과 아들 파에톤Phaëton에 얽힌 이야기를 만나야 한다. 르동의 그림은 이 신화가 전하는 경고를 상징적으로 암시하려 했던 듯하다.

태양신과 인간 여성 사이에 태어난 파에톤은 어느 날 자신이 태양신의 아들임을 확인하기 위해 찾아온다. 그런데 여기에서 태양신은 아폴론이 아니라 헬리오스Helios다. 그리스신화 초기에 태양신은 헬리오스였다가 점차 아폴론으로 중심이 이동한다. 점차 그리스에서 둘을 구분하지 않게 된다. 그러므로 오비디우스의 이야기에 나오는 태양신과 아폴론을 굳이 구분하지 않아도 무방하다. 르동도 다소 생소한 헬리오스보다 사람들이 상식적으로 태양신으로 알고 있는 아폴론을 주인공으로 등장시켜 그린 게 아닌가 싶다.

파에톤이 찾아왔을 때 태양신은 보좌에 앉아 있었다. 주변 상황을 설명한 대목에 주목할 필요가 있다.

"보좌 좌우로는 날, 달, 해, 세대 그리고 시時가 일정한 간격으로 늘어서 있었다. 네 계절도 있었다. 머리에 화관을 쓴 것은 여름, 포도를 밟다가 나왔는지 발에 보라색 포도즙이 묻은 것은 가을, 백발을 흩날리고 있는 것은 추운 겨울이었다."

이 내용을 보더라도 태양신이나 태양을 상징하는 수레가 단지 물질적인 빛을 의미하지 않는다. 흔히 '태양력'이라고 말하는 의식적인 구분 내용이다. 지구가 해의 둘레를 1회전 하는 동안을 1년으로 하는 달력 말이다. 대략 365일을 1년으로 하고, 약 30일로 이루어진 12개월로 구분한다. 또한 네 개의 계절과 그 사이에 여러 절기를 나눈다. 신화에 서술된 각 계절의 특징에서도 볼 수 있듯이 태양력에 따라 농사에 필요한 각종 작업을 배분한다.

태양력을 통한 시기 구분은 주먹구구식으로 쉽게 할 수 있는 일이 아니다. 오차가 발생하기 때문에 연말에 며칠을 더하거나 윤달을 두는 식으로 보완하는 작업이 매우 복잡하다. 고도로 발달한 문명과 함께 비로소 시작되었을 정도로 정교한 계산이 요구되는 이성적 작업의 결과물이다. 신화에 나오는 태양신이나 태양 수레가 이성의 작용과 긴밀하게 연결되어 있는 상징임을 알게 한다. 태양신을 "만물을 꿰뚫어보는 눈"이라고 묘사하는 대목도 같은 맥락으로 이해된다.

태양신은 파에톤이 아들이라는 증거를 보여주기 위해 어떤 소원이든 하나 들어줄 테니 말하라고 한다. 파에톤은 태양 수레를 하루만 몰게 해달라고 부탁한다. 태양신은 자신의 약속을 후회하면서 다른 소원을 말하도록 설득한다. 올림포스의 지배자 제우스도 이 수레만은 몰지 못할 정도로 너무나 위험한 일이기 때문이다. 인간이 태양 수레를 모는 일은 "명예가 아니고 파멸의 씨앗"이라고 한다.

하지만 아들이 끝내 고집을 꺾지 않자, 할 수 없이 파멸을 피하도록 간절히 당부한다.

"채찍은 쓰지 말고 고삐는 힘껏 틀어잡도록 해라. 천마의 조급한 마음을 누그러뜨리기는 여간 어려운 일이 아니다. (…) 너무 높거나 너무 낮게 몰아서는 안 된다. 너무 높으면 하늘에 불이

인문학으로 보는 그리스신화

붙고, 너무 낮으면 대지가 불타니 안전한 중간으로만 몰아라."

파에톤이 수레에 오르자 천마들은 태양신과 달리 너무 가벼움을 느낀다. 고삐를 이용하여 제대로 통제하지 못한다는 것을 아는 순간 궤도를 이탈하여 제멋대로 날뛴다. 급기야 대지는 불길에 휩싸인다. 나무와 풀, 다 익은 곡식 등이 순식간에 재로 변한다. 도시의 성벽이 무너져 내리고, 수많은 마을과 함께 나라가 잿더미로 변한다. 제우스는 빨리 손을 쓰지 않으면 천지만물이 비참한 지경에 이를 것으로 생각하고는 천궁 꼭대기로 올라간다. 벼락을 하나 집어 태양 수레에 타고 있던 파에톤을 향해 힘껏 던지자 즉사하고 만다.

태양신이 여러 근거를 들어 위험하다고 경고하고 다른 소원을 말하도록 설득했음에도, 오직 태양 수레를 몰고 싶다는 충동만으로 아버지를 졸라 결국 고삐를 잡은 파에톤은 무엇을 상징할까? 아직 치기 어린 소년이고, 태양신의 합리적인 설득을 무시한다는 점에서 분별력이 없는 상태다. 이성이 태양력을 이용하여 효과적으로 농사를 짓게 하거나 과학기술 발달로 삶의 편리를 증진시키는 등 인간에게 많은 도움을 주는 것은 분명하다. 하지만 분별력이 상실되었거나 부족한 상태가 될 때, 이성이 인류에게 그 어떤 재난보다도 큰 해악을 끼칠 수 있다는 점을 신화가 보여준다.

르동의 〈태양 수레를 탄 아폴론〉은 태양 수레가 초래할 재앙을 암시하는 게 아닐까? 당장은 아폴론이 몰고 있어서 문제를 일으키지는 않는다. 그러나 워낙 천마들이 거칠어서 통제력이 없거나 부족한 사람이 모는 순간 재앙이 찾아오게 된다는 불길한 예감을 준다. 수레가 온통 무서운 불길을 내뿜는 중이고, 대지도 점차 붉게 물들고 있어서 한번 문제가 발생하면 당사자는 물론이고 인류 전체에 해악을 입히게 될 분위기다.

태양신과 태양 수레가 이성의 상징임을 고려할 때, 이성의 시대라는 말이 정확하게 어울릴 현대 사회에서 이성에 어떠한 의심도 없이 전적인 신뢰를 보내는 현대인에게 경종을 울리려는 의도가 아닐까? 실제로 근대 이후 현대에 이르기까지 이성을 적극적으로 이용한다면 해결하지 못한 문제란 없다는 사고방식이 인류를 지배한다.

인류 역사를 통틀어서 지난 백 년 정도로 개인 정신은 물론이고 정치·경제·문화·교육 등 사회의 제반 영역이 이성에 의해 지배되었던 시기가 있었는가? 단연코 비교할 만한 시대가 없다. 현대 사회를 움직이는 가장 중요한 영역은 경제 체제일 것이다. 기업의 대량 생산과 대규모 유통망을 통한 대량 소비 중심의 경제 체제는 철저하게 계산과 예측이 가능한 방식으로 계획되고 조직된다. 나아가 정치든 사회든 소수점 이하까지 산정한 통계 수치를 통해 일상적으로 조사하고 결정한다.

사회 구성원 모두의 일상에 밀착되어 움직이는 전력 체계, 상하수도 체계, 교통 체계 등 무엇 하나 이성적으로 고안되고 구축되지 않은 게 없을 정도다. 하다못해 자신이 살고 있는 집안을 한번 둘러보라. 전통적인 방식으로 제작된 가구를 제외하고는 가전제품을 비롯하여 현대 과학기술의 영향을 받지 않은 물건이 거의 없다. 초등학교에서 고등학교까지 의무 교육을 이용해 전 국민에게 이성적 사고를 훈련시킨다. 일일이 사례를 드는 일이 무의미할 정도로 이성이 체계적으로 지배하는 사회다.

이번에는 질문을 조금 바꿔서 물어보자. 인류 역사 전체를 놓고 볼 때, 지난 백 년만큼 많은 문제가 동시에 터져 나온 적이 있었는가? 두 차례에 걸쳐 전 인류를 공포로 몰아넣은 세계대전에 버금갈 만한 대규모의 전쟁이 벌어진 적이 있었는가? 현대 사회처럼 전 지구적으로 회생이 불가능할 정도의 대규모 환경 파괴가 일어난 적이 있는가? 어느 시대나 범죄로 인한 고통은 있었지만, 지난 백 년만큼 강력 범죄가 확대되고 기승을 부린 적이 있는가? 고대 사회 이후 가난이 숙명처럼 인간의 곁을 떠난 적이 없지만 현대 사회만큼 전 세계에 걸쳐 극심한 빈부격차가 벌어졌던 적이 있는가?

마지막으로 질문을 다시 한번 바꿔보자. 이성의 시대라는 말이 가장 적합한 현대 사회의 현실이 이러하다면, 현대 사회를 얼룩지게 만드는 위와 같은 심각한 문제가 이성과 관련이 없다는 변론이 과연 설득력이 있을까? 모든 원인을 이성에서 찾을 수는 없지만, 적어도 이성을 만병통치약처럼 여기는 사고방식과 적지 않을 만큼의 관련이 있다는 점을 부정하기는 어렵지 않을까?

이성의 처참한 그림자를 보다

그렇기 때문에 신화에서 아폴론은 태양 수레를 끄는 천마들을 통제할 고삐, 즉 이성을 통제하는 고삐로 분별력을 강제한 것이다. 분별력이 사라지거나 약할 때 이성이 "명예가 아니고 파멸의 씨앗"이 된다. 호메로스의 《일리아스》에서도 아폴론이 분별력을 강조하는 이야기가 나온다.

예를 들어 아킬레우스가 헥토르를 죽인 후 그의 시신을 마차에 매달고 여러 날을 끌고 다니자 아폴론은 아킬레우스의 행위를 비난한다.

"그 사나이는 마음에 분별력이 없고 가슴속의 생각조차도 전혀 양보하는 일이 없는 자입니다. 있는 것은 다만 사자와 같은 흉포한 생각뿐입니다. (…) 운명의 여신은 인간에게 참는 힘을 주었습니다."

하지만 스스로 아들에게 "천마의 조급한 마음을 누그러뜨리기는 여간 어려운 일이 아니다."라고 충고할 정도로, 분별력으로 이성적 사고를 통제하는 것이 얼마나 어려운 일인지를 누구보다 잘 아는 아폴론조차 분별력을 잃어버리는 일이 자주 발생한다.

티치아노의 〈마르시아스Marsyas의 처형〉은 이성의 신을 자처하는 아폴론조차 고삐가 풀린 천마처럼, 스스로 쉽게 폭주의 위험성으로 빠져들어 감을 극명하게 보여준다. 그림을 보면 워낙 등장하는 자가 많고, 서로의 동작이 복잡하게 얽혀 있어서 무슨 일이 벌어지는지 쉽게 구분이 안 된다. 캔버스 전체적으로 울긋불긋한 색을 적용해서 더욱 혼란스러운 느낌이다. 묘사해야 할 상황이 워낙 아비규환이라는 말 그대로 차마 눈 뜨고 볼 수 없는 참상이기에, 티치아노는 의도적으로 복잡하고 혼란스러운 구도와 채색으로 감상자에게 그 느낌을 생생하게 전달하려 했던 듯하다.

아폴로도로스는 《그리스신화》에서 당시의 상황을 간결하게 소개한다. 마르시아스는 피리를 들고 아폴론을 찾아가 음악 경연을 제안한다. 이긴 쪽이 진 쪽을 마음대로 하기로 합의한다. 아폴론이 리라를 거꾸로 세워 연주한 후, 상대에게 그렇게 연주해보라고 한다. 리라는 현악기이기에 불편해도 거꾸로 들고 연주할 수 있으나, 피리는 관악기여서 거꾸로 들고 연주하는 일이

티치아노 〈마르시아스의 처형〉 1576년

불가능하니 난감할 수밖에 없다. 승리자로 판정받은 아폴론은 마르시아스를 소나무에 매달아 껍질을 벗겨 죽인다.

신화 내용을 고려하여 티치아노의 그림을 다시 보면 아비규환이라는 표현이 왜 더없이 적합한지를 실감한다. 마르시아스가 가운데 소나무에 거꾸로 매달려 있다. 왼쪽 아래로 월계관을 쓴 아폴론이 칼을 들고 그의 가슴살을 한 겹씩 벗겨내는 중이다. 큰 살점은 옆에 있는 큰 개에게 던져주어 먹게 한다. 작은 살점은 아래쪽의 강아지가 먹는다. 이 끔찍한 참상을 파티 기분으로 즐기려는지 뒤편의 요정이 악기를 켜며 노래를 부른다. 한마디로 아폴론의 충격적인 엽기 행각이다.

오비디우스의《변신 이야기》를 보면 더 끔찍하다. 마르시아스가 "살려주세요. 어쩌자고 내 껍질을 벗기는 것입니까? (…) 피리 불기에서 졌을 뿐인데 너무 심하지 않습니까?"라며 울며불며 호소한다. 하지만 아폴론은 아랑곳하지 않고 그의 껍질을 깡그리 벗겨버린다. 오비디우스는 그 참상을 다음처럼 소개한다.

"피가 흐르지 않는 곳은 한 군데도 없었다. 신경의 가닥도 하나 남김없이 밖으로 드러났다. 껍질이 없어졌으니, 핏줄 뛰는 것이 드러나 보이는 것도 당연했다. 벌떡벌떡 뛰는 내장 기관과, 가슴 속의 허파도 훤히 들여다보였다."

들판을 누비고 다니던 숲의 신들, 올림포스의 요정들, 가축을 돌보던 목동들까지도 마르시아스가 불쌍해 눈물을 흘렸지만 아폴론은 마지막 살 한 점까지 모두 도려내고 만다.

이 신화는 두 가지 점에서 고민하도록 만든다. 하나는 이성과의 관계에서 분별력이 얼마나 위태로운 처지에 있는지를 알려준다. 분별력을 강조하거나 유지하던 사람도 얼마든지 특정한 조건이나 상황 속에서 상실될 가능성이 있다. 특히 자신과 이해관계가 대립하는 문제에서 통제력을 상실하고, 고삐를 힘껏 잡아당겨야 할 사람이 적절한 시기와 정도를 벗어나 과도함이나 지나침으로 폭주해버리는 사태가 벌어진다.

다른 하나는 아폴론이 이성의 신이라는 점을 고려할 때, 이성 자체가 가진 잔혹성에 대한 고민이다. 사실 현실의 역사를 보더라도 이성과 잔혹성이 직접 연결되는 사태가 종종 발생한다. 현대 사회에서 인류가 저지른 가장 잔혹한 사건으로 대부분 나치의 아우슈비츠 강제 수용소에서 벌어진, 수백만 명에 이르는 끔찍한 학살을 떠올린다. 독가스실에서 한 번에 약 2천여 명, 하루에 최대 약 3만여 명을 '처리'했다. 나치는 학살 피해자들에게 샤워를 하라고 하여 옷을 벗게 한 뒤, 공동 샤워실로 위장된 가스실에 보내 학살했다. 시체는 소각로에서 대량으로 불태웠다.

이 짧은 기간에 약 6백만 명에 이르는 유대인을 학살하기 위해 이성적 능력이 총동원된다. 과학기술 발전, 근대적 교통망,

체계적 관료제 등과 같은 이성의 결과물, 또한 최소 투여로 최대 산출을 만들어내는 효율성 원리가 어떻게 대량 학살로 연결되는지를 보여준다. 과학기술 발전은 생화학 무기라는 대량 살상 무기를, 근대적 교통망은 전국에서 유태인을 신속하게 실어 나르는 역할을, 관료제 체제는 유태인을 한 사람도 놓치지 않고 관리·감시하는 역할을, 효율성은 최소 인력과 재원으로 최대 인원을 살상하는 원리를 제공한다. 이성이 어떻게 잔혹한 괴물로 변할 수 있는지를 명백하게 확인시켜준 사건이다.

이성은 죄가 없으니 최대한 발전시키고, 다만 분별력을 가지면 된다는 식의 사고방식에 의문을 품을 필요가 있다. 인간에게 분별력이 그렇게 안정적이지 않은 기준이라는 점에서, 또한 이성 내부에 파국적인 요소가 스며들어 있다는 점에서 그러하다.

디오니소스

욕망은 곧
타락의 화신인가요?

신에게 외면당하고 신화 작가들의 저주를 받다

미켈란젤로 카라바조Michelangelo Caravaggio (1573-1610)의 〈디오
니소스Dionysos〉는 술과 황홀경, 욕망의 신으로 알려진 디오니소
스를 보여준다. 우리에게는 로마식 이름인 바쿠스Bacchus로 더
익숙하다. 디오니소스는 중세에서 현대까지 신으로서 존경을
받기보다는 무시와 냉대는 물론 적개심과 배척의 대상으로 취
급되었다. 좀 더 정확히 말하자면 사람들의 자발적인 판단은 아
니다. 그리스 민주정이나 로마 공화정 시기가 예외였을 뿐, 이
후 모든 시대의 지배 세력은 디오니소스를 신이기보다는 악마
로 여기도록 강제했다.

    카라바조의 그림은 수많은 화가가 그린 디오니소스의 전형
적인 모습을 담는다. 거의 예외 없이 머리에는 포도 넝쿨 관을

카라바조 〈디오니소스〉 1595년

쓰고 있다. 여기에서는 포도까지 몇 송이 달린 채다. 또한 대부분의 그림에서 포도주를 든 모습으로 등장한다. 벌써 술을 깨나 마셨는지 눈이 게슴츠레하다. 탁자에는 안주로 먹는 싱싱한 과일이 풍성하다.

귀족들이나 사용했을 법한, 유리로 만들어진 고급스러운 와인 잔으로 마시고 있다. 디오니소스를 담은 그림 가운데는 비슷한 분위기를 풍기는 경우가 꽤 많다. 카라바조는 와인 잔이나 복장 등에서 귀족의 느낌을 줄 뿐 전반적으로는 그나마 단출한 편이다. 화려한 조각으로 치장된 탁자와 의자, 황금빛 리라가 소품으로 사용되곤 한다. 여기에 아름답고 날씬한 여인이 함께 술을 즐기는 경우도 심심치 않게 보인다. 왕족이나 귀족이 즐기던, 광기 어린 유흥과 타락에 빠진 질펀한 술판 분위기 그대로 말이다. 하지만 이는 디오니소스에 대한 왜곡된 이미지를 의도적이고 악의적으로 유포한 것이다.

디오니소스는 올림포스 신들 내부에서 귀족적인 배경은커녕 출생과 성장 과정 자체가 기구하다. 제우스와 인간 여성인 세멜레Semele 사이에서 태어났다. 아니 태어났다기보다는 꺼내졌다고 말해야 정확하다. 헤라는 계략을 꾸미며 세멜레가 제우스에게 '헤라한테 구혼할 때 다가갔던 모습'으로 와 달라고 요청하도록 만든다. 제우스가 정말 번개와 천둥을 든 채 수레를 타고 침실로 찾아오는 바람에 불이 나서 세멜레가 죽는다. 제우스는 여섯 달 된 태아를 꺼낸 후에 헤라로부터 지키기 위해 자신의 넓적다리에 넣고 꿰맨다.

때가 되자 제우스는 디오니소스를 꺼내 낳아 헤라의 눈에 띄지 않게 먼 곳에 숨어 살게 한다. 하지만 헤라는 집요하게 디오니소스를 제거하려 든다. 제우스는 그를 새끼 염소로 둔갑시켜 헤라의 노여움을 피하게 한 적도 있다. 헤라의 책략에 의해 미치광이의 세월을 보내기도 한다. 여러 지역을 방랑하며 고난의 세월을 보내던 중에 포도 재배법과 과즙을 짜내는 법, 포도주를 만드는 법을 발견한다.

점차 포도주와 황홀경의 신으로 사람들에게 알려지게 되지만, 그가 신이거나 영향력 있는 존재임을 부정하려는 권력자들에 의해 수많은 박해를 받는다. 아테네 민주정 이전의 왕정이나 귀족 중심의 과두정 시대에 디오니소스는 신이기는 하되 별로 인정과 주목을 받지 못하는 상태로 언급된다. 호메로스는 몇 차례 상당히 부차적인 차원으로만 거론했을 뿐이다. 헤시오도스의 경우도 간단히 출생 배경을 알리면서 "많은 즐거움을 주는 디오니소스"라고 하거나, 포도송이를 딴 후에 "디오니소스의 선물을 항아리에 담으시라."라고 함으로써 주로 포도주와 관련하여 소개하는 정도에 머문다.

아테네 민주정 이후에 디오니소스를 비교적 자세하게 다룬 신화에서는 그의 광기 어린 행동에 초점을 맞추는 경우가 대부분이다. 아폴로도로스는 《그리스신화》에서 "디오니소스는 테베에 와서 여인들이 집을 떠나 산에서 디오니소스적인 광란에 몸을 맡기도록 강요했다."라고 한다. 사람들이 스스로 술과 황홀경에 참여하기보다는 '강요'에 의해 어쩔 수 없이 따른다는 논리다.

또한 테베의 왕 펜테우스Pentheus와의 갈등을 다룬 이야기에서도 디오니소스의 생각을 진지하게 다루지 않는다. 그저 디오니소스를 반대했다는 이유로 어머니의 손에 갈기갈기 찢겨 죽도록 만들었다는 흉악한 이야기만 소개한다. 테베에 이어서 아르고스로 간 이야기도 마찬가지다. 여기에서는 아예 한 술 더 뜬다.

"사람들이 자기를 존경하지 않자 여인들을 미치게 했다. 여인들은 자신의 젖먹이들을 산으로 안고 가서 그 고기를 먹었다."

디오니소스 때문에 여인들이 자식을 잡아먹었단다.

오비디우스도 《변신 이야기》에서 디오니소스에 대해 상당히 구체적인 이야기를 풀어나가지만, 자신을 신으로 인정하지 않는 사람들에게 얼마나 무시무시한 복수를 했는지에 초점을 맞춘다. 아폴로도로스가 저주하듯이 풀어낸 디오니소스의 잔혹한 행태에 더욱 끔찍한 장면을 덧붙여 보완하는 느낌이 들 정도다.

테베의 왕 펜테우스에게 디오니소스를 신으로 인정하라고 권유하는 몇몇 인물이 나오고, 예언자가 나서 설득하기도 한다. 하지만 긍정적인 근거보다는 그를 신으로 인정하지 않을 때 받는 '사지가 갈가리 찢기어 죽게 되는 보복'에 대한 무서움이 주요 논리로 사용된다. 오히려 백성을 향해 디오니소스를 비판하는 펜테우스의 논리를 자세하게 전한다.

"대체 놋쇠 바라와 꼬부라진 피리와 속임수와 마술이 어쨌다는 것이냐? 어째서 전쟁터에서 두려움 없이 칼을 뽑아들고 진군하던 자들이 발광하는 계집, 울리는 방울북, 술 취한 미치광이, 구역질나는 광신자들 앞에서 맥을 쓰지 못한다는 말이냐?"

그에 의하면 조상들이 칼과 창을 들고 목숨 바쳐 만든 나라를 디오니소스가 거짓과 타락으로 망치고 있다. 사람들이 술과 춤에 빠져 농사일이나 국가가 부여한 의무에 소홀해진다. 국가에의 충성과 용맹성의 씨가 마르는 중이다. 만약 강력한 적의 공격에 대응하여 용감하게 전투를 벌였지만 힘이 부족하여 성이 함락당한다면 후대의 비난을 받지는 않는다. 애통한 일이기는 하겠지만 치욕의 눈물은 흘리지 않아도 된다. 하지만 지금은 여자들을 몰고 다니고 술 취하게 만드는 미친 짓 때문에 사람들이 타락에 빠지고 있다. 나라가 멸망하지 않도록 그에 맞서 이성과 용맹을 되찾아야 한다는 것이다.

나머지는 주로 디오니소스의 끔찍한 복수담이다. 먼저 그를 핍박한 선원들을 호랑이와 표범 등 무서운 짐승을 통해 바다에 빠트려 죽인 이야기가 나온다. 이어서 펜테우스의 두 팔을 두 이모가 각각 잘라버리고, 어머니가 그의 머리를 산산이 부쉈다는 충격적인 내용이 이어진다. 또한 오비디우스는 "이 무서운 사건이 있고 나서 테베 여자들은 새로운 의식을 받아들였고, 제단에 향을 피워 이 신을 섬겼다."라고 함으로써 디오니소스 수용이 사실상 폭력에 의한 강제라는 식으로 서술한다. 마지막은 그가 제우스의 아들이 아니라고 비난하는 미니아스Minyas의 아름다운 딸들을 흉측한 박쥐로 만들어버린 이야기로 맺는다.

디오니소스의 욕망은 인간을 타락시키는가?

대부분의 신화에서 디오니소스가 발을 디딘 곳에는 거의 예외 없이 재앙이 뒤따르는 내용이 가득하다. 사람들은 공통적으로 술과 광란에 취해 이성을 잃고 자신의 목숨을 잃거나 주변 사람들을 타락에 빠뜨린다는 식이다. 어쩔 수 없이 신으로 받아들이기는 경우에도 자발성과는 거리가 멀고 경계의 눈초리를 거두지 않는다.

카라바조의 〈병든 디오니소스〉는 여기에 화가로서의 상상력

카라바조 〈병든 디오니소스〉 1593년

까지 더해, 술과 황홀경을 추구하는 욕망이 디오니소스도 결국 자멸에 이르게 한다는 메시지를 전한다. 한눈에 보기에 병색이 완연한 몰골이다. 입가에 미소가 스치지만 말 그대로 웃어도 웃는 게 아니다. 입술은 핏기를 잃어 하얗다. 눈의 흰자위는 간이 크게 상한 사람들이 그러하듯이 매우 탁하게 변질된 상태다. 뺨은 움푹 패고 몸도 말라서 음식물 섭취를 제대로 못한 지 오래되었음을 보여준다. 이래저래 중병에 걸린 환자의 전형적인 모습이다.

욕망이 천하의 디오니소스도 이 지경으로 만들어버리는데 평범한 인간이라면 더 말할 나위가 없다는 교훈이리라. 욕망은 정신과 몸을 타락으로 인도하고 인간을 종말에 이르기까지 몰아붙인다. 카라바조는 이 그림을 통해 일단 쾌락에 발을 디디면 인간의 의지력으로 벗어나기란 너무나 어렵기 때문에, 마치 무서운 전염병에 걸리기 전에 철저하게 예방해야 하듯이 애초에 욕망을 멀리해야 한다는 교훈을 전하려는 듯하다.

아테네 민주정이 활짝 꽃을 피운 시기에 활동한, 그리스 3대 비극 작가 중 한 사람인 에우리피데스의 《바카이》는 디오니소스에 대해 상당히 다른 생각을 펼친다. 펜테우스와 그 가족의 비극을 전하는 내용은 큰 차이가 없다. 하지만 디오니소스가 하려는 게 무엇이고 인간에게 어떤 영향을 주는지에 대해 매우 주목할 만한 내용이 나온다. 먼저 예언자인 테이레시아스Teiresias

가 펜테우스에게 반박하는 내용을 세심하게 살펴야 한다. 아폴로도로스나 오비디우스가 디오니소스에 의한 끔찍한 보복의 두려움을 전했다면, 에우리피데스는 디오니소스가 존중받아야 하는 적극적인 이유를 논한다.

"인간 세계의 질서를 이루는 두 개의 원리가 있소. 하나는 대지의 여신으로서 빵을 공급해 주는 신이라오. 두 번째는 빵에 대칭되는 술을 내리시는 신이오. 우리를 육체의 설움에서 해방시키는 신이오. 포도주에 흠뻑 취하면 비참한 인간의 고뇌도 멈추고, 나날의 노고를 잊게 하는 잠이 찾아온다오."

세계의 질서에는 빵의 원리와 술의 원리가 있다. 빵의 원리는 이성의 원리이자 국가의 원리다. 농사는 일 년이라는 기간 동안 복잡한 과정을 거쳐야 한다. 농사는 기후에 매우 민감하기 때문에 천문학 연구 성과를 정식화하여 여러 단계로 나뉜 절기를 구분해야 한다. 이 모든 과정은 자연의 법칙을 파악하는 명석한 사고, 인간 행위를 질서 안에 두는 이성적 사고를 동반한다.

또한 고대 국가는 농업에 기초한 대량의 잉여 농산물이 축적되어야 한다. 원시 공동체의 수렵과 채취는 씨족의 협동만으로 유지 가능하다. 하지만 국가라는 거대한 조직과 군대가 유지되려면 막대한 농산물을 비롯한 자원이 집중되어야 한다. 또한 전통적으로 고대 국가는 물론 대부분의 국가 체제에서 지배력을 행사해온 왕족이나 귀족이 부를 축적하기 위해서도 잉여 농산물은 결정적인 중요성을 지닌다. 그런 의미에서 당시 농업을 중심으로 한 빵의 원리는 곧 국가와 지배 세력의 원리이기도 하다.

하지만 테이레시아스에 의하면 인간 세계는 빵의 원리만으로는 유지될 수 없다. 디오니소스에 의한 술의 원리가 함께 있을 때만 제구실을 한다. 술의 원리는 우리를 육체의 설움으로부터 해방시키는 욕망의 원리다. 이성을 상징하는 빵의 원리는 생산을 위해 끊임없이 에너지를 사용해야 하는 노동의 원리이기에 육체의 고단함을 만든다. 분별과 절제로 항상 스스로를 억제하면서 비참한 고뇌에 빠진다. 술의 원리는 노래와 춤을 통해육체의 고단함을 말끔히 잊게 하고, 정신적 고뇌를 치료해준다. 펜테우스의 조부인 카드모스Cadmos도 이를 옹호한다.

"세상의 규율에 거스르는 일은 하지 않도록 하라. 지금의 너는 발이 땅에 붙어 있지 않구나."

세상의 규율이란, 테이레시아스가 말한 빵의 원리와 술의 원리가 공존하는 상태다. 즉 세상은 이성과 욕망이 함께 가도록 만들어져 있다는 것이다. 이성에 의한 노동과 욕망에 의한 술·노래·춤·욕정이 어우러져야 한다. 이성적 금욕과 절제만

인문학으로 보는 그리스신화

을 추구하면 발이 땅에서 떨어져 있는 것과 마찬가지로 허황되고 위태로운 생활, 불행한 삶을 초래할 뿐이다.

아테네 민주정 황금기에 디오니소스에 대해 적극적으로 인정하는 신화가 생겨났다는 것은 시대적인 맥락을 고려하며 신화를 해석해야 함을 잘 보여준다. 이 시기에 아테네는 정치적·군사적·경제적인 측면만이 아니라, 문화적으로도 최고조에 이른다. 에우리피데스를 포함한 이른바 3대 비극 작가, 아리스토파네스Aristophanes를 비롯한 주요 희극 작가 등 아테네를 빛낸 작가들이 집중적으로 활동한다.

철학적으로도 민주정 원리와 불가분의 관계에 있는, 의견의 다양성과 진리의 상대성을 인정하는 소피스트가 대중적 인정을 받는다. 종교의 자유가 폭넓게 인정되면서 어떤 신을 믿든 관용이 베풀어진다. 기존의 왕정이나 귀족 중심의 과두정에서는 제우스·아폴론·아테나 등 호메로스나 헤시오도스에 의해 권위가 인정된 신만이 주요 숭배 대상이었다. 하지만 민주정에 와서는 그동안 국가에 의해 사실상 배척당하던 디오니소스가 제대로 신의 지위를 인정받게 된다. 에우리피데스의 《바카이》는 이러한 변화를 반영한다. 아테네 사회 구성원 가운데 압도적 다수를 차지하는 '평민'이 국가의 크고 작은 일을 결정하는 직접 민주주의 체제 아래서 디오니소스가 본격적으로 주요 신으로 등극하게 된 이유는 무엇일까?

그리스인이 디오니소스에 환호한 이유

플랑드르 화가 코르넬리스 데 보스Cornelis de Vos (1584-1651)의 〈디오니소스의 승리〉는 이러한 의문에 답을 해줄 몇 가지 단서를 제공한다. 축제를 벌인 후에 추종자들과 함께 행진하는 모습이다. 가운데 표범이 끄는 수레를 탄 디오니소스가 보인다. 그 주위를 짐승의 다리를 하고 머리에 작은 뿔이 솟아 있는, 반은 인간이고 반은 동물 모습을 한 사티로스Satyros가 따른다. 사티로스는 디오니소스를 따라다니며 추종자들과 함께 축제를 즐기는 정령으로서, 자연의 길들여지지 않은 존재를 상징한다. 오른쪽에 술에 취한 모습으로 당나귀를 타고 있는 실레노스Silenos도 있다. 어린 디오니소스를 님프들과 함께 양육하고 포도 수확법을 가르쳐준 양아버지다.

이번에는 디오니소스를 따르는 인간 추종자를 보자. 먼저 디오니소스 옆에서 악기를 들고 환하게 웃는 여성이 있다. 다음으로는 여성 옆에서 두 손을 치켜들고 흥겨운 춤을 추는 검은 피부색의 남자가 있다. 고대 그리스에서 흑인은 가장 비참하게 살아가는 노예를 상징한다. 여성은 노예보다는 처지가 낫긴 하지만, 투표권이 없어 사실상 정치 활동이 허용되지 않았다는 점에서 억압된 삶의 조건 안에 있다. 당시 가장 낮은 위치에 있던 노예와 여성조차 축제에서 존중받았다는 것은 그만큼 그리스 사회에서 디오니소스가 평민을 비롯하여 신분이 낮은 사람들의

인문학으로 보는 그리스신화

보스 〈디오니소스의 승리〉 1638년

이해를 반영하는 신이었음을 의미한다.

　그림에 나오는 악기도 디오니소스가 낮은 신분과 깊은 관계에 있음을 보여준다. 북과 탬버린으로 흥을 돋우며 춤을 추고 있다. 신화를 보더라도 디오니소스 축제에서 작은북, 탬버린과 유사한 팀파논, 놋쇠로 만들어진 심벌즈인 킴발라 등의 타악기가 주로 사용된다. 이에 비해 아폴론을 비롯한 주요 신은 리라와 같은 현악기를 주로 사용한다.

　현악기는 복잡한 음계를 배워야 하고, 이에 따라 여러 개의 줄을 다루는 방법을 오랜 기간 익혀야 한다는 점에서 이성적인 특징을 갖는다. 피타고라스 학파는 절제와 질서, 균형 및 조화를 중시하는 리라의 음계가 우주의 원리를 반영하고 있다고 주장했다. 리라를 연주하는 아폴론이 이성 영역을 담당하는 신인 이유도 여기에 있다. 워낙 가격이 비싸기도 하고, 매일 노동에 시달려야 하는 일반 평민으로서는 배우기가 어려운 악기다.

이에 비해 타악기는 우리가 노래하고 춤추며 탬버린을 쳐보면 알 수 있듯이, 음계에 따른 조화와 질서가 적용되는 악기가 아니다. 기본적인 박자 감각만 있으면 되기에 숙달 기간이 짧고 누구나 익힐 수 있는 민중 악기다. 즉석에서 흥에 겨워 사람들의 열정을 불러일으키기에 적합하다. 여러 사람이 집단적으로 연주하면서 춤을 출 때 흥분과 도취가 증폭되면서 무아지경에 빠진다. 디오니소스가 추구하는 황홀경과 욕망에 어울리는 악기다.

아폴론의 현악기는 귀족을 상징한다. 반면에 디오니소스의 타악기는 평민을 상징한다. 우리의 경우에 비추어 봐도 그러하다. 조선 시대에 양반은 주로 거문고와 같은 현악기를 즐겼다. 개인의 기량과 소수의 감상에 적합하다. 음계를 익히기 어려운 평민은 우리가 흔히 사물놀이를 할 때 볼 수 있는 북과 꽹과리 등 타악기를 사용했다. 여러 사람이 함께 연주를 하고 무리를 지어 행진하거나 춤을 추기에 적합하다.

호메로스의 《일리아스》에 주인공으로 등장하는 헥토르·아킬레우스·아가멤논·오디세우스 등의 영웅은 모두 왕족이나 귀족이다. 이들을 지원하는 아폴론·아테나 등은 귀족의 신이라고 봐야 한다. 리라는 이들을 대표하는 악기다. 디오니소스 추종자들이 축제에서 주로 민중 악기인 타악기를 사용했다는 것은 디오니소스가 평민을 대변하는 신이었음을 의미한다.

민주정이 활성화된 기원전 5세기경에 디오니소스 축제가 국가의 공식 행사로 자리 잡고 절정을 맞이한다. 농촌과 도시로 나뉘어 1년에 몇 차례 열렸는데, 각각 약 일주일 정도 진행됐다. 축제 기간에는 술·노래·춤을 즐기는 사람들로 북적였고, 합창과 무용 경연 대회, 연극, 가장 행렬 등이 포함된 여러 행사가 열렸다. 축제 첫날 합창 경연 대회가 끝난 후, 술 취한 사람들이 몰려다니는 행렬이 이어졌다.

실제로 디오니소스 축제에는 집 안팎에서 고된 노동을 담당해야 하는 평민과 신분적 억압에 시달리는 여성이나 노예가 많이 참여했다. 디오니소스 의식은 오랜 기간 왕족과 귀족에게 수탈당해 가난한 처지였던 평민, 억압적 삶을 강제 받던 노예와 여성이 현실을 벗어나는 탈출구로서의 의미를 지녔다. 술을 마시고 춤을 추면서 억눌린 욕구를 표출했다.

그러한 의미에서 디오니소스 축제는 광기나 착란이 아니라, 구원과 해방 열망의 표출이었다. 평민과 노예에게 디오니소스는 '구원하러 오신 이'였다. 에우리피데스의 《바카이》에서 이들은 "어서 오소서, 그대 구원자여!"라거나 "우리는 구원 받았도다! 우리는 모두 혼자였고 버려져 있었건만, 당신이 오셨으니 우리는 기쁘도다."라고 외친다.

평민을 중심으로 직접 국가의 중요한 사안을 결정하는 아테네 민주정에서 디오니소스가 주요 신의 자리를 차지하게 된 것은 평민의 이해를 대변하는 신이라는 점에서 자연스러운 일이다. 다시 말해 제우스로 대표되는 힘과 권위 그리고 수직적인 위계 구조, 아폴론으로 대표되는 균형·조화·절제·질서·이성·지식 등이 오랜 기간 지배 세력을 형성한 왕족과 귀족의 사유이자 이데올로기였다면 디오니소스는 해방을 열망하는 피지배 계급의 사유 방식을 보여준다. 디오니소스가 도취·극단성·무질서·본능·광란·환상·열광의 상징으로 여겨지게 된 것은 이성을 강조했던 지배 세력에 의해 악의적으로 형성된 왜곡된 이미지다.

왕정과 과두정 체제 아래의 그리스신화에서 제우스가 최고의 신이고 아폴론이 그의 뒤를 잇는 신이었음에 비해 디오니소스는 신의 대접조차 제대로 받지 못했던 사정도 이와 무관하지 않다. 왕정과 과두정에서 왕족과 귀족은 부를 극대화하기 위해 평민이나 노예에게 '빵의 원리'만을 강요한다. 평생을 노동만을 자신의 운명으로 알고 살아야 이들의 부를 늘려주고, 가난에서 오는 현실의 고통에 저항하기보다는 어쩔 수 없는 굴레로 감내하며 살기 때문이다. 이들에게 '술의 원리'는 사람들이

　　　　　　　　인문학으로 보는 그리스신화

술·춤·노래·욕정 등을 누리며 인생을 즐기느라 노동을 소홀히 하게 되는 위험한 발상이다. 디오니소스는 왕족과 귀족의 수탈을 가로막는 가장 위험한 신이자 선동자였던 것이다.

디오니소스가 신으로 인정받은 지 약 2천5백 년이 지난 지금, 현대인 곁에서 친근한 신으로 자리 잡고 있는가? 아테네 민주정이 막을 내린 이후 현재까지 긴 세월 동안 디오니소스는 다시 어두운 무덤에 갇혀 있다. 생산직이든 사무직이든 대부분의 직장인이 새벽에 일어나 밤 시간이 찾아올 때까지 노동에 매달린다. 퇴근 후에도 전화나 문자로 업무와 관련된 연락 때문에 시달리는 경우도 많다. 회식조차 업무의 연장선이라는 점을 부인하기 어렵다. 주말이 되면 일주일의 피곤 때문에 몸은 녹초가 된다. 일요일이 지날 때쯤 '월요병' 증상이 시작된다. 회사 이름을 붙여 '○○맨'이라는 말이 상식처럼 사용되고, 자신은 '회사와 결혼했다'는 사람조차 적지 않을 정도다.

그나마 농경 사회에서는 저녁에 해가 지고 나면 온전히 개인과 가족의 시간이었다. 하지만 빛의 신인 아폴론의 신통력 때문인지 현대 사회는 밤에도 공장이든 사무실이든 조명이 대낮처럼 환해서 낮이 끝나지 않는다. 유급이든 무급이든 연장 근로가 일상사다. 게다가 농경 사회는 일을 해야 하는 논이나 밭이 집 주변이어서 오가는 데 별로 시간이 걸릴 필요도 없었다. 하지만 현대 사회는 전혀 다르다. 직장이 있는 도심과 집이 있는 거주

지역이 상당한 거리로 분리되어 출퇴근에 소요되는 시간만 하루에 두세 시간은 걸린다. 사실상 노동 시간의 연장이다.

인류 역사의 그 어느 시대보다 '빵의 원리'에 갇혀 산다. 보다 정확하게 말하자면 '자본의 원리'에 지배당한다. 농경 사회가 '빵의 원리'였다면 현대 산업 사회에서는 그 빵의 역할을 자본이 대신한다는 점에서 '자본의 원리'가 지배한다. 현대 사회에서 그래도 밤이 되면 유흥을 즐기고, 주말에는 집을 나가 즐기는 시간을 갖기 때문에 여전히 디오니소스의 '술의 원리'가 살아 있는 게 아니냐는 반론이 있을 수 있다.

이는 '술의 원리'에 대한 무지나 오해에서 비롯된다. 현대인이 퇴근 후나 주말에 즐기는 유흥이나 외출은 대부분 소비 행위에 연결되어 있다. 유흥은 주로 다양한 종류의 술집이나 클럽, 노래방 등에서 이루어진다. 혼자든 가족과 함께든 주말의 외출은 유흥지를 찾아가거나 백화점과 놀이공원이 단골 대상이다. 대부분 소비 행위의 범위에서 벗어나지 않는다. 심지어 여행조차도 먹고 마시고 쇼핑을 하기 위해 소비하는 과정이 된 지 오래다. 소비가 '술의 원리가 될 수 있을까?

자본의 원리는 이윤 극대화가 궁극적인 동기라는 점에서 대량 생산과 대량 소비를 근간으로 하는 '생산·소비의 원리'다. 대량 생산은 오직 대량 소비가 전제되어야 가능하기에 둘은 분리될 수 없는 하나의 본체다. 소비의 시간을 통해 생산의 시간에서 벗어나 있다고 생각한다면 착각 중의 착각이다. 대량 소비가 대량 생산을 보장한다는 근거에서만 그러한 게 아니다. 사람들은 더 많은 소비가 더 많은 행복을 준다는 사고방식에 젖어 과소비에 몸을 맡긴다. 일상적인 과소비를 충당하기 위해서는 그만한 돈이 필요하고, 결국 평생에 걸쳐 과도한 노동에 자신을 던져야 한다. 생산과 소비가 하나의 몸인 이유다. 소비는 '자본의 원리'의 필수불가결한 핵심 부분인 것이다.

'술의 원리'로서의 디오니소스 축제의 본질은 단지 술을 마시는 행위 형식에 있지 않다. 각자가 스스로 담근 술을 가져와 누구나 들어갈 수 있는 숲에서 마시고, 누구나 다룰 수 있는 타악기를 이용하여 춤을 추고 노래를 부른다는 점에서 소비와는 전혀 무관한 행위다. 가난한 사람들이 돈 걱정 없이 모여, 노동이 주는 일체의 긴장과 사회적 통제의 굴레에서 벗어나 인간으로서의 욕망을 마음껏 펼치는 일종의 공동체 놀이다. 요즘으로 치면 각자의 가정에서 손수 마련한 요리나 술을 어느 집으로 가져와 여는 파티에 가깝다.

생산과 이윤의 강압은 물론이고 소비의 덫에서도 벗어난, 자유와 해방의 시간이자 공간이다. 그러한 의미에서 현대인에게는 디오니소스의 '술의 원리'는 참으로 낯선 시간이다. 직장인은 말할 것도 없고 심지어 초등·중등·고등학교에 다니는 학생들조차 돈을 지출하는 소비 행위 없이 친구들과 모여서 즐거운 시간을 가진다는 생각을 하기 어려울 정도로 대부분의 현대인이 소비의 늪에 깊이 빠져 있다.

소비가 생산의 다른 이름일 뿐이라는 점에서, 아폴론이 디오니소스의 가면을 쓰고 자신의 정체를 숨긴 형국이다. 결국 현대 사회에서는 거짓의 가면을 쓴 가짜를 디오니소스로 착각하고 살고 있는 것이다. 진짜 디오니소스는 무덤에 가둬둔 채 말이다. '빵의 원리'만이 강제될 때 인간은 자본의 논리에 충실한 일하는 기계, 국가의 통제에 순응하는 기계가 됨으로써 자유롭고 행복한 삶과는 갈수록 거리가 멀어진다.

이제 사실상 강제된 소비 행위에만 치중하던 현실에서 벗어나 진정한 '술의 원리'가 공존해야 될 때다. 아폴론과 디오니소스가 각각 우리에게 오른쪽 날개와 왼쪽 날개가 되어야 한다. 자본의 원리에 대비되는 여가의 원리, 생산·소비의 원리에 대비되는 놀이의 원리, 근면의 원리에 대비되는 게으름의 원리가 우리의 구체적 삶 속에 뿌리내려야 한다.

선과 악을
딱 잘라 구분할 수 있나요?

희대의 악녀로 불리는 헬레네

자크 루이 다비드Jacques-Louis David (1748-1825)의 〈헬레네와 파리스〉는 그리스신화 최고의 미녀이자, 희대의 악녀로 평가받는 헬레네 이야기를 담고 있다. 스파르타의 왕비였으나 트로이 왕자에게 가서 트로이 전쟁을 불러일으켰고, 결국 한 나라를 멸망하게 만든 장본인으로 악명 높다. 그림 속에선 파리스와 즐거운 시간을 보내는 모습이다.

파리스가 든 리라 몸체에는 그가 세 여신 앞에 앉아 있는 모습이 새겨져 있다. 트로이 전쟁의 발단이 되는 '파리스의 심판' 장면이다. 헤라·아테나·아프로디테Aphrodite가 아름다움을 다투던 중 파리스에게 심판을 맡긴다. 아프로디테는 자신을 선택하는 대가로 아름다운 헬레네를 아내로 맞게 해주겠다고 약속

다비드 〈헬레네와 파리스〉 1788년

한다. 아프로디테가 승리를 얻었고, 사랑이 이루어지도록 만든
다. 함께 떠나자는 파리스의 설득에 헬레네는 아홉 살 된 자식
을 남겨두고 한밤중에 그와 함께 출항한다. 스파르타 왕 메넬라
오스가 트로이를 응징할 군대 소집을 그리스 여러 도시국가에
요구함으로써 결국 트로이 전쟁이 벌어진다.

　파리스가 그녀의 팔을 잡아 자기 쪽으로 끌어당기며 은밀한
눈길을 건넨다. 그녀는 부끄러운 듯 눈을 감으며 부드럽게 몸을

기댄다. 두 사람 모두 뺨에 홍조가 가득하다. 사랑을 축복하기 위한 그림은 아니다. 다비드는 유럽의 신고전주의 미술을 대표하는 화가다. 회화를 통해 그리스·로마 신화나 역사적 사실로부터 애국심이나 도덕적 교훈을 이끌어내고자 했다. 이 그림 역시 소재에 대한 단순한 호기심이 아니라 헬레네와 파리스의 도덕적 타락을 드러내기 위한 목적으로 그렸다고 봐야 한다.

그림을 보면 헬레네는 가슴이 다 비치는 옷차림이다. 아래편 양쪽에 있는 몇 개의 관을 통해 물이 나오는 것으로 봐서 목욕물을 받는 중인 듯하다. 바로 뒤에는 침대가 있어서 목욕 후에 달콤한 정사를 즐길 생각에 두 사람의 뺨에 홍조가 피어오른다. 다비드는 두 사람 때문에 전쟁이 벌어져 국가 운명이 바람 앞의 등불 같은데도 쾌락에 몸을 맡기는 타락한 모습에 비난의 시선을 보낸다.

호메로스의 《일리아스》에는 헬레네가 전남편 메넬라오스와의 전투에 적극적으로 나서라고 요구하자, 파리스가 전쟁 이야기보다는 침대에서 달콤한 사랑을 나누자고 답하는 내용이 나온다.

"우리 잠자리에 누워 사랑이나 즐깁시다. 일찍이 이렇듯 욕망이 내 마음을 사로잡은 적이 없었소. (…) 지금 나는 그대를 사랑하며, 달콤한 욕망이 나를 사로잡는구려."

이렇게 말하고 그가 먼저 침상으로 다가가자 헬레네도 따라간다. 다비드는 다분히 이 대목에 주목하고, 화가로서의 상상력을 덧붙여 그린 듯하다.

나중에 헥토르도 파리스와 헬레네가 전쟁 와중임에도 불구하고, 화려한 침실 안에서 한가한 시간을 보내는 모습을 보고 분통을 터뜨린다.

"백성들은 지금 싸우며 죽어가고 있다. 전쟁의 불길이 활활 타오르고 있는 것도 결국 너 때문이 아닌가. (…) 일어서라! 도성이 머지않아 타오르는 불길에 휩싸이기 전에!"

전쟁에 참여한 그리스 군대 쪽에서는 헬레네에 대한 더욱 거친 저주가 쏟아진다.

"사랑하는 고향 땅을 멀리 떠나와 트로이에서 죽어간 것도 바로 그 여인 때문이 아니었던가!"

오랜 전쟁 때문에 아무리 지치고 고통스럽더라도 헬레네로 인한 노고와 탄식을 앙갚음하기 전에는 어느 누구도 그리스로 돌아갈 생각을 하지 말라는 호소도 한다.

헬레네는 그리스나 로마에서만 악녀로 통했던 것은 아니다.

욕정에 정신이 팔려 남편을 배신하는 여인, 타락 때문에 부강하던 나라를 망하게 만든 여인이라는, 욕설 이상의 규정이 시대를 가리지 않고 늘 따라다녔다. 악녀를 언급해야 하는 상황이 발생할 때면 헬레네를 전형적인 사례로 언급하면서 비교하는 방식이었다.

나름대로 인간을 신의 일방적·수동적인 피조물 위치에서 끌어올려, 인간 감정에 적극적인 의미를 부여하던 단테조차《신곡》에서 헬레네를 지옥에서 영원히 고통받아야 할 악녀로 취급한다. '지옥 편'에서 비명과 한탄, 통곡으로 신의 권능을 저주하는 헬레네를 발견한다.

"죽어도 쉬지 않는 지옥의 태풍이 영혼들을 억세게 몰아세우고 회오리치며 후려쳐 그들을 괴롭게 하는구나. (…) 보라, 헬레네를! 그녀 때문에 지긋지긋한 시절이 지났도다."

단테는 이성을 욕망에 사로잡히게 한 간음의 죄인들이 벌을 받는 지옥에 헬레네를 가두어놓음으로써 그녀가 악의 화신임을 다시 한번 확인시킨다.

선과 악의 구분은 절대적인가?

하지만 그리스에서 헬레네를 위한 변론이 등장한다. 아테네 민주정 시기에 왕성한 활동을 한 소피스트 철학이 상대론을 펼치는 과정에서 헬레네에 대한 다른 시각을 제시한다. 소피스트에 의하면 도덕 판단도 상대적이어야 한다. 윤리 규범은 오랜 기간 굳어진 관습에 불과하다. 각 국가마다 서로 다른 규범을 갖고 있는데, 한 사회의 규범이 다른 사회의 규범보다 훌륭하다고 판단할 객관적인 기준이 없다.

특히 소피스트 철학자이자 웅변가인 고르기아스Gorgias는 그리스인들이 헬레네를 의심할 수 없는 악의 대명사로 규정하는 통념에 도전한다. 헬레네로 인해 10년에 걸친 트로이 전쟁이 일어났고, 수많은 그리스인이 이로 인해 죽어야 했으므로 대부분의 사람들이 증오에 가까운 반감을 갖고 있었다. 고르기아스는 통념을 정면으로 거스르며 헬레네가 결코 악녀가 아니라고 변론한다. 무엇보다도 중요한 근거는 그녀가 운명이나 신들의 의지 때문에 트로이로 갔는데, 인간이 신의 의지나 운명을 미리 알고 피할 수는 없기에 죄가 없다는 것이다.

스코틀랜드의 신고전주의 화가 개빈 해밀턴Gavin Hamilton (1723-1798)의 〈파리스에게 헬레네를 보내는 아프로디테〉는 그녀의 행위에 신의 의지가 작용하는 장면을 담고 있다. 파리스와의 약속을 지키기 위해 사랑과 미의 여신 아프로디테가 헬레네

해밀턴 〈파리스에게 헬레네를 보내는 아프로디테〉 1784년

의 마음을 움직이는 중이다. 헬레네는 애초에 파리스에게 마음이 없었다는 듯한 몸짓과 표정이다. 베일로 머리와 몸을 가렸고, 앞에 앉은 파리스로부터 한 발 뒤로 물러난다. 고개를 틀어 그를 쳐다보지 않으려 한다. 파리스의 눈길은 간절한 데 비해 그녀의 표정은 심드렁하다. 또한 왼손을 내저어 거부의 몸짓을 보인다.

하지만 아프로디테가 한 손으로 그녀의 베일을 젖히고 다른 손으로는 파리스를 가리키며 마음을 돌리려 한다. 요정들도 한몫 거든다. 한 요정은 헬레네에게 발걸음을 옮겨 그에게 다가서라며 권한다. 아예 더 적극적으로 두 사람이 손을 잡도록 잡아끄는 요정의 모습도 보인다. 파리스와의 결합이 자발적인 선택이기보다는 거부할 수 없는 여신의 의지에 의해 이루어졌음을 암시하는 그림이다.

에우리피데스의 비극 《트로이의 여인들》에서는 헬레네 스스로 변론에 나선다. 트로이 함락 이후 노예 신세가 되어 그리스로 끌려가는 왕비 헤카베Hecabe와 헥토르의 아내 안드로마케Andromache가 헬레네에게 원망을 쏟아낸다. 헤카베는 "헬레네, 너는 왕의 생명을 빼앗고 불쌍한 나를 비운의 심연에 떨어뜨렸다."라며, 안드로마케는 "흉측한 여자에게 정신이 팔려 트로이를 파멸로 몰아넣었습니다."라는 말로 모든 재앙의 원인이 그녀에게 있다고 몰아세운다. 자신을 배반하고 도망간 헬레네를 잡은 메넬라오스도 "무수한 피로 더럽혀진 여자"로 지칭하며, 그녀 때문에 얼마나 많은 그리스 병사가 원한을 갚기 위해 성벽 밑에 쓰러졌는지를 상기시킨다.

헬레네는 비난에 맞서 단호한 어조로 반론을 펼친다.

"파리스의 편을 든 것은 온갖 힘을 지닌 여신입니다. (…) 아프로디테를 힐책하고 제우스를 이겨 낼 자가 누구이겠습니까. 신들에게 호령하는 제우스도 아프로디테에게는 꼼짝 못한다고 하지 않습니까. 그렇다면 나의 잘못도 마땅히 용서를 받아야 할 것입니다."

그녀에 의하면 자신도 도대체 무슨 생각으로 조국과 가정을 버리고 이방의 사내를 따라 집을 나섰는지에 대해 스스로에게 물었다. 다른 사람의 비난이 아니더라도 이미 고민하고 또 고민한 문제다. 그런데 아무리 생각해도 여신이 작정하고 파리스에게 보내는 것을 거스를 방법이 없었다. 더군다나 신들조차도 어쩌지 못할 정도로 고집이 센 아프로디테를 이겨낼 수 있다고 생각한다면 우매하기 이를 데 없는 억지에 불과하다. 인간은 신을 거역할 수 없기에 자신은 무죄라는 주장이다.

고르기아스는 에우리피데스와 비슷한 시기인 기원전 5세기에 활동했다. 시칠리아에서 태어났지만 기원전 427년에 아테네에 정착했다.《트로이의 여인들》이 그 이후 상연되었고, 이미 에우리피데스가 비극 작가로 명성을 떨치고 있었다는 점을 고려할 때 이 작품에서 헬레네가 펼친 변론에 기초하여 고르기아스가 상대론의 근거로 삼았던 듯하다.

고르기아스는 헬레네를 악녀로 볼 수 없는 또 하나의 이유를 제시한다. 그녀가 파리스에게 마음을 두게 된 것이 인간으로서 어찌할 수 없는 여신의 힘 때문이었다면, 그리스를 떠나 트로이로 가게 된 것은 폭력에 의한 강제라고 주장한다. 폭력은 휘두르는 사람이 나쁘지 희생자는 오히려 동정을 받아야 한다는 점에서 그녀는 악하지 않다는 것이다.

이탈리아 화가 틴토레토Tintoretto (1518-1594)는 〈헬레네의 납치〉에서 헬레네가 트로이로 끌려가는 상황을 표현했다. 그녀의 표정에 당황한 기색이 역력하다. 강제로 배에 실려서 거의 나뒹구는 상황이고 손은 방향을 잃어 허공을 휘젓는다. 파리스는 그녀를 숨기려는지 큰 천을 펼쳐 덮는 중이다.

그녀를 구하기 위해 급하게 출병한 스파르타 병사들이 막 배를 띄운 바다로 뛰어든다. 몇몇 병사는 이미 배로 기어오르려 한다. 한 트로이 병사가 황급히 긴 창으로 찔러 제압하고, 또 다른 병사는 활을 겨눈다. 워낙 많은 인물이 복잡하게 얽혀 있어서 전체 상황이 혼란스럽다. 빛과 그림자의 대비와 수많은 등장인물의 역동적인 동작으로 극적이고 순간적인 효과를 구사하

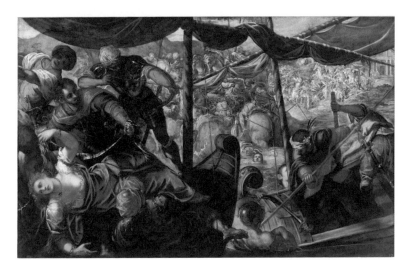

틴토레토 〈헬레네의 납치〉 1579년

던 틴토레토의 화풍이 그대로 나타난다.

　그리스신화에서도 그녀의 납치를 언급하는 경우가 있기는 하다. 아폴로도로스는 《그리스신화》에서 "후일 파리스는 헬레네를 납치한다."라고 서술한다. 납치에 대한 대응으로 헤라가 심한 폭풍을 보내 곧바로 트로이로 가지 못하도록 방해하는 내용이 이어진다. 파리스도 계속 추격당할까 두려워 다른 지역에 오랜 시간 머물며 지체한다. 또 다른 신화에서는 납치인지 동의인지를 애매하게 처리하는 경우도 있다.

　고르기아스는 헬레네가 납치되어 트로이로 향하게 되었다는 일부 신화 내용을 근거로 삼은 듯하다. 강제로 납치한 파리스가 죄인이지, 힘없는 여인으로서 끌려간 헬레네에게 죄를 덮어씌워서는 안 된다는 논리다. 그녀를 동정하지는 못할지언정 오히려 악의 화신으로 만들어온 몇몇 신화 내용이나 사람들의 통념이 오히려 문제라는 비판이다.

헬레네가 악하지 않음을 논리적으로 입증하는 작업을 통해 사람들이 갖고 있는 선과 악에 대한 기준이 얼마나 허구적인가를 폭로한다. 헬레네처럼 절대적인 악이라고 정평이 나 있는 문제도 한 발만 들어가서 다른 시각으로 접근하면 얼마든지 다른 결론에 도달하게 된다. 그러한 점에서 절대적 악도 절대적 선도 없다.

특히 헬레네와 관련해서는 '자의가 아니라 외부적인 힘이나 타의에 의해 이루어진 행위라면 도덕적인 악의 잣대를 적용할 수 없다'는 기준을 제시한다. 결과적으로 어떤 일이 벌어졌거나 주변에 피해를 입혔다는 사실 자체가 악을 판단하는 근거가 될 수 없다. 순수하게 자발적인 선택이었는가, 아니면 불가항력적인 상황이 있었는가를 면밀하게 살펴야 한다.

설사 전적인 강제가 아니라 하더라도 문제는 남는다. 만약 일정하게라도 자유로운 선택에 지장을 주는 외부 압력이 있었다면 절대적인 악이라는 규정이 설득력을 잃기 때문이다. 헬레네 역시 일부 신화가 보이는 애매한 태도처럼 동의와 강제가 일정하게 섞여 있었다고 해도 그동안의 통념에 따라 악녀의 화신으로 규정하는 것은 인정되기 어렵다. 하물며 단테처럼 그녀를 영원한 지옥에 가두는 것은 더욱 부당하다.

또한 다수의 견해가 도덕적으로 선과 악을 가르는 기준이 될 수 없다는 점도 분명하게 제시한 것으로 봐야 한다. 절대 다수의 그리스인이 헬레네를 희대의 악녀로 생각하고 있었다. 신화로 전해지는 이야기이긴 하지만, 먼 옛날에 그녀로 인해 트로이까지 출병하여 수많은 그리스인이 목숨을 잃었다고 하니 증오 감정의 폭발은 자연스러운 현상이다. 하지만 다수의 감정이 곧바로 진실이나 진리는 아니다. 논리적으로 타당한 근거를 갖추었는지가 더 중요하다. 하지만 그러한 논리조차도 바라보는 시각에 따라 얼마든지 다른 근거가 제시될 수 있다는 점에서 선악 구분은 상대적인 한계에서 벗어나기 어렵다.

사랑이 사회적인 선악 판단의 대상일 수 있는가?

독일의 상징주의 미술을 개척한 프란츠 폰 슈투크Franz von Stuck (1863-1928)의 〈헬레네〉는 또 다른 면에서 헬레네에 대한 고민을 자극한다. 대부분의 그림에서 그녀는 파리스나 아프로디테처럼 다른 누군가와 섞여서 등장한다. 중심인물로 배치되지만 수동적인 모습이다. 신에 의한 강제든 납치에 의한 강제든 외부 요소에 휘둘리는 여인 말이다.

슈투크 〈헬레네〉 1924년

  슈투크의 그림은 다른 분위기다. 헬레네 혼자만 캔버스를 가
득 채운다. 게다가 배경이 가구만 어렴풋이 보일 뿐 어두워서
그녀가 부각되도록 배려된다. 회화에서 손가락을 턱에 대고 살
짝 고개를 숙인 몸짓은 깊은 생각에 빠져 있는 상태를 상징한
다. 혹시 화가는 여러 가지 상징적인 분위기를 연출함으로써 판
단과 행동이 그녀의 생각으로부터 나왔을 가능성을 우리에게

슬쩍 비추는 게 아닐까?

사실 메넬라오스와의 결혼은 사랑에 의한 선택이라고 보기 어려운 점이 있기는 하다. 신화에 의하면 헬레네가 아름다운 처녀로 성장하자 그리스 전역에서 많은 구혼자가 몰려왔다. 헬레네의 아버지인 스파르타 왕이 메넬라오스를 택한 것이다. 메넬라오스의 형 아가멤논이 아르고스·미케네·코린토스 등 여러 도시를 지배하는 영향력 있는 왕이었으니 부모의 강제에 의한 정략결혼에 가깝다. 마음에서 우러나오는 사랑에 대한 갈망이 있었을 수 있다.

물론 신화에서는 헬레네가 파리스를 선택하고 다가갔다는 내용은 찾아볼 수 없다. 에우리피데스의 《트로이의 여인들》에서 그녀에게 트로이 왕비가 저주를 퍼붓는 과정에서 나온 말이 비슷한 발상을 내비칠 뿐이다.

"아프로디테에 관한 이야기는 더욱 가소롭다! (…) 드물게 보는 미남인 내 아들을 본 그대의 마음이 바로 아프로디테가 된 것이다."

자신이 자발적으로 선택한 치정 행위를 신의 탓으로 돌리는 변명에 불과하다는 비난이다. 물론 헬레네 자신의 입을 통해 나온 말이 아니라는 점에서 중요한 근거가 될 수는 없다.

하지만 우리는 슈투크의 그림을 자극으로 삼아 자발적 선택의 경우를 생각해볼 필요가 있다. 그래야 신화를 현실에 적용하여 재해석할 때 한결 풍부한 접근이 가능하다. 현대 사회에서 강제에 의해 어쩔 수 없이 사랑하는 일이 흔하지는 않기 때문이다. 과거 신분제 사회에서는 아주 어릴 때 집안 사이에서 혼인이 결정되는 경우가 적지 않았다. 특히 왕족이나 귀족은 심한 편이었다. 물론 전통 사회라고 해서 모두 그러하다고 볼 수는 없다. 인간이 기계가 아닌 이상 자연스러운 감정이나 우연의 역할을 부정한다면 순진한 발상에 해당한다.

하지만 현대 사회는 전혀 다르다. 집안의 이해관계를 비롯한 외부 영향을 부정할 수는 없다 하더라도, 일부 계층에 한정된 현상이거나 부차적 조건 차원이다. 기본적으로는 자신의 판단과 선택이 중요하게 작용한다. 만약 헬레네가 자발적인 선택에 의해 파리스와 사랑을 한 것이라면? 그러면 전적으로 악녀라고 규정해야 하는가?

고대 그리스 사회에서도 신화 작가는 아니지만 헬레네의 마음을 파리스에 대한 사랑으로 여긴 작가가 있기는 하다. 그리스를 대표하는 서정시인 사포Sappho (기원전 7-6세기)가 그러하다. 그녀는 '신화를 통해 역사의 큰 흐름에 관심을 갖고 전쟁 영웅들을 찬양'하는 호메로스의 서사시와 달리, '내밀한 감정을 중심으로 자신이나 인간의 내면적인 가치에 주목'하는 서정시 경향을 보인다. 그녀는 자신의 절절한 감정을 헬레네에 투영한다. 헬레네를 그 어떠한 가치보다 사랑을 중시한 인물로 그린다.

"어떤 사람은 기마부대가, 어떤 사람은 보병부대가, 또 어떤 사람은 군함이, 어두운 지상에서 가장 멋지다고 말하네. 하지만 나는 말하네. 무엇이든 자기가 가장 사랑하는 것이 가장 멋지다고. 이는 쉽게 증명할 수 있어. 헬레네가 세상 남자들의 구애 가운데 첫 번째로 선택한 남자가 바로 트로이의 영광을 폐허로 만든 그 남자 아니었던가. 그의 뜻에 취해 부모와 자식도 잊고 그녀는 그와 함께 멀리 떠나갔네. 그러니 아낙토리아Anactoria, 비록 멀리 있는 네가 우리를 잊어도 네 사랑스런 발자국 소리와 네 눈의 반짝임은 리디아 말의 광채나 갑옷 입은 보병부대의 행진보다 나를 더 감동시키지."

다분히 호메로스와 대비하여 생각을 전한다. 기마부대·보병부대·군함을 멋지다고 찬양하는 것은 전쟁 영웅을 다루는 서사시의 전형적인 특징이고, 이전 시대에 활동 성과로《일리아스》라는 불후의 명작을 남겨 그리스인들의 마음을 사로잡은 작가이니 말이다. 호메로스는 애국심이나 영웅의 용기를 가장 중요한 가치로, 이에 저해되는 일체의 개인적인 감정을 악덕으로 여긴다. 그의 가치관에서는 개인의 감정 때문에 나라를 등진 헬레네가 악녀 중의 악녀일 수밖에 없다.

하지만 사포는 생각의 출발을 개인의 감정에 둔다. 특히 사랑 감정은 군대나 전사의 위용보다 더욱 값지다. 사랑이 내적인 가치라면 국가·명예 등은 외적인 가치에 해당한다. 그녀가 보기에 사랑이야말로 가장 멋지고, 이보다 중요하거나 우선하는 가치는 없다. 이를 보여주는 가장 대표적인 사례가 바로 헬레네다. 파리스를 사랑해서 고국인 스파르타를 등지고 트로이로 떠난 선택이야말로 진정한 용기다. 사람들이 중요하게 여기는 위신이나 명예보다 자기 안에서 움직이는 사랑이라는 감정에 충실한 행위이기에 자신에 대한 용기다.

국가주의와 영웅주의가 대중의 정서를 지배하던 그리스 사회에서 지극히 도발적인 문제 제기였다고 할 수 있다. 사포는 사랑을 향한 마음의 명령에 충실했던 헬레네를 자신과 연결시킨다. 아낙토리아라는 연인의 아주 사소한 모습이나 움직임 하나가 고대 지중해 인근 지역에서 강력한 군사력으로 이름을 떨친 리디아 제국의 영광보다도 더 소중하다고 한다.

사포의 생각처럼 사랑을 찾아 떠났다면 우리는 헬레네의 마음과 행동을 어떻게 받아들여야 하는가? 신의 작용이나 파리스의 납치와 같은 외부 힘에 의한 강제라면 고르기아스의 논리대로 판단하면 될 일이다. 이를 거부하는 방법은 사실상 스스로 목숨을 끊는 일밖에 없을 테니 말이다. 하지만 전적으로 마음에

인문학으로 보는 그리스신화

서 우러나오는 사랑을 좇아 남편과 자식의 곁을 떠난 행위라면 같은 논리를 적용하기는 어렵다. 새로운 판단이 필요한 문제다.

먼저 문제의 성격을 분명히 할 필요가 있다. 헬레네라는 주인 공의 내력이나 사정에 몰입하기보다는, 우연적이거나 부차적인 요소들을 떼어내고, 문제의 객관적·핵심적인 성격을 선명하게 드러내는 일이 우선이다. 이러한 접근을 통해 규정하자면, 개인의 사랑 감정을 가족이나 국가, 혹은 사회 구성원들에 의한 판단 영역으로 봐야 하는가의 문제다.

사랑과 결혼을 순수한 개인의 감정으로 보지 않고 가족, 나아가서는 사회와 긴밀하게 연결되어 있는 영역이라고 생각하는 사람이라면 헬레네를 여전히 악녀로 볼 가능성이 크다. 여기에는 가정이 사회의 기본 단위라는 사고방식이 전제로 깔린다. 이러한 생각을 가진 사람들을 지금도 우리 주변에서 흔히 볼 수 있기도 하다. 하지만 엄밀히 말해서 이는 전근대적 사고방식이라고 봐야 한다.

현대 사회에서 사회의 기본 단위는 가정이 아니라 개인이다. 근대 이후 현대에 이르기까지 사회의 구성 원리를 대표하는 '사회계약론'은 자유로운 개인 사이의 계약을 출발점으로 한다. 근대 이전의 신분제 사회에서는 태어난 가족 배경으로서의 신분, 종교적·사회적인 통념, 국가를 우선하는 규범 등 다양한 요소가 영향을 미쳤다. 하지만 사회나 국가의 성립 원리를 규명하는 사회계약에서 국가를 전제하거나 사회적 통념을 적용하는 것은 자기모순이며 황당한 발상이다. 개인과 개인 이외의 어떠한 집단의 이해관계도 개입시켜선 안 된다. 그 순간 계약 주체로서의 '자유로운 개인'이 성립하기 어렵게 되기 때문이다.

사회의 기본 단위를 가정으로 보는 사고방식은 현대 사회의 현실에도 맞지 않는다. 이미 몇몇 나라에서는 1인 가구가 우리가 흔히 '정상 가족'이라고 말하는 부모와 자식으로 이루어진 가구는 물론이고 이를 포함한 2인 이상 가구보다도 높은 비율을 차지한다. 한국 사회만 해도 그 정도는 아니라 해도 1인 가구가 이미 상당한 비중을 차지하고 있으며 급격히 증가하는 추세다. 만약 가정이 사회의 기본 단위라면 이미 이토록 많은 비중은 차지하는 '개인'은 사회 바깥에 있는 이방인이 되어버린다.

사회나 국가의 구성이 이러할진대 개인과 개인 사이의 사랑과 결혼이라면 더 말할 나위가 없다. 가장 일차적이고 중요한 주체는 개인이다. 개인이 자유롭게 선택하고, 이로 인한 결과에 대해서도 바로 그 개인이 스스로 감당하고 책임져야 하는 문제다. 집단이나 국가의 이해관계가 개입할 여지가 없어야 한다. 헬레네처럼 남편이 있는 여성이라고 해도 예외일 수는 없다. 어떤 선택을 했든 기본적으로 둘 사이의 문제다.

모든 인간 행위에 선이나 악이라는 판단 자체를 하지 말아야 한다는 의미가 아니다. 만약 개인과 개인 사이의 감정 문제가

인문학으로 보는 그리스신화

아니라 타인에게 직접적인 위해를 가하는 문제라든가, 개인의 성격을 넘어서는 사회적 단위에 직접 피해를 입히는 행위라면 사회적으로 선악 판단이 필요하다. 사랑과 결혼은 개인 단위에서 이루어지는 관계이기에 사회적으로 규정할 대상이 아니다. 여기에 선이나 악이라는 평가 기준을 적용하고자 한다면 이 역시 둘 사이에서만 생각되고 논의될 성격의 문제다. 사랑과 결혼 관계를 맺었던 당사자 사이에서 상대에 대해 도덕적 판단을 하고 의사 표현을 하면 된다.

헬레네의 경우 메넬라오스가 그녀를 악하다고 생각한다면 그렇게 판단하도록 내버려두면 될 일이다. 하지만 이를 사회적인 인식으로 사람들에게 강요하려 한다면 부당한 시도다. 무엇보다도 이를 근거로 상대에게 사회적 통제나 위해를 가하는 행위, 혹은 전쟁 행위를 한다면 메넬라오스나 그리스의 지배 세력이야말로 악의 화신으로 비판받아야 마땅하다.

아프로디테와 에로스

인류의 주제,
사랑과 성을 생각해 볼까요?

왜 사랑인가?

스페인 화가 디에고 벨라스케스Diego Velázquez (1599-1660)의 〈거울을 보는 아프로디테〉는 사랑과 미의 여신 아프로디테에 대한 궁금증을 자극한다. 누드로 침대에 누워 있는 모습은 그리 특이할 일이 없다. 그녀를 묘사한 그림에서 흔히 볼 수 있기 때문이다. 대부분 감상자의 시선을 향해 비스듬한 자세로 누워 부끄러운 듯 시선을 아래로 향하지만, 관능적인 분위기를 풍기며 아름다움을 뽐낸다.

　하지만 벨라스케스의 아프로디테는 독특하게도 뒤돌아 누운 모습이다. 그럼에도 불구하고 몸의 곡선이 그대로 살아난다. 왼팔과 몸이 약간 앞으로 향하면서 허리에서 엉덩이로 이어지는 곡선이 도드라져 보인다. 일체의 화려한 장식이나 가구를 배제

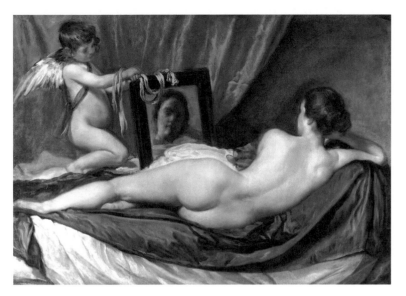

벨라스케스 〈거울을 보는 아프로디테〉 1651년

하고, 짙은 색 시트와 대비시켜서 나신이 한층 부각된다. 비록 뒷모습이지만 오히려 그녀의 몸을 보고 싶다는 유혹을 더 크게 불러일으킨다.

　더욱 독특한 점은 거울을 통한 자극이다. 그녀의 시선이 향하는 곳에 에로스Eros가 들고 있는 거울이 하나 놓여 있다. 에로스는 아프로디테의 아들로 연정과 성애를 담당한다. 얼굴 정도만 보이는 작은 거울이다. 얼굴을 보면서 스스로의 아름다움에 도취된 모습으로 받아들이기 십상이다. 그런데 자세히 보면 눈동자를 선명하게 묘사하지 않아서 분명하지는 않지만 미소를 머금은 표정으로 우리를 응시하는 느낌이다.

당시 화가들은 종종 거울을 이용해 감상자에게 흥미로운 경험을 제공했다. 특히 벨라스케스는 마치 숨은 그림 찾기처럼 거울에 숨겨진 모습을 배치하여 은밀한 의도를 드러냈음에 주목해야 한다. 거울은 앞에 선 사람의 모습을 그대로 비춘다. 그렇기 때문에 고대 그리스 이래로 거울은 참모습을 보여주는 상징으로 이용되었다. 외모와 내면을 포함하여 자기 존재에 대한 성찰을 제공하는 진실과 지혜의 상징이었다.

벨라스케스는 거울에 비친 아프로디테의 시선을 통해 우리에게 어떤 메시지를 전달하려는 것일까? 아프로디테가 성적인 사랑의 상징으로 알려져 있음을 고려할 때, 그 의미에 대한 성찰의 촉구가 아닐까? 신화든 현실이든 한편으로는 그녀에 대한 동경과 찬양이 있지만, 다른 한편으로는 온갖 악의에 찬 비난과 저주도 많았다. 무엇이 아프로디테의 진정한 본질인지에 대해 고민하도록, 또한 우리 내면에 있는 사랑에 대한 갈망이 그녀와 어떤 관련이 있는지를 되돌아보도록 촉구하는 메시지가 아닐까?

아프로디테는 출생에 얽힌 일화만 봐도 파격적이다. 탄생을 둘러싼 몇 가지 이야기가 있는데, 헤시오도스가 《신들의 계보》에서 소개한 내용이 가장 일반적으로 받아들여진다. 크로노스가 아버지 우라노스를 제거하는 과정에서 아프로디테가 태어난다.

"크로노스가 우라노스의 남근을 낫으로 잘라 바다로 던지자 오랫동안 파도 위를 떠다녔다. 그 주위로 불사의 살점에서 흰 거품이 일더니 한 소녀가 자라났다."

크로노스의 어머니 가이아는 '폭정을 일삼고 자식들을 저승에 가둔 우라노스'를 공격하도록 낫을 준다. 우라노스가 가이아를 상대로 사랑을 하려는 찰나, 크로노스가 나타나 낫으로 아버지의 남근을 재빨리 잘라 바다로 던진다. 잘린 남근에서 생긴 거품에서 아프로디테가 자라난다. 키프로스 섬에 도착했을 때 아름다운 여신 아프로디테가 걸어 나온다.

"그녀가 남근을 좋아한다고 알려진 것은 그녀가 남근에서 태어났기 때문이다."

아프로디테의 남성 편력은 화려하다. 헤파이스토스와 결혼했지만 전쟁의 신 아레스와 정을 통한다. 아레스와의 사이에서 여러 명의 자식을 갖는다. 또한 헤르메스나 안키세스Anchises와 관계를 가져 또 다른 자식들을 낳는다. 한동안 디오니소스와 뜨거운 관계였는데, 욕망을 상징하는 둘 사이에서 유난히 큰 성기를 자랑하는 생식력의 신 프리아포스Priapos가 태어난다. 수많은 그리스 시인의 작품에서 아프로디테는 성의 본능과 사랑의 위력을 퍼뜨리는 신으로 등장한다.

성적인 사랑과 함께 아름다움도 신과 인간 모두에게 그녀의 몫으로 정해진 명예다. 거의 모든 회화나 조각에서 관능성과 아름다움으로 표현된다. 에로스는 아들로서 아프로디테의 능력을 나누어 갖는다. 아름다운 소년 모습으로 묘사되고, 신과 인간에게 애욕을 불러일으킨다. 그리스신화에는 아프로디테와 에로스에 대한 여러 갈래의 이야기가 있지만, 둘 다 육체적인 즐거움이 동반되는 사랑과 아름다움을 대표한다는 점에서 공통적이다.

그리스철학 가운데 아프로디테와 에로스의 아름다움을 부인하는 내용이 있기는 하다. 육체적 사랑과 관능적 아름다움에 극도의 거부감을 갖고, 사랑과 아름다움을 정신적인 측면을 중심으로 생각했던 소크라테스나 플라톤이 대표적이다. 플라톤의 《향연》에서 소크라테스는 이들이 아름다운 존재일 수 없음을 주장한다. 대신 신화 내용에 근거하기는 어려웠는지, 논리적인 차원에 국한된 논의다.

> "에로스는 아름다움을 욕구해야지, 추함을 욕구해서는 안 되겠지? 에로스는 자신이 필요로 하고 가지고 있지 않은 것을 욕구해야 한다는 데 동의하지 않겠나? (…) 아름다움을 결여하거나 전적으로 아름다움을 갖지 못한 것을 아름답다고 말하겠는가?"

무슨 말인지 금방 다가오지는 않는다. 하지만 그의 논리를 잘 따라가면 의외로 매우 단순한 내용이다. 그에 의하면 사랑이든 아름다움이든 '가지고 있지 않은 것'을 갖고자 하는 욕구다. 욕구란 기본적으로 자신에게 없거나 부족한 것을 소유하고자 하는 마음이다. 이미 자신에게 충분히 있다면 굳이 가지려고 할 이유가 없기 때문이다.

예를 통한 설명이 더 빠른 이해를 도울 듯하다. 음식을 먹고 싶은 욕구는 음식이 내 안에 없거나 부족한 상태, 즉 배가 고플 때 느낀다. 이미 몸 안에 음식이 가득하다면 더 먹고 싶은 욕구가 생기지 않는다. 아름다움도 마찬가지라는 논리다. 아프로디테든 에로스든 아름다움을 추구하는 자체가 스스로 충분히 아름답지 않다는 사실을 보여줄 뿐이라는 주장이다.

그럴 듯한 논리지만 사실은 조금만 신중하게 생각하면 앙상하고 황당한 주장이다. '인간의 모든 욕구란 자신이 아직 아닌 것, 결여하고 있는 것을 바라는 마음'이라는 전제가 잘못이다. 사랑이나 아름다움에 대한 욕구는 음식을 비롯한 물질적 대상에 대한 욕구와 전혀 다른 특징을 갖는다. 마음은 물질과 달라서 내적으로 결핍이 있어야만 생겨나는 것이 아니다. 이미 충분히 있어도 얼마든지 계속 유지하고 싶거나 더 갖고 싶은 경향이 있다.

성적인 사랑에 경멸을 보내다

아프로디테와 에로스의 아름다움에 대해서만 불신과 비난이 있는 것이 아니다. 이들이 대표하는 성애에 대해서도 끊임없이 경계와 저주의 매서운 눈초리가 이어져왔다. 신화 내부에서는 물론이고, 당시의 철학에도 매우 깊고 넓은 뿌리를 내리고 있다. 미술에서는 이탈리아 피렌체파 화가 아뇰로 브론치노Agnolo Bronzino (1503-1572)의 〈비너스Venus와 에로스의 알레고리〉에서 전형적 시각을 볼 수 있다. 비너스는 아프로디테를 가리킨다. 다양한 우의적 표현을 통해 성적인 사랑에 대해 경고한다.

그림의 중심은 입을 맞추고 있는 아프로디테와 에로스다. 단순히 친밀감을 표현하는 키스가 아니다. 그녀의 머리를 손으로 잡아 진한 키스로 향한다. 그녀도 살짝 혀를 내밀어 에로스의 입술을 애무한다. 연정을 품게 만드는 에로스의 화살을 들어 자신에게 찌르려 한다. 에로스의 손가락 사이로 드러난 유두는 애무 행위를 상징한다. 어머니와 아들 사이에 이 무슨 정신 나간 설정인가 싶겠지만, 그렇게 화들짝 놀라 정색하며 볼 필요는 없다.

에로스가 아들이라는 내용은 여러 갈래 신화의 한 부분일 뿐이다. 헤시오도스는 《신들의 계보》에서 세계 창조를 논하면서 "맨 처음 생긴 것은 카오스고, 그 다음이 (…) 가이아와 신들 가운데 가장 잘생긴 에로스"라고 한다. 오히려 에로스가 아프로디테보다 훨씬 먼저 생겨난 신이다. 그렇다고 해서 다른 성격

인문학으로 보는 그리스신화

브론치노 〈비너스와 에로스의 알레고리〉 1545년

의 신을 거론한 것도 아니다. "사지를 나른하게 하는 에로스는 모든 신과 인간의 가슴에서 이성과 의도를 제압"한다고 함으로써 우리가 일반적으로 알고 있는 연정과 성애를 담당하는 에로스 그대로다. 신의 출생이나 지위가 다른 갈래로 나타나는 것은 여러 부족 신화가 고대 국가 수립 과정에서 하나의 신화 체계로 통합되면서 생긴 현상이다. 그러므로 브론치노가 꼭 모자 사이에 초점을 맞췄다고 볼 이유는 없다. 일반적인 의미에서 성애의 상징적 장면을 묘사했다고 보면 될 일이다.

그림의 목적 자체가 '알레고리', 즉 표면적인 이야기나 묘사 뒤에 정신적·도덕적 의미가 암시되어 있는 비유이기 때문에 숨겨진 의도를 찾아내야 한다. 아프로디테 뒤에서 장난스러운 미소를 띠며 장미꽃을 던지는 아이는 유희에의 축복처럼 보이기 십상이다. 하지만 쾌락의 즐거움보다는 고통의 상징이다. 장미의 가시는 고통을 의미한다. 가시에 찔린 소년의 오른발은 쾌락의 끝에 고통이 있음을 암시한다. 소년의 발목에 감긴 방울은 성적인 사랑의 어리석음을 알리는 경고다.

소년의 뒤로 얼굴과 팔은 사람이고 몸은 파충류인 반인반수의 소녀가 보인다. 한 손에는 달콤한 꿀을 제공하는 벌집, 다른 손에는 치명적 해를 입히는 전갈을 들었다. 그런데 자세히 보면 오른손과 왼손의 위치가 뒤바뀌어 있다. 달콤함을 든 손이 사실은 왼손이고, 오른손에 전갈이 있는 것이다. 서양에서 일반적으로 오른손은 정의로움, 왼손은 불길함을 상징한다. 성애의 위선과 기만, 겉으로는 달콤하지만 결국 위험이 기다린다는 메시지다.

에로스의 뒤에는 머리를 움켜쥐며 괴로운 비명을 지르는 노파가 있다. 구석에 웅크리고 앉아서 두 눈을 부릅뜨고 절규한다. 사랑에 빠진 인간의 영혼을 오래도록 갉아먹으며 늙어간 질투의 신으로 분노·미움 등을 상징한다. 사랑에 배신당해서 오는 절망과 다른 이의 사랑에 대한 질투를 보여준다. 다른 한편으로 사랑으로 인해 병든 자의 고통을 의미하기도 한다. 당시 프랑스에서 유행하던 성병으로 고통 받는 자의 모습이라고도 한다.

왼쪽 위에 두뇌 부분이 없는 여인이 푸른 장막으로 모든 상황을 덮으려 한다. 두뇌가 없음은 망각을 의미한다. 성애에 얽힌 세상의 온갖 금기와 억압을 잊게 하려는 듯 망각의 장막을 펼친다. 하지만 옆에서 어깨 위에 모래시계가 있는 시간의 신이 다시 장막을 걷어내려 한다. 수염을 기른 노인의 모습이어서 싱싱한 젊음도 사랑도 시간의 경과와 함께 초라해질 수밖에 없음을 상징한다. 또한 시간이 지나면 진실은 밝혀지고 성적인 욕망도 추악함을 드러내게 될 것임을 암시한다.

주변의 사물도 상징으로서 각각의 역할을 한다. 에로스가 밟고 있는 붉은 방석은 관능적 욕망과 성적 쾌락, 나태와 게으름

등을 의미한다. 오른쪽 아래에 있는 젊은 여자와 늙은 남자의 가면은 젊음과 늙음, 아름다움과 추함의 대조이면서 동시에 불성실 · 변장 · 기만 · 위선, 자신을 숨기는 불성실 등을 나타낸다. 당시에 비둘기는 천박함의 상징이었다고 한다.

'아프로디테의 성애가 추하기에 항상 멀리해야 한다'는 근거로 종종 사용되는 신화가 아레스와 정을 통하다 걸린 이야기다. 호메로스의 《오디세이아》에 의하면 남편인 대장장이 신 헤파이스토스는 그들이 사랑을 나누는 현장을 잡기 위해 눈에 보이지 않는 쇠 그물을 만들어 침대에 쳐놓는다. 외출한 사이에 두 신이 침대 위에서 성교를 하다 그물에 걸린다. 헤파이스토스가 여러 신에게 벌거벗은 채 서로 껴안고 있는 그들을 직접 보고 증인이 되어달라고 소리친다.

"저의 침대에 드러누워 애정 행각을 벌이고 있습니다. 저의 가슴은 찢어질 것만 같습니다. 아무리 사랑하는 사이라도 이처럼 남의 침대에 버젓이 누워서 즐기다니요."

여러 신이 이 방으로 몰려든다.

아프로디테가 주요 역할로 등장하는 대표적인 비극인 에우리피데스의 《히폴리투스Hippolytus》에서도 그녀를 둘러싼 논쟁이 벌어진다. 주인공 히폴리투스는 아프로디테의 육체적 사랑을 비판하며, 그녀에 대비되는 아르테미스Artemis와의 관계를 통해 정신적 사랑의 우월성을 주장한다. 아르테미스는 순결의 여신으로서 처녀들의 수호신이다. 어렸을 때 아버지 제우스를 졸라서 받은 선물이 영원한 처녀성이다. 이성의 신 아폴론과 남매지간이다.

히폴리투스는 성애를 즐기는 아프로디테를 가장 악한 신이라고 경멸하며, 아르테미스와 정신적 교감으로서의 사랑을 나누며 사냥으로 세월을 보낸다. 그의 성애에 대한 비난은 신랄하다.

"제우스여, 그대는 어찌하여 태양 아래 여자라는, 위선을 일삼는 종족을 태어나게 했는가? 그 이유가 종족 번식에 있다면 여자보다는 다른 어떤 것이 있었을걸. (⋯) 난 밤을 존경해야 하는 신은 싫단 말이야."

밤을 존경하는 신은 당연히 아프로디테다. 성교의 목적은 오직 종족 번식에 있을 뿐이다. 사랑은 육체와는 전혀 다른 정신의 작용이다. 출산을 위해 어쩔 수 없이 성행위를 해야 하는 것조차도 피하고 싶다. 차라리 성적 결합이 아닌 다른 방법으로 출산이 가능했으면 하는 마음을 가질 정도다.

반대로 아르테미스에게는 무한한 신뢰와 열렬한 애정을 보낸다.

"이 아름다운 꽃다발을 그대에게 바치나이다. 목동들이 한 번도 양 떼에게 풀을 먹이지 않은, 또 낫이 한 번도 닿은 일이 없는 처녀 들판에서 따 모은 꽃들입니다. (…) 내 생애의 시작과 끝이 모두 그대와 함께라면, 그렇게 될 수만 있다면……."

어느 누구와도 접촉이 없었던 꽃은 육체적 욕망에 단 한 번도 물들지 않은 순수한 교감을 의미한다. 평생 아르테미스와 그렇게 정신적 사랑을 하며 살아가길 바라는 간절한 소망을 담는다.

히폴리투스의 논리는 플라톤의 《향연》에 소개된 논리와 참으로 유사하다. 아프로디테는 본래 둘이라고 한다. 하나는 우라노스로부터 태어난 '천상의 아프로디테'이고, 다른 하나는 제우스의 딸인 '지상의 아프로디테'다. 그리스신화에서 아프로디테의 출생을 놓고도 서로 다른 설명이 나온다. 이를 근거로 천상과 지상으로 대비되는 아프로디테로 나눈 것이다.

"그런데 지상의 아프로디테에 속하는 에로스는 참으로 범속해서 무엇이건 상관없이 닥치는 대로 해내려 하지. 바로 보잘것없는 사람들이 하는 그런 사랑이지. (…) 영혼보다는 육체를 사랑하지. 가장 비이성적인 사람들을 사랑한다네."

신화 내용에 근거한 논리는 아니다. 앞에서 헤시오도스의 설

명으로 보았듯이 우라노스의 잘린 남근에서 태어난 아프로디
테도 "남근을 좋아한다."는 점을 분명히 하고 있으니 말이다. 오
히려 여기에서 언급된 '천상'의 여신은 아프로디테보다는 아르
테미스에 가깝다.

이어서 소크라테스의 생각을 대신 전하는 디오티마Diotima가
바람직한 사랑에 대해 논하는 대목이 나온다.

> "사랑이란 좋은 것을 영원히 소유하는 것이고, 결론적으로 좋
> 은 것과 함께 불멸성을 필연적으로 욕망하게 됩니다. 사랑의 대
> 상은 불멸성이라는 결론에 필연적으로 도달하게 되지요."

진정한 사랑은 영원한 것을 향한다. 그런데 육체는 병들고 죽
어가는 운명이기 때문에 영원하지 못하다. 인간에게 영원할 수
있는 대상은 오직 정신뿐이다. 그러므로 육체적 사랑을 거부하
고 정신적 사랑으로 향해야 한다. 같은 맥락에서 덕을 비롯하여
불멸의 가치를 사랑해야 한다.

사랑이란 무엇인가?

프랑스의 아카데미 회화를 대표하는 화가 윌리엄 부그로William
Bouguereau (1825-1905)의 〈아프로디테의 탄생〉은 브론치노의 그

부그로 〈아프로디테의 탄생〉 1879년

림과 전혀 다른 느낌을 전한다. 당시 인상파 화가들로부터 기존 전통에 매몰되어 고루한 미술을 답습하는 화가로 비판을 받았는데, 적어도 이 그림의 분위기는 전혀 고루하지 않다. 전통적·보수적인 견해와는 달리 아프로디테에 대해 일종의 '찬가'에 가까운 분위기이니 말이다.

우라노스의 잘린 남근에서 자라난 아프로디테가 키프로스섬에 도착하는 장면이다. 조개 위의 아프로디테도 기존 회화에서 보이던 모습과 상당히 다르다. 그녀의 탄생을 묘사한 대부분의 그림에서 부끄러운 듯 손이나 머리카락으로 가슴과 음부를 가린다. 특히 보티첼리의 그림에서는 봄을 상징하는 계절의 여신이 한걸음에 달려와 외투로 아프로디테의 알몸을 가리려 한다. 하지만 부그로는 나신을 가리려는 어떠한 시도도 하지 않는다. 오히려 정면으로 선 채 두 손을 들어 머리를 만짐으로써 몸이 더 잘 보이도록 한 점도 파격적이다.

하늘에서는 아프로디테의 전령들이 환희에 가득 찬 표정으로 줄지어 날아다닌다. 기쁨에 겨워 서로 껴안기도 하면서 그녀의 도착을 환영한다. 바다에서는 바다의 신 포세이돈의 전령인 트리톤Triton 여럿이 반긴다. 상반신은 인간이고 하반신은 물고기 모습이다. 이들이 항상 들고 다니는 소라고둥 나팔을 불어 열렬히 맞이한다. 바다의 요정으로 알려진 젊고 아름다운 네레이드Nereides들이 이들과 함께 나신으로 서로 껴안고 있어서 아프로디테가 전파하는 성애의 행복을 스스로 보여주는 듯하다.

에우리피데스의 《히폴리투스》에서도 성애가 주는 즐거움과 행복을 전하는 내용이 나온다. 먼저 아프로디테는 "인간들 가운데 내 힘을 칭송하는 자를 보호하는 것은 내 의무이며, 나를 대수롭지 않게 여기는 거만한 자를 쓰러뜨리는 것은 내 권리이다."라고 함으로써 성애가 어두운 곳에 숨어 있어야 하는 부끄러움이 아니라 당당한 행위임을 강조한다.

비극의 한 부분을 차지하는 여인 파이드라Phaedra는 처음에 성애의 제어 방법을 용기와 지혜에서 찾는다. 욕정은 용기로 누르고, 이성을 통해 사랑의 열정이 드러나지 않도록 숨기고 다스리고자 했지만 아프로디테를 이길 수 없음을 깨닫는다. 그녀의 갈등에 조언을 하는 유모도 성애는 인간으로서 피할 수 없는 것이라고 한다.

"사랑이 무슨 이상한 일이란 말입니까? (…) 아프로디테가 무서운 힘으로 습격해 올 때, 어느 누구도 막을 수 없습니다."

사랑의 감정에 자연스럽게 몸과 마음을 맡기라고 요구한다. 코러스를 통해 "인간의 주권자인 에로스를 숭배"하는 일은 지극히 당연하다며 설득한다.

또한 성적인 욕구에 적극적인 여성은 자기 스스로에 대해 적극적이라는 문제의식을 보인다. 에우리피데스는 역설적으로 히폴리투스의 태도를 통해 이를 간접적으로 드러내려 한 듯하다.

"영리한 여자는 죽도록 싫단 말이야. (…) 그런 여자들은 아프로디테가 썩어 빠지게 만든 영리한 무리야. 바보 같은 여자는 지혜가 모자라기 때문에 불행에서 벗어날 수 있지. 아내는 말수가 적고 추억을 지껄이지 않을 정도로 버릇을 길러놓아야 해."

여기에서 영리한 여자는 '말'과 '추억'이 많은 사람이다. 자기주장이 분명하고 남자의 잘못된 기존 행위를 지적하는 여성을 말한다. 그런데 이 모든 경향은 아프로디테의 영향이다. 자신의 욕구에 적극적인 태도를 갖도록 만들기 때문에 성관계만이 아니라 매사에 여자들이 남자에 순종하기보다는 나름의 주장을 펼치게 되었다는 것이다. 인간의 몸과 마음은 분리되어 움직이는 그 무엇이 아니다. 자기 몸과 여기에서 비롯되는 욕구에 소극적인 사람은 대체로 정신도 소극적이다. 반대로 몸의 능동성은 정신의 능동성과 같이 간다.

아프로디테의 대표적인 사랑으로 아도니스Adonis와의 이야기가 꼽힌다. 오비디우스의 《변신 이야기》에 비교적 상세하게 소개되어 있다. 그녀는 신으로서의 지위나 명예보다 아도니스와의 사랑을 더 중요하게 여긴다.

"하늘보다는 아도니스가 좋았다."

함께 사냥을 즐기고 사랑을 나누며 둘만의 시간을 보낸다. 사랑이 귀중한 만큼 아도니스는 물론이고 자기 스스로에 대해서도 더욱 소중하게 생각하게 된다.

사냥을 하는 아도니스를 향해 "너에게 무슨 일이 생기는 것은 나에게 무슨 일이 생기는 것과 마찬가지"이니 사냥하는 짐승이 덤비거든 무조건 피하라고 한다. 또한 불사의 몸이자 무서운 힘을 가진 여신임에도 불구하고 아프로디테 자신도 토끼나 사슴처럼 덤빌 위험이 없는 짐승만 사냥하고 멧돼지 근처에도 가지 않는다.

몸과 마음이 하나가 되는 사랑을 함으로써 서로에게 더없이 소중한 존재가 되어가는 과정을 보여준다. 육체와 정신 모두의 결합인 만큼 두 사람을 전면적인 관계로 만든다. 그래서 플라톤의 《향연》에서 소크라테스와는 다른 문제의식을 보이는 아리스토파네스는 "에로스는 원초적 본성의 반쪽들을 다시 불러 모은다네. 그리고 둘을 하나로 만들면서 인간 본성의 상처를 치유한다네."라고 한다.

아프로디테의 남성 편력에 대해서도 신화의 특성을 고려하면서 다가서야 한다. 신화의 특성상 상당한 과장이 뒤따르기 마련이다. 형벌이나 복수의 잔혹성은 물론 사랑에서도 과장을 통해 복잡한 관계가 묘사된다. 사실 제우스는 물론이고 이성의 신 아폴론도 다양한 여성 편력을 보인다. 다른 주요 신들도 마찬가지다. 이를 신화적 과장과 비유 장치로 이해하지 않고 복잡한 관계로 접근하는 순간 우리가 신화에서 얻어낼 의미나 교훈은 모두 사라지고 만다. 관계 형식보다는 내용에서 사랑에 대해 보이는 태도를 가려내는 일이 중요하다.

앞의 《오디세이아》에서 언급한, 아프로디테가 아레스와 정을 통하다 걸린 이야기도 그러하다. 그물에 걸린 두 사람을 보기 위해 여러 신이 찾아온다. 아폴론이 "그대도 튼튼한 쇠 그물에 묶이는 한이 있더라도 아프로디테와 동침하기를 바라겠는가?"라고 묻자, 헤르메스가 답한다.

"그렇게 하고말고요. 쇠 그물이 세 겹, 네 겹으로 쳐져 있다 해도, 그리고 남자 신이나 여자 신이 그것을 본다 해도 나 같으면 아프로디테와 같이 자고 싶습니다."

그 자리에 있던 신들이 한바탕 큰 소리로 웃는다.

이 자리에 참석한 신들의 대화에서 비난이나 도덕적 훈계라고는 전혀 찾아볼 수 없다. 죄악으로 규정하는 내용은 없고, 오히려 육체적 욕망은 어쩔 수 없는 것이라는 분위기에 더 가깝다. 당사자인 아프로디테도 부끄러움에 고개를 숙이지도 않는다. 키프로스로 돌아가자 신녀들이 반갑게 맞아들여 목욕시키고, 향긋한 올리브유를 바르고, 현란한 옷을 입혀준다. 심지어 오디세우스는 이 이야기를 듣고서 마음의 큰 위안을 받는다.

그리스는 물론 근대까지 사랑의 본질을 육체적 욕망에 두어야 하는지, 정신적 교감에 두어야 하는지를 둘러싸고 수많은 논란이 이어져왔다. 특히 기독교가 천 년 이상 지배한 서구 중세 사회에서 후자의 견해가 압도적 영향력을 발휘했다. 동아시아 유교 문화나 이슬람 문화에서도 사정은 비슷했다. 근대에 접어들어서야 비로소 논쟁적인 문제로 부각되었다.

현대 사회에서 적어도 정교분리가 확립되고 자유주의가 사회 운영의 주요 원리의 하나로 자리 잡은 사회에서는 성애의 즐거움이 모두가 누려야 하는 자연스러운 욕구로 인정된다. 사랑과 성애를 분리시키는 논리를 황당한 발상으로 여긴다. 사회적 인식은 물론이고, 대중문화와 교육 과정에서도 성에 대한 논의와 표현에서 상당히 열린 태도를 보인다.

하지만 한국 사회의 사정은 상당히 다르다. 먼저 사회적 인식 자체가 아직 성에 대해 상당히 부정적이거나 소극적이다. 여전히 공식적인 자리에서 성 담론은 부끄럽거나 점잖지 않은 이야기 취급을 받는다. 누군가 성 경험담을 꺼내거나 성적인 욕망을 드러내는 이야기를 하면 수준이 떨어지는 사람이라며 따가운 눈총을 보낸다.

인문학으로 보는 그리스신화

성적인 사랑에 대한 표현은 더욱 제한이 많다. 미술에서 성행위와 연관된 신체 부위를 묘사하면 법적인 처벌 대상이 된다. 심지어 유럽의 대표적인 미술관에 전시되어 있어서 누구나 관람할 수 있는 회화 작품임에도 불구하고 성기가 노골적으로 드러난다는 이유로 인터넷 블로그 등에 게시하는 행위가 문제가 된다. 대중 음악에서도 성행위 상황에 대한 적극적인 묘사는 TV나 라디오를 통한 활동에 제도적인 제한을 받는다. 영화도 내용상의 맥락상 필요한 경우가 있는가의 여부와 상관없이 성기가 노출되는 장면이 들어가는 것 자체만으로 '등급외' 판정을 내려서 사실상 상영을 막아버린다. 유럽을 비롯하여 많은 나라에서 제도적으로 보장된 누드 시위나 누드를 통한 행위 예술이 지금도 금지와 처벌 대상이다.

초등·중등·고등 교육과정에서의 성교육도 성애에 상당히 소극적이고 제한적이다. 성교육 자체가 지극히 부족하고 내용도 제한적이다. 대체로 성교육 내용을 보면 성을 임신·출산과 연관된 내용으로 다룬다. 정자와 난자가 만나서 수정이 이루어지고, 자궁 안에서 아기로 성장해가는 과정이 중심이다. 마치 에우리피데스의 비극에서 히폴리투스가 성을 주로 종족 번식과 연관해서 사고하는 바와 큰 차이가 없을 정도다. 성적인 사랑이 주는 즐거움이나 행복에 대해 침묵하는 경우가 많고, 아예 청소년을 성의 주체로 인정하지도 않는 분위기다.

이제는 성적인 사랑을 부정적·소극적으로 취급하는 인식과 사회 분위기, 제도적 제한에 대해 근본적인 의문을 품어야 할 때가 아닐까? 아프로디테나 에로스를 관성적으로 배격하기보다는 인간과 사랑의 중요한 한 부분으로 받아들이는 인식 전환과 제도 보완이 더욱 적극적으로 필요하지 않을까?

4부

그리스신화로
여성과 남성을 생각하다

제우스와 헤라

누가, 어떻게
여성을 지배해 왔나요?

권력을 통해 지배하다

신고전주의를 대표하는 화가 중 한 사람인 장 오귀스트 도미니크 앵그르Jean Auguste Dominique Ingres (1780-1867)의 〈제우스와 테티스〉는 현실에서 남성과 여성의 서열화된 지위를 반영한다. 제우스가 권좌에 앉아 있고, 전쟁 영웅 아킬레우스의 어머니인 테티스가 무릎을 꿇고 있다. 트로이 전쟁에서 헥토르와의 대결에 나선 아들 아킬레우스에게 도움을 주기 위해 제우스의 무릎에 기대어 간청하는 장면이다.

호메로스의 《일리아스》에 테티스가 간청을 위해 제우스를 찾아간 상황이 자세히 소개되어 있다.

"제우스가 올림포스 상상봉에 혼자 앉아 있는 것을 발견했다.

앵그르 〈제우스와 테티스〉 1811년

그의 면전에 앉아 왼손으로 그의 무릎을 잡고 오른손으로 그의 턱을 만지며 간청했다."

인간의 왕 아가멤논이 아킬레우스를 모욕하며 전리품을 빼앗았음을 알린다. 테티스는 제우스에게 '아가멤논이 잘못을 깨닫고 아킬레우스에게 경의를 표할 때까지, 일시적으로 트로이에 승리를 내리라'며 부탁한다.

그림을 보면 왼편 구석에 숨어서 둘의 대화를 듣고 있는 헤라의 옹색한 모습도 보인다. 이 역시 신화 내용과 연관된다. 테티스가 떠난 후에 헤라가 의심의 눈초리를 보내며 어떤 밀담을 나누었는지를 묻자, 제우스는 "무엇이든 다 알려고 하지 마시오."라며 타박한다. 아내이지만 지나친 욕심이니 자신이 하는 일에 대해 사사건건 꼬치꼬치 캐묻지 말라고 쏘아붙인다. 헤라는 변명처럼 몇 마디를 더 이어가지만 결국 의기소침해진다. 앵그르는 시간의 차이가 있는 사건을 하나의 장면에 담기는 했지만, 서사시에 소개된 상황을 최대한 캔버스에 재현하려 한 듯하다.

무엇보다도 먼저 테티스나 헤라에 대해 절대적 권위를 갖는 존재로서의 제우스를 극명하게 보여준다. 아무런 표정 변화 없이 날카로운 시선으로 정면을 응시하는 모습에서 누구도 넘볼 수 없는 위풍당당함이 넘친다. 제우스를 상징하는 독수리도 위협적이다. 테티스의 모습과는 극히 대조적이다. 물론 간청하는 중이니 자세를 낮추는 모습이야 있을 수 있는 일이지만 그림에 묘사된 상황은 이를 뛰어넘는다. 더 이상 낮아질 수 없을 만큼 최대한 자신을 낮추고 전전긍긍하는 몸짓에서 절박함을 넘어 비굴함이 느껴진다. 부탁과 허락 차원이 아니라 지배와 복종이라는 수직적인 관계로 보인다. 풀이 죽은 모습으로 지켜볼 뿐인 헤라와 제우스의 관계도 마찬가지다.

이 그림과 신화 내용은 역사적으로 강제되었던 여성과 남성의 차별적 지위를 그대로 보여주는 듯하다. 헤라가 제우스의 부인임에도 불구하고 수직적인 관계에 놓여 있다는 점에서 단순히 역할의 차이로 설명할 수 없다. 남성이기에 갖는 지배, 여성이기에 어쩔 수 없이 따르는 복종의 분위기가 강하다. 무엇이 남성으로 하여금 여성을 지배하도록 만들었는가?

앵그르의 의도와 무관하게 그림은 여성에 대한 남성의 지배에 권력 관계가 깊숙하게 작용하고 있음을 보여준다. 권력을 상징하는 장치로 가득하다. 올림포스의 제일 꼭대기에서 제우스가 앉아 있는 황금 옥좌는 금빛이 찬란한 지팡이와 함께 권력의 상징이다. 아무도 자신에게 도전할 수 없다는 듯, 긴 지팡이를 쥐고 옥좌에 위풍당당하게 앉아 있다. 옥좌 받침대에 새긴 부조도 비슷한 역할을 한다. 제우스가 번개를 던져 거인족을 물리치고 권력을 공고히 다지는 순간이 담겼다.

헤라를 비롯하여 신화에 등장하는 모든 여인을 복종시키는 힘의 근거가 권력에서 나온다. 권력의 정당한 행사는 문제가 되지 않는다. 문제는 권력에의 종속이 초래하는 인격의 종속이다. 일상적인 생각이나 행위에 대해서조차 권력은 통제력을 행사한다. 생활에서 심기를 건드리는 일도 금기에 해당한다. 그가 지금 즐거운 마음인지, 아니면 무언가 불편한 기분인지를 늘 살펴 그에 맞게 처신한다.

신화만이 아니라 현실에서 여성을 종속적인 지위에 머물게 하는 힘에도 권력이 크게 작용한다. 그리스신화에서 여성의 위치는 여성에게 투표권이 주어지지 않았던 그리스의 현실을 그대로 반영한다. 권력을 남성이 독차지하고 있는 조건, 즉 여성에게 정치적 발언권 자체가 없는 조건에서는 여성에 대한 사회적 인식도 지극히 차별적일 수밖에 없다. 정치적 불평등은 정치적 사안과 무관한 경우에도 여성에게 불리한 위치를 강제한다. 가정의 일상생활에서 남성이 여성에게 인격적으로 부당한 대우를 하더라도 감내하게 만든다. 권력의 격차가 만들어내는 인격의 격차인 것이다.

현대 사회도 크게 다를 바가 없다. 정치적 권한이나 권력에 여성이 접근하는 정도가 얼마나 열려 있는지에 따라 여성의 지위가 비례하는 경향을 보인다. 한국의 사례가 전형적이다. 한국은 여전히 각 분야에서 여성 차별이 심한 나라에 속한다. 여성 차별 정도를 비교할 때 세계경제포럼WEF에서 매년 산출하는

'젠더 격차 지수'가 자주 쓰인다. 한국은 대체로 150개국 내외의 나라 가운데 100위를 넘어서는 경우가 많다.

젠더 격차 지수는 경제·교육·건강·정치 등 네 분야로 나누어 순위를 매기고 최종적으로 점수를 종합한다. 전체 연령을 대상으로 하기 때문에 젊은 연령층의 현실과 맞지 않는 면이 생길 수는 있고, 한국 교육에서 최근 여성의 대학 진학률이 상당히 높다는 점에서 이 지수가 우리의 현실을 얼마나 제대로 반영하는지 의심하는 사람이 있을 수 있다. 하지만 공공 분야든 민간 분야든 여성의 사회 진출이 다른 나라와 비교할 때 최저 수준이라는 점은 분명하다. 전반적으로 여성의 지위가 낮게 평가되는 사회다.

정치적·사회적 지위가 열악한 한국 여성의 현실에 연동된다. 국회의원들의 대표적인 국제기구인 국제의원연맹이 발표하는 자료에 의하면, 한국 여성 국회의원 비율은 세계 190개 내외의 나라 가운데 항상 100위를 넘어간다. 전 세계 평균이 약 25%이고, 유럽연합EU 평균이 약 30% 정도인데 비해 한국은 20%를 넘는 경우가 거의 없다. 여자대학을 제외한 전국 190여 개 대학 가운데 총장이 여성인 대학도 10여 곳에 불과하다.

현실에서의 권력은 국가 권력, 정치적인 권력으로만 나타나지 않는다. 경제적인 자원을 동원하는 능력과 권한에 크게 의존한다. 특히 현대 자본주의 사회에서는 더욱 그러하다. 적어도

인문학으로 보는 그리스신화

고대 국가 형성 이후 어느 시대나 권력과 부는 비례한다. 그런데 상대적인 차원이기는 하지만 과거와 현재는 둘의 관계에서 일정한 차이를 보인다. 전통 사회에서는 정복 전쟁을 통한 약탈에서 보이듯이 더 많은 권력이 더 많은 부를 만들어냈다면, 자본주의 사회에서는 더 많은 부가 더 많은 권력을 만들어내는 경향이 두드러진다.

전일제 노동자 가운데 중간 정도 소득층을 대상으로 조사한 OECD 성별 임금 격차 통계를 보면, 한국 여성이 남성과 약 35% 정도 차이가 나서 대체로 20% 미만인 다른 대부분의 나라에 비해 불평등이 훨씬 심각한 상태임을 보여준다. 이는 곧바로 남성과 여성의 정치적·사회적 지위로 연결된다. 가정에서도 경제적인 주도권이 남성과 여성 사이의 권력 관계에 상당한 영향을 준다. 예를 들어 남성이 모든 수입을 담당하는 가정에서는 남성의 지위가 더 높은 경향을 볼 수 있다.

폭력을 통해 지배하다

프랑스 화가 노엘 니콜라 쿠아펠Noël-Nicolas Coypel (1690-1734)의 〈에우로페의 납치〉는 또 다른 면에서 남성과 여성의 비뚤어진 관계를 보여준다. 바로크 미술 경향답게 역동적이고 꿈틀거리는 육체의 향연이 벌어진다. 제우스가 마음에 드는 여인이 있으

쿠아펠 〈에우로페의 납치〉 1727년

면 수단과 방법을 가리지 않고 접근해서 욕정을 채우는 일은 너무나 잘 알려져 있다.

무료한 시간을 보내던 제우스가 어느 날 해변에서 꽃을 꺾고 있는 미모의 페니키아 공주 에우로페Europe를 보고 반한다. 신의 모습으로 다가서면 마음을 사로잡지 못하리라 생각한 제우스가 황소로 변신해서 유혹한다. 예상대로 그녀는 황소를 겁내지 않았고, 황소가 재롱을 부리자 귀여워해 주기까지 한다. 멋진 황소에 반해 올라타자 제우스는 쏜살같이 바다를 달려 납치한다. 크레타 섬에 도착한 후 그녀를 범한다. 둘 사이에 삼형제가

인문학으로 보는 그리스신화

태어나는데, 그중 하나가 크레타의 전설적인 왕 미노스Minos고, 유럽 최초의 문명으로 알려진 미노아 문명의 어원이 된다. 에우로페는 오늘날 '유럽'이라는 말의 어원이기도 하다.

그림은 황소로 변신한 제우스가 에우로페를 등에 태우고 바다를 건너는 장면이다. 황소가 물살을 일으키며 바다를 달리고, 한 손으로 뿔을 잡고 걸터앉은 아름다운 에우로페의 모습도 보인다. 그런데 전체적인 분위기를 보면 우리의 상식과는 현격한 차이가 있다. 어디에서도 납치의 긴급한 상황이 느껴지지 않는다. 에우로페도 저항하기보다는 오히려 축복을 받아 즐거워하는 모습에 가깝다.

납치는커녕 사전 지식 없이 보면 마치 축제의 한 장면처럼 보이기 십상이다. 요정들이 하늘을 날며 기뻐하고 사랑의 화살을 쏘기도 한다. 제우스와 에우로페의 바로 위에서는 서풍의 신 제피로스Zephyros가 부드러운 봄바람을 불어 제우스가 빨리 목적지에 도착하도록 돕는다. 오른편으로는 삼지창을 든 포세이돈이 제우스의 납치 행위를 축하하는 듯 자신의 전령들을 보낸다. 포세이돈의 전령인 트리톤이 고둥 나팔을 불어 분위기를 띄우고, 아름다운 바다의 요정 네레이드와 껴안고 흥겨운 파티를 열어 흥을 돋운다.

신화는 제우스가 여성을 납치해 강제로 범하는 상황이다. 그럼에도 불구하고 쿠아펠은 여성에 대한 남성의 공격적·폭력적 행위를 범죄가 아니라 마치 자연스러운 과정이고, 나아가서 여성도 이에 응함으로써 황홀에 이르는 듯 묘사한다. 게다가 하늘과 바다에서 천사들이 제우스의 행동을 축복함으로써 성적 폭력을 사랑으로 정당화해 준다. 남성의 공격적 성 충동과 행위를 자연스럽고, 나아가서는 긍정적인 작용으로 이해하는 경향은 동서양을 막론하고 가부장제 사회에서 흔히 나타나는 사고방식이다.

오비디우스도 《변신 이야기》에서 비슷한 태도를 보인다. 한편으로 황소가 바다로 뛰어들자 "공주는 그제야 기겁을 하고" 가족과 집이 있는 해변을 돌아보았다고 함으로써 납치 상황임을 묘사한다. 하지만 다른 한편으로는 납치를 옹호하는 듯한 발언을 한다.

"사랑을 성취시키려는 마음과 품위를 지키려는 마음은 원래 조화도 양립도 불가능한 법이다. 신들의 아버지이자 지배자인 제우스가 (…) 위엄을 팽개치고 소로 둔갑하고 모습을 나타냈다."

본래 사랑을 위해서는 품위를 지키기 어렵다며 제우스의 납치 행위를 정당화한다. 벼락을 던지면 태우지 못할 것이 없고, 고갯짓으로 능히 만물을 죽일 수도 있고 살릴 수도 있는 제우스가 품위를 버리고 소로 둔갑해 여인을 납치했으니 오히려 큰 용기라며 두둔하는 태도다.

　제우스가 강제로 여성을 범하는 이야기는 신화 곳곳에 나온다. 헤라는 남편에게 직접 항의하거나 싸우기보다는 오히려 같은 피해자 입장인 여성을 향해 몰래 재앙을 내린다. 예를 들어 제우스는 어느 날 자신의 딸인 사냥의 여신 디아나Diana의 요정 칼리스토Callisto를 탐한다. 그냥 다가서면 거부할 테니 딸 디아나로 둔갑하여 접근한 후 입을 맞추고 강제로 욕정을 채운 뒤 하늘로 올라가 버린다. 이 사실을 알게 된 헤라는 요정의 머리채를 잡아 땅바닥에 내굴린다. 요정이 빌면서 애걸했지만 헤라는 그녀를 흉측한 모습의 곰으로 변하게 한다.

　제우스가 마음에 둔 여성에게 욕정을 채울 때만 폭력을 사용하는 것이 아니다. 헤라가 정작 가해자인 제우스에게는 별말을 못하고 피해자 여성에게 보복을 하는 식으로 비굴하고 왜곡된 대응으로 치닫는 것은 평소에 당한 제우스의 폭력에 두려움을 갖고 있기 때문이다. 호메로스의《일리아스》를 보면 헤라에 대한 제우스의 폭력이 얼마나 일상적이었는지를 알 수 있게 하는 대목이 나온다.

　앞에서 소개한 테티스와의 밀담에 대해 헤라가 따지고 들자 제우스는 "가만히 앉아 내가 시키는 대로나 하시오. 내가 그대를 향해 이 무적의 팔을 휘두르는 날에는 올림포스의 신들이 다 덤벼들어도 그대를 돕지 못할 것이오."라고 화를 낸다. 그의 폭력을 이미 여러 번 겪어왔기에 헤라는 겁이 나서 침묵을 지킨다. 아들인 헤파이스토스도 어머니 헤라가 더 이상 제우스를 거스르지 못하게 만류한다.

"아버지께서 우리를 자리에서 내던지려 하신다면 어쩌시렵니까? (…) 어머니가 내 면전에서 얻어맞는 걸 보고 싶지 않습니다. 그때는 아무리 마음이 괴로워도 어머니를 도와드리지 못합니다. 아버지에게는 대항하기 어려우니까요."

제우스가 행사한 끔찍한 폭력의 경험이 직접 거론되기도 한다. 헤라가 자신의 뜻과 달리 행동하자 과거의 폭력을 상기시킨다.

"이제는 나도 모르겠소. (…) 채찍으로 실컷 얻어맞더라도 말이오. 그대의 발에 큰 돌을 매달고 손에는 아무도 못 끊을 황금 사슬을 채워 높은 하늘과 구름 사이에 매달았던 일을 벌써 잊었단 말이오?"

신화 속에서 헤라의 참견이나 질투에 제우스가 간혹 당혹스러워하지만 결정적인 순간에는 가차 없는 폭력과 협박이 뒤따른다. 이미 여러 차례 폭력을 경험한 헤라와 자식들 입장에서는 아버지가 화를 내면 공포에 떨면서, 엉뚱하게도 피해자에게 분풀이하는 행태를 보이는 것이다.

신화가 현실의 반영이고, 현대 사회도 정도의 차이는 있지만 고대 신화의 그늘에서 자유롭지 못하다는 점에서 여성에 대한 남성의 폭력을 이미 사라진 구시대의 유물로 치부할 수만은 없다. 신화가 형성된 고대 사회만이 아니라 민주주의 형식이 자리 잡은 현대 사회도 국가나 가정에서 기본적으로 남성 권력이 주도권을 행사한다. 정치 영역에 여성 진출이 확대되고, 여성이 대통령이나 수상이 되는 경우가 종종 있기는 하지만 여전히 남성이 국가 권력에서 우위를 점하고 있음을 부인하기는 어렵다. 또한 가정에서도 법과 제도 변화에 의해 여성의 지위가 과거에 비해 상당히 개선되었지만 남성의 가정 내 권력을 상징하는 가부장제 요소가 곳곳에 남아 영향을 준다는 점도 부인하기 어렵다.

권력은 역사와 시대 변화에 따라, 마치 제우스가 갖가지 동물이나 인물로 변신하듯이 다양한 모습으로 변신하며 자신을 드러낸다. 권력은 본래 그 출발점인 고대 국가에서는 노골적인 폭력과 강제의 형태로 나타났다. 그렇다고 해서 폭력이 모든 행위에 무조건 적용되는 것은 아니다. 상대가 권력에 의한 명령과 강제에 순응하며 따를 때는 굳이 폭력이 행사될 일이 별로 없다. 복종을 강제하는 '분위기'가 위력을 발휘하는 동안에는 폭력이 수면 위로 좀처럼 올라오지 않는다. 하지만 '분위기'만으로 순종이 실현되지 않을 때 권력은 자신의 본질적 속성 중의 하나인 폭력을 드러낸다.

확실히 현대 사회는 고대 사회에 비해 여성에 대한 직접적인 폭력이 법적인 제재와 인식 변화로 인해 많이 줄었다. 하지만 사라졌다고 보기는 어렵다. 특히 정치적·사회적으로 여성의 지위가 열악한 국가에서는 여전히 폭력을 통한 남성의 권위 행사가 더 빈번하게 나타난다. 한국도 점차 나아지고는 있지만 이런 경우에 속한다. 우리가 언론을 통해 드물지 않게 접하듯이 데이트 폭력이나 가정 폭력이 자주 벌어진다. 한국이 매우 열악한 '젠더 격차 지수'를 기록하고 있다는 점에서 여성에 대한 남성의 폭력이 우발적이거나 예외적인 현상이 아님을 보여준다.

차라리 여성에 대한 남성의 노골적인 폭력은 대응이 쉽다. 하지만 현실에서는 합법과 불법의 경계에서 교묘한 방식의 폭력이 훨씬 더 자주 나타난다. 법적인 처벌 대상으로 삼기에는 애매한 구석이 있는 낮은 수준의 폭력을 가하는 것, 물건을 거칠게 집어던지거나 위해의 몸짓을 하는 것, 상대가 두려움을 느낄 정도로 고함을 지르거나 욕설에 가까운 언어를 구사하는 것 등 다양한 방법이 동원된다. 당하는 여성에게 일반적인 폭력과 동일한 효과를 내기에 실질적인 의미에서 폭력으로 규정해야 할 행위다. 폭력의 의미를 이렇게 넓게 이해할 경우, 남성의 마음 안에 여전히 난폭한 제우스가 상당한 생명력을 지닌 채 살아 있다.

인문학으로 보는 그리스신화

통념을 통해 지배하다

그런데 사실 여성에 대한 남성의 권력 행사에서 폭력보다 일상적으로 더 큰 힘을 발휘하는 것은 통념이다. 이탈리아의 초기 바로크 미술에서 프레스코 벽화로 왕성한 활동을 한 안니발레 카라치Annibale Carracci (1560-1609)의 〈결혼 날의 제우스와 헤라〉는 사회가 여성에 대해 요구하는 통념의 한 단면을 보여준다. 제우스와 헤라가 결혼식을 치르고 달콤한 시간을 갖기 위해 함께 침대에 오르는 모습이다.

제우스와 헤라 각각의 상징 자체가 남성과 여성에 대한 통념에 기초한다. 다른 많은 그림에서처럼 제우스의 권위를 나타내는 독수리가 함께 있다. 독수리는 날카로운 발톱과 부리를 무기로 하늘에서 내려와 공격하기 때문에 범접할 수 없는 힘을 상징한다. 그만큼 현실에서 직접 발휘되는 제우스의 능동적이고 실질적인 권력을 나타낸다.

이에 비해 헤라를 나타내는 공작새가 그녀 옆에서 화려한 날개를 펴고 있다. 수컷 공작의 아름다운 깃털은 능동적인 활동과 거리가 멀다. 크고 아름다운 깃털을 펼치는 것은 발정기의 구애 행동으로서 암컷의 주목을 끌기 위한 목적이라고 한다. 그만큼 화려한 깃털에 대한 암컷의 선호, 즉 상대를 얻기 위한 수동적인 성격을 갖는다. 게다가 외면하고 지나치기 어려울 정도로 눈길을 끄는 깃털 때문에 사람들에게 관상용으로 인기가 많은 조

카라치 〈결혼 날의 제우스와 헤라〉 부분 1597년

류라는 점에서도 수동적이다. 그리스신화에서 여성의 대표 격인 헤라를 상징한다는 것은, 여성도 공작새와 마찬가지로 남성에게 잘 보여서 마음을 사로잡기 위해 자신을 꾸미는 데 충실할 때 최고의 여성이라는 평가를 받는다는 점을 의미한다.

그림에 나오는 헤라의 모습도 마찬가지다. 날씬하고 아름다운 외모로 제우스를 유혹하는 분위기다. 헤라가 아프로디테·아테나와 함께 아름다움을 겨룰 정도로 신화 곳곳에서 예쁘고 날씬한 여신으로 소개되는 것도 같은 맥락이다. 특히 침대에 오르며 옷을 벗는 그녀의 가슴 아래에 꽃무늬로 장식된 띠를 주목해서 봐야 한다. 몸에 생뚱맞게도 띠를 묶고 있는 데는 다 이유가 있다. 제우스와의 결혼을 둘러싼 신화 내용을 충실하게 재현한 모습이다.

호메로스의《일리아스》에서 헤라는 제우스의 마음을 사로잡기 위해 아프로디테에게 도움을 청한다. 신이든 인간이든 단번에 마음을 정복할 수 있는 아프로디테의 신비로운 띠를 빌려달라는 부탁이다.

"아프로디테는 가슴에서 다채롭게 수놓은 띠를 풀었다. 그 안에 그녀의 모든 매력이 들어 있으니, 그 안에는 곧 애정과 욕망과 아무리 현명한 자의 마음도 호리는 사랑의 밀어와 설득이 들어 있었다."

공작새의 깃털처럼 상대의 마음을 끌기 위한 장치다. 이 띠가 강력한 힘을 발휘하면서 제우스의 현명한 마음을 애욕이 사로잡는다.

"잠자리에 누워 사랑을 즐깁시다. 일찍이 여신이나 여인에 대한 애욕이 이렇듯 강력하게 내 마음을 사로잡은 적은 단 한 번도 없었소."

그리스신화가 유포하는 여성의 가장 뛰어난 특징은 아름다움이다. 외모를 예쁘게 꾸미고, 관능적인 몸짓과 대화로 능숙하게 남성을 유혹하는 능력이다. 무엇보다도 남성의 비위를 잘 맞춰서 마음이 자신의 곁에서 떠나지 않도록 만드는 태도를 갖춰야 한다. 신화만이 아니라 현실에서도 여성이 추구해야 할 바람직한 자격으로, 가장 강력한 통념으로 자리 잡았다.

지금도 한국에서 남성이 친구들과 만난 자리에서 요즘 만나는 이성이 있다고 하면 대부분 대뜸 묻는 말이 "예뻐?"인 경우가 많다. 여기에 남성에게 순종적인 태도까지 갖추면 더 이상 바랄 것이 없는 최고의 여성이라는 찬사를 듣는다. 주어진 상황에 순응하며 이에 맞도록 자신을 꾸미는 수동적인 존재로서의 여성이다.

한편 여성이 친구들과 만난 자리에서 요즘 만나는 이성이 있다고 하면 바로 "뭐하는 사람이야?"라고 묻는 경우도 흔히 볼 수 있다. 이 한마디 속에 제우스에 속하는 특징이 고스란히 담겼다. 뭐하는 사람이냐는 물음 자체는 상당히 애매하게 들리지만, 그 남자의 재력과 사회적 지위 등이 가장 중요하게 들어가 있다는 점을 누구나 다 안다. 상황을 만들어가며 주도력을 발휘할 수 있는 능동적 존재로서의 남성이다.

다시 말해서 남성에게는 권력을 가진 존재로서의 통념이, 여성에게는 권력을 가진 사람의 마음을 끌어낼 수 있는 매력을 가진 존재로서의 통념이 굳건하게 자리 잡고 있다. 지배와 순응이라는, 권력의 유무나 정도에 따른 서열 관계의 특징이 통념 안에 그대로 녹아들어 있다. 시대마다 남성과 여성 사이에 권력을 구성하는 구체적 요소에 다소 변화는 있지만, 지배를 강제하는 통념의 기본 골격은 그대로다. 그리스신화로부터 무려 수천 년이 지난 현대 사회의 남성과 여성의 마음 깊숙한 곳에 아직도 각각 독수리와 공작새가 한 마리씩 살고 있는 게 아닐까?

메데이아와 이아손

여성성이란
타고나나요?

자기 자식을 죽이다

19세기 낭만주의 미술을 대표하는 외젠 들라크루아Eugène Delacroix (1798-1863)의 〈메데이아의 분노〉는 또 한 명의 악녀로 알려진 메데이아Medeia를 그린다. 서양 문화에서 희대의 악녀를 꼽으라면 트로이 전쟁의 원인으로 지목된 헬레네와 메데이아가 앞서거니 뒤서거니 하면서 맨 앞의 두 자리를 차지한다. 헬레네가 부도덕과 배신으로 많은 생명을 희생시키고 나라를 망하게했다면, 메데이아는 개인적으로 복수심으로 직접 주변 사람들을 죽이는 잔혹함으로 거론된다.

자신의 손에 직접 피를 묻힌 잔인한 악녀를 거론할 때면 빠짐없이 메데이아가 등장한다. 무엇보다도 자기 손으로 두 명의 자식을 죽였다는 대목에 이르면 더 이상 비교할 대상이 없는 극단

들라크루아 〈메데이아의 분노〉 1838년

적인 마녀가 된다. 들라크루아의 그림은 두 아이를 죽이는 끔찍한 장면을 다룬다. 어두운 동굴 속에서 바깥을 쳐다보며 경계와 불안의 눈길을 거두지 않는다. 두 팔로 힘을 주어 아이들을 바짝 끌어안은 채다.

시퍼렇게 날이 선 칼을 왼손으로 단단히 잡고 있다. 큰아이는 바닥에 발을 디딘 채 엄마에게 안겼고, 작은아이는 다리까지 허공에 들려 어찌할 줄 모르겠는지 버둥거리는 중이다. 작은아이의 눈은 뭔지 모를 상황에서 바깥을 보며, 큰아이의 눈은 엄마 손의 칼을 보며 두려움을 느끼고 있다. 금방이라도 유혈이 낭자한 비극이 벌어질 긴박한 분위기다.

그런데 그림이 풍기는 이미지는 우리가 알고 있는 악녀와 조금은 다른 느낌이다. 천성이 악해서 아무렇지도 않게 잔혹한 짓을 저지르는 느낌이 아니다. 누군가에게 쫓기는 수세적인 모습이다. 아이들이 자신으로부터 도망가지 못하도록 잡고 있다기보다는 외부로부터 엄습하는 위험 때문에 궁지에 몰린 채 부둥켜안은 모습에 가깝다. 잔인무도한 악녀가 떠오르기보다는 어떤 사정으로 이렇게 위험한 상황에 처했는지를 궁금하게 만든다.

상황을 알기 위해서라도 일단 메데이아와 이아손Jason에 얽힌 신화를 만나야 한다. 이아손의 아버지는 이올코스라는 도시국가의 왕위를 의붓형 펠리아스Pelias에게 빼앗기고 유배된다. 이

인문학으로 보는 그리스신화

아손은 왕위를 되찾기 위해 펠리아스를 찾아간다. 아폴로도로스의 《그리스신화》에 의하면 펠리아스 왕은 신탁에 의해 왕권을 차지하도록 되어 있는 이아손을 제거하기 위해 황금 양 모피를 가져오도록 명령한다. 황금 양 모피는 흑해의 콜키스섬에 있는데, 잠들지 않는 거대한 용이 지키고 있어서 사실상 불가능한 임무다.

섬에 도착한 후 이아손은 콜키스의 왕을 찾아가 황금 양 모피를 부탁하지만, 그는 '입에서 불을 내뿜고 청동 발굽을 가진 무서운 황소들에게 멍에를 얹으면 주겠노라' 약속한다. 콜키스의 공주이자 마술사인 메데이아가 이아손에게 연정을 품고 도움을 줘 임무에 성공하지만 왕은 약속을 어기고 모피를 주지 않는다. 오히려 이아손을 태우고 온 선원들을 모두 죽이려 음모를 꾸민다. 하지만 그 전에 다시 메데이아는 이아손을 황금 양 모피가 있는 곳으로 데려간다. 메데이아의 도움으로 이아손은 용을 약으로 잠재운 뒤 모피를 손에 넣는다. 그리고 그녀와 함께 그리스 이올코스를 향해 한밤중에 몰래 출항한다.

메데이아는 무슨 생각을 했을까?

환상적 분위기로 잘 알려진 에드몽 뒬라크Edmund Dulac (1882-1953)의 〈이아손과 메데이아〉와 그리스신화 재현으로 유명한

뮐라크 〈이아손과 메데이아〉 1918년

워터하우스 〈이아손과 메데이아〉 1907년

워터하우스Waterhouse (1849~1917)의 〈이아손과 메데이아〉는 메데이아의 결정적인 도움으로 이아손이 무서운 황소를 제압하고, 용까지 잠들게 한 후에 황금 양 모피를 구하게 되는 과정을 묘사하고 있다.

메데이아가 무작정 도움을 준 것은 아니다. 이아손을 보는 순간 첫눈에 반하고 말았지만, 아버지에 대한 배신이기에 쉽게 판단할 문제는 아니었다. 오비디우스의 《변신 이야기》에 의하면 메데이아는 약속을 받아낸다.

"저 사람이 나를 속이고 은혜를 잊을 것이라고 두려워할 필요는 없다. 손을 쓰기 전에 나를 배신하지 않겠다는 약속을 받아내고, 신들을 약속의 증인으로 내세울 것이다."

이아손은 도와주면 은혜를 잊지 않고 아내로 삼아 고향으로 데려가겠다고 신들 앞에 맹세한다.

이아손은 그녀에게 마법이 걸린 약초를 받아 몸에 바른 후 황소에게 간다.

"황소가 뿜는 불길도 화상을 입히지 못했다. 약초가 제 몫을 하기 때문이었다."

인문학으로 보는 그리스신화

될라크의 그림은 이아손이 약초를 바른 효과로 불에 데지 않고 황소와 싸우는 장면이다. 두 마리 황소의 뿔을 잡아 힘으로 제압하고 있다. 저편에서는 메데이아가 마법이 실현되는 과정을 지켜본다.

잠들지 않는 용을 재우고 모피를 가져오는 일도 메데이아 덕분에 성공한다. 워터하우스의 그림은 용을 잠재우기 위한 약을 제조하여 건네는 순간이다. 이아손은 신중한 태도로 약을 따르는 작업을 살피며 그녀가 주의하라고 당부하는 말을 경청하고 있다. 긴 창에 기대고 허리를 숙인 다소곳한 모습이 그녀에게 전적으로 의지하고 있음을 느끼게 한다.

약을 먹이고 그녀가 주문을 걸자 용은 한 번도 감은 적이 없는 눈을 감고 잠에 빠진다. 이아손은 괴물이 잠든 틈을 타서 황금 양 모피를 갖고 나온다. 그녀의 직접적인 지원과 도움이 아니었으면 어느 하나도 이루어질 수 없었을 것이다. 덕분에 펠리아스 왕이 요구한 모피를 들고 금의환향하고, 약속대로 자신으로의 왕위 승계를 요구한다.

하지만 펠리아스는 이아손이 돌아오지 못하리라 생각하고, 유배시켰던 그의 부모를 이미 죽게 만든 후였다. 이아손은 메데이아에게 응징할 방법을 찾으라고 재촉한다. 그녀는 펠리아스의 딸들에게 아버지를 약으로 젊게 해줄 테니 그를 잘게 썰어 끓이라고 설득한다. 신뢰를 주기 위해 숫양 한 마리를 토막 낸

뒤 새끼 양으로 만드는 마법을 보여준다. 메데이아를 믿게 된 딸들은 시킨대로 했고 결국 펠리아스 왕은 끔찍한 죽음을 맞는다. 이아손과 메데이아는 다른 도시국가 코린토스로 도망친다.

새로운 국가에서 아이 둘을 낳고 살던 중 코린토스의 왕이 딸을 이아손에게 아내로 주겠다고 하자, 권력 욕심에 메데이아를 버리고 결혼한다. 그러자 메데이아는 독을 바른 의상을 신부에게 보낸다. 옷을 입자 살이 타들어 갔고 딸을 구하러 온 왕도 함께 타 죽는다. 메데이아는 두 명의 자식을 죽인 뒤에 코린토스 왕가 병사들의 보복을 피하여 도망친다.

아폴로도로스와 오비디우스의 설명만으로는 메데이아가 왜 자식들을 죽였는지가 분명하지 않다. 그저 배반한 이아손에 대한 복수심에서 홧김에 저지른 일처럼 느껴지기 십상이다. 그런데 아무리 신화가 과장을 포함하기 마련이라 해도, 다른 누구도 아닌 어머니가 어린 자식 둘을 홧김에 칼로 찔러 죽였다는 설정은 사람들에게 최소한의 설득력도 얻기 어렵다.

비극이라면 비록 작은 단서라도 설득의 근거를 줘야 슬픔이든 분노든 공감을 형성한다. 에우리피데스의 비극 《메데이아》에 자식을 죽이게 된 내면적 동기를 추정할 수 있는 단서가 나온다. 앞의 두 작가가 전해져 내려오는 이야기를 글로 정리했다면, 에우리피데스는 직접 많은 사람 앞에서 상연되는 연극이기에 좀 더 충분한 이야기와 설정이 필요했던 듯하다.

인문학으로 보는 그리스신화

신부와 왕을 독이 묻은 옷으로 죽인 후에 메데이아는 코린토스 왕가에서 보낸 병사들의 추적을 피해 도망간다. 잡히는 날에는 보복으로 자신뿐만 아니라 아이들도 해칠 게 분명하기에 일단 두 아이도 데리고 도망친다. 하지만 어린아이 둘과 함께 수많은 병사를 피해 도주하는 일이 불가능하다는 점을 깨닫게 된다. 여기에서 메데이아의 독백이 시작된다.

"괜스레 우물쭈물하다 내 자식의 목숨을 더 혹독한 남의 손에 없어지게 해서는 안 되겠어. 어차피 살아서 부지할 수 없는 아이들의 목숨. 그 목숨이 없어질 바에야 이 어미의 손에 걸리는 것이 그래도 낫겠지. 자, 이 마음을 강철같이 굳세게 먹어야겠다."

세 명 모두가 잡혀 죽음을 피하지 못할 상황이다. 어차피 죽을 목숨이라면 왕과 공주의 죽음으로 독기가 오른 병사들에 의해 처참한 꼴을 당하느니 어미의 손으로 끝내는 것이 차라리 낫다는 판단이다. 물론 결과적으로 볼 때 어찌됐든 자식을 죽인 행위 자체가 정당화될 수는 없다. 하지만 이러한 사정이라면 적어도 심정적인 차원에서는 공감의 여지가 없지는 않다. 이러하든 저러하든 불가피하게 죽을 수밖에 없는 절박한 처지로 몰렸다면, 더 험한 결과를 피하기 위해 모질게 마음을 먹은 그녀의 행위에 대해 적어도 수천 년 동안 희대의 악녀라는 딱지를 붙이는 일을 꺼릴 이유는 된다.

두 아이의 아버지 이아손이 있는데, 그에게 맡기고 도주하면 되는 게 아니냐고 할지 모르겠다. 하지만 꼼꼼하게 내막을 살피면 사정이 그리 간단하지 않다. 나중에 이아손이 추적한 끝에 메데이아를 만난다. 하지만 두 아이가 이미 죽은 뒤다. 이아손이 "얼마나 혹독한 어미"냐며 비난하자, 그녀는 "아비의 죄에 걸려 죽음을 당한 것"이라고 한다. 메데이아와 아이들을 버리고 코린토스 왕의 딸과 결혼하려 한 그의 배신 행위만이 문제가 아니다. 그에게 아이를 맡겼을 때 예상되는 결과도 큰 문제다.

이미 코린토스 왕은 살아 있을 때 딸과 이아손을 결혼시키면서 메데이아와 두 아이에 대한 추방 명령을 내렸다. 메데이아는 "저 하나야 추방의 신세가 된들 조금도 아랑곳없습니다만, 그저 걱정은 불행하게 된 어린 것들의 처지"라며 아이들은 추방에서 제외해주길 원했다. 하지만 이아손조차도 이들의 추방을 막지 않고 사실상 방관했던 바가 있다. 안전한 집도, 신변을 보호해줄 누구도 없는 처지임에도 말이다.

이미 메데이아는 자신의 아버지와 가족을 배신하고 황금 양모피를 갖고 이아손과 함께 저 멀리 있는 흑해의 콜키스 땅을 도망쳐 나왔기에 고향으로 돌아갈 수도 없다. 아이들과 함께 추방되면 아는 사람 하나 없는 그리스 땅에서 살아갈 방도가 없다. 그럼에도 불구하고 아버지로서 아이들의 목숨을 비롯해 가족이 처할 운명에 등을 돌린 자였다.

메데이아가 두 아이를 이아손에게 맡기고 도주했을 때 코린토스 왕가의 보복에 맞서 끝까지 보호하리라고 예상하기 힘들다. 어린 자식들이 목숨을 부지하기 어려운 상황임에도 추방에 대해 방관했던 사람이니 말이다. 그런 이아손에게 아이들을 맡긴다면 코린토스 왕가의 보복에 의해 아이들이 무참하게 살해당할 가능성이 크다고 봐야 한다.

이아손이 아이들 시신이라도 묻게 해달라고 하자, 메데이아가 거절하는 이유를 봐도 그저 홧김에 저지른 악행이라고만 보기는 힘들다.

"원수 놈들이 무덤을 파헤쳐 아이들 시체에 욕을 보이지 않게 헤라 신전으로 가져가서 거기다 내 손으로 묻어주어야겠어요."

만약 아이들을 죽이는 행위 자체가 목적이었다면 시신을 버려두고 도망가면 될 일이다. 하지만 자신이 도망치는 데 큰 문제가 생기는 한이 있더라도 아이들의 시신을 갖고 가겠다고 한다. 이아손에 맡길 경우 코린토스 왕가의 병사들이 무덤을 파헤쳐서라도 시신에 욕을 보이고, 이아손이 이를 막지 못할 것이 분명해보이기 때문이다.

여성성이란 과연 타고나는 것일까?

독일 후기낭만주의 화가인 안젤름 포이어바흐Anselm Feuerbach (1829-1880)의 〈메데이아〉는 그녀의 시선에서 벌어진 사태를 한번 생각해보도록 자극한다. 그녀를 그린 다수의 작품과 달리 마법을 부려 이아손을 돕거나 악행을 저지르는 순간이 아니라 깊은 고민에 빠진 모습이다. 의자에 걸터앉아 한 손을 이마에 대고 무언가 골똘히 생각에 잠겨 있다. 이마에 댄 손이든 의자 밑으로 내려뜨린 손이든 힘이라고는 모두 빠져나간 상태다.

단순히 슬픔에 잠겨 맥을 놓고 있는 표정은 아니다. 가늘게 눈을 뜨고 생각에 생각을 거듭하는 분위기다. 그렇다고 해서 이아손의 배신에 이를 갈면서 처절한 복수를 계획하는 표독스러운 표정도 아니다. 무언가 지나간 과거를 되짚어보고 예상되는 앞날에 대해 상상해봐도 도무지 엉킨 실타래를 풀길이 없어 어디에서 생각의 물꼬를 터야하는지 갈피를 못 잡는 듯하다.

단서가 하나 있기는 하다. 옆에 있는 항아리에 그녀가 두 아이를 죽이는 순간이 그려져 있다. 코린토스의 공주와 왕이 죽은 후에 어떻게 해야 하는지 생각하는 상황임을 알 수 있게 한다. 이미 죽은 아이들을 생각하는 장면이라면 가슴을 쥐어뜯으며 깊은 슬픔에 잠긴 모습이어야 한다. 항아리 그림은 그녀가 지금 무슨 생각을 하는지 화가가 우리에게 알려주는 단서로 이해하는 것이 타당할 듯싶다.

포이어바흐 〈메데이아〉 1873년

혹시 에우리피데스의 《메데이아》에 나온, 그녀의 고민 상황을 보여주는 게 아닐까? 이아손에게 맡길 수도 없고, 그렇다고 아이들을 데리고 가다 병사들에게 더 험하게 죽도록 할 수도 없는데, 그러면 자기 손으로 죽여야 하는지를 생각하며 비극적 갈등에 빠져 있는 순간이 아닐까? 들라크루아가 〈메데이아의 분노〉에서 우리가 아는 악녀와 다른 느낌, 궁지에 몰린 채 아이들을 부둥켜안은 느낌을 전달한 것도 비슷한 문제의식 때문이 아니었을까?

하지만 그리스신화를 다루는 대부분의 언급에서 메데이아의 고민에 주목하는 경우가 매우 드물다. 자식을 죽였다는 사실과 결과만 놓고 일단 둘도 없는 악녀로 규정을 내려놓고 이야기를 풀어나간다. 하지만 신중하게 생각하면 그리스신화에서 자식을 죽이는 이야기는 메데이아가 처음이 아니다.

우라노스는 가이아가 자식을 낳는 족족 무서운 저승 세계로 던져버렸다. 크로노스는 한술 더 떠 아예 자식들을 집어삼키는 잔인한 짓을 서슴지 않았다. 게다가 메데이아처럼 구구절절한 사연이 있는 것도 아니다. 그저 자기 권력을 공고히 하는 목적뿐이라는 점에서 훨씬 더 추악하다. 그럼에도 불구하고 그리스신화나 이후의 작가들은 우라노스나 크로노스가 악한 행위를 했다는 점은 인정하면서도 희대의 악한으로 규정하지는 않는다. 제우스가 권력을 차지하게 된 과정의 정당성을 뒷받침하는 악행 정도로 다루어진다.

우라노스나 크로노스보다 더 고려해야 할 점이 있음에도 불구하고 메데이아를 희대의 악녀로 규정하는 것은 여성이 가져야 할 덕목과 정 반대편에 있는 특성 때문이 아닐까? 그리스 출신 여성이 아닌, 다른 지역과 혈통에 대한 편견이 개입되어 있기도 하다. 하지만 더 중요한 이유는 가부장제 사회가 요구하는 여성성을 단숨에 허물어뜨리는 메데이아의 특성에 있는 게 아닐까?

문제가 있는 남편에 대한 복수라든가 권력에 대한 여성의 열망과 능력은 제우스 중심의 가부장제 사회의 규범으로는 용납하기 어렵다. 남편에게 아무리 문제가 있더라도, 직접 면전에서 뜨거운 분노를 담아 항의하고 저주를 퍼붓거나 복수를 하는 것보다는 인내와 내조가 여성성에 맞는 덕목으로 권장된다. 헤라가 그러하듯이 제우스 앞에서는 기를 펴지 못하고, 몰래 상대 여성에게 해코지를 하는 정도가 그나마 허용된 수준이다.

여성인 메데이아가 보이는 권력에 대한 열망과 능력도 가부장제 사회에서 받아들이기 어려운 특성이다. 그리스신화에서 용이든 괴물이든 불가능에 가까운 과제를 해결하는 역할은 늘 헤라클레스나 오디세우스 등 남성 영웅의 몫이다. 하지만 이아손이 현상적으로 황소든 용이든 괴물을 해치우기는 했지만, 실질적으로는 메데이아의 계략과 마법의 힘이 결정적인 역할을 한다. 이올코스의 왕위를 펠리아스에게서 빼앗으려는 과정에서도 이아손은 도움을 청할 뿐 실제의 진행은 메데이아의 능력에서 나온다. 가부장제 논리와 덕목을 일거에 무너뜨릴 위험한 여성으로 지목되기에 적합한 특성과 능력이다.

상당수 신화와 서양의 지식인들은 수천 년 동안 메데이아를 인류 최악의 악녀로 취급함으로써 여성들이 가부장제 사회가 강제하는 여성성에서 벗어나지 못하도록 했을 가능성이 크다. 남자와 여자의 분리된 역할을 남성성과 여성성이라는 인간의 타고난 특성과 연결시켜 받아들이게 함으로써 흔들리지 않는 세상의 원리로 정착시키려 한 것이다. 이를 통해 현실에서 요구되는 남성과 여성의 수직적인 서열 관계를 마음으로 받아들이게 한다.

그리스신화에는 남성성과 여성성을 분리시키고 이를 사람들의 생각에 각인시키는 내용이나 표현이 반복적으로 등장한다. 남성은 위대하고 용감한 지도적·도덕적인 존재로, 여성은 주로 외모나 성적인 상징에 의존하는 수동적 존재로 대비시키는 표현이 시종일관 나타난다. 심지어 도덕적인 요소가 상대적으로 강했던 헤시오도스의 신화에서조차 여성성과 남성성의 특징을 분리시키는 차별적 표현이 쉬지 않고 등장한다.

헤시오도스의《여인들의 목록》에서 남성 신과 남성을 수식하는 표현들만 봐도 그러하다. "위대한 제우스", "강력한 헤라클레스", "인간의 왕 아가멤논", "훌륭한 정강이받이를 댄 아카이오이", "고귀한 오레스테스", "백성의 목자 라오도코스", "말을 길들이는 페레우스", "창 잘 쓰는 아켈라오스", "인간의 당당하고 큰 왕 엔데오스", "나무랄 데 없는 크레테우스", "제우스의 참을성 많은 아들", "전차를 타고 싸우는 게레니아", "대지를 흔드는 포세이돈", "흠 잡을 데 없는 전사인 아이아스" 등등이 나타난다.

반면 여성신과 여성을 수식하는 표현들은 남성과 매우 다르다. "황금 샌들의 헤라", "흰 팔의 여신 헤라", "여신과도 같았고 일솜씨도 뛰어났다", "아름다움을 다투는 필로노에", "복사뼈가 예쁜 이피메데", "꽃다운 아내", "웃음을 좋아하는 아프로디테", "머릿결이 고운 고르게", "사려 깊은 데이아네이라", "예쁜 허리띠의 스트라토니케", "아름다움을 다투는 페이시디케", "장밋빛 팔의 아낙시비에", "고운 화관花冠의 폴리멜레", "머리를 곱게 땋은 메스트라", "가증스런 음탕함 때문에 그녀는" 등등으로 설명된다.

여성성은 오직 외모나 감성적인 성격으로 규정된다. 사회의 위대하고 중요한 가치는 남성성에 속한다. 남성이 주체라면 여성은 대상, 남성이 중심이라면 여성은 부차적인 지위로 전락한다. 여성은 대화나 계약의 대상으로서도 부적절하다. 그래서 헤시오도스는《일과 날》에서 다음과 같이 여성을 규정한다.

"신뢰도 불신도 똑같이 사람을 망치는 법이오. 엉덩이를 흔들어 대는 여자가 그대의 곳간을 뒤적이며 아첨하는 말로 마음을 흐리지 못하게 하시라. 여자를 믿는 것은 사기꾼을 믿는 것이오."

한국이든 다른 나라든 현재 우리 주변에서도 남성성과 여성성을 타고난 인간의 특성으로 이해하는 경우가 많다. 흔히 두어 살 즈음에 여자아이가 예쁜 인형을 갖고 놀거나 자기 외모를 꾸미는 데 관심을 가지면 부모나 주위 어른들은 "천생 여자라니까!"라는 식으로 반응한다. 반대로 남자아이가 총이나 칼, 자동차를 갖고 놀면 "누가 남자 아니랄까 봐!"라며 웃는다. 두 가지 모두 '여성성이나 남성성은 본래 태어날 때부터 갖는 속성'이라는 사고방식을 반영한다.

일종의 본성이자 본능에 해당한다는 사고방식이다. 그러므로 이를 어기려는 생각이나 행위는 자신의 본분에 맞지 않는 적절치 못한 짓으로 취급된다. 어른이 되어 사회적으로 용인되는 남성성과 여성성을 보다 도전적으로 거스를 경우 천성에 어긋나는 불순하고 위험한 짓으로 지목받는다. 하지만 여자아이가 유아 시절부터 예쁜 인형을 찾거나 외모를 꾸미는 현상은 타고난 성향이 아니라 태어나서부터 지켜본 부모의 영향이라고 봐야 한다. 아기가 태어나 눈을 뜨는 그 순간부터 아버지와 어머니가 하는 말이나 행동을 통해 남성성과 여성성을 습득한다.

여아의 특징은 어머니가 아이를 돌보거나 집 안을 예쁘게 꾸미는 행위, 화장을 하는 모습을 보며 받아들인 성향이다. 동물이든 사람이든 출생 후 일이 년이 성향 형성에 가장 큰 영향을 준다. 처음 접한 상황에서 받는 인상이 그만큼 강렬하게 작용하기 때문이다. 게다가 몇 년에 걸쳐 매일 반복 흡수하는 인상이니 더욱 강하다. 특히 아기는 말이나 글이 아니라 벌어지는 상황과 행위를 통해, 즉 이미지의 형태로 정보를 받아들이기 때문에 오히려 더 엄청난 흡수력을 지닌다.

지금도 모계 전통을 유지하는 사회에서 남성들이 우리가 흔히 여성성이라고 부르는 특성을 보이는 경향이 많다는 점에서도 여성성은 타고난 것이 아니라 사회적으로 형성된 특성임을 알 수 있다. 그럼에도 불구하고 현대 사회에 이르러서도 여전히 남성성과 여성성을 어찌할 수 없는 본성으로 여기는 사고방식이 팽배하다. 특히 수동적인 특징을 갖는 여성성을 고정된 본성으로 강제함으로써 여성에 대한 남성 지배의 심리적 지렛대로 삼으려 한다. 이제는 메데이아를 통해 쳐놓은 음흉한 덫에서 벗어날 때가 됐다.

오이디푸스

이 비극에 담긴 터부를
어떻게 봐야 할까요?

어머니와 결혼하고 자식을 낳다

프랑스 화가 샤를 잘라베르Charles Jalabert (1819-1901)의 〈오이디푸스와 안티고네〉는 오이디푸스Oedipus 신화를 소개할 때면 단골로 등장하는 작품이다. 자기 어머니와 결혼하고 자식들을 낳은 근친상간의 죄에 대해 스스로 눈을 찔러 장님이 된 이야기는 워낙 유명하다. 그림은 고향 테베에서 추방당하는 장면이다. 옆에 부축하는 여인은 딸 안티고네다.

뒤로는 얼마 전까지 왕으로서 권좌를 차지하고 있던 테베성이 보인다. 한때 그에게 존경과 찬사를 보내던 테베 시민들이 마치 전염병 걸린 사람을 대하듯이 부녀를 피한다. 바로 오른편에 있던 남녀는 옷깃이라도 스치면 무슨 큰일이라도 생길 것같이 소스라치게 놀라며 비켜선다. 왼편의 남자는 같은 공기로 숨

잘라베르 〈오이디푸스와 안티고네〉 1842년

을 쉬는 것조차 싫다는 듯 고개를 돌리며 옷으로 얼굴을 가린다. 앞의 여인은 손가락질을 하며 한바탕 욕지거리를 한다.

온 나라 사람들의 지탄을 받고 장님이 되어 길을 떠나게 된 내력을 살펴보자. 아폴로도로스의 《그리스신화》에 의하면, 테베의 왕 라이오스Laios는 태어난 아들이 제 아버지를 죽일 것이라는 신탁을 듣는다. 이에 태어난 지 사흘이 된 아들의 두 발목에 구멍을 내서 묶은 다음 다른 사람을 시켜 인적 없는 산속에 버린다. 소를 치는 목자들에 의해 목숨을 구한 오이디푸스는 성장한 후 델포이 신전으로 가서 자신에 대해 묻는다. 고향에 돌아가면 아버지를 죽이고 어머니와 살을 섞게 될 운명이라는 예언을 듣는다.

어느 날 오이디푸스는 좁은 길에서 수레를 타고 오던 라이오스와 마주친다. 길을 비키라는 명령에 꾸물댄다는 이유로 오이디푸스의 말을 죽이자 격분하여 라이오스를 죽이고 테베로 간다. 라이오스가 죽은 후에 테베는 새로운 왕이 통치하고 있었다. 그가 통치할 때 헤라가 여자 얼굴에 사자의 몸과 새의 날개를 가진 스핑크스를 보냈기 때문에 큰 재앙이 엄습한다. 스핑크스는 수수께끼를 냈는데, 답을 맞히지 못하면 잡아먹는다. 많은 사람이 죽자 왕은 수수께끼를 푸는 자에게 왕위와 라이오스의 아내를 주겠다고 공포한다.

수수께끼는 '처음에 발이 네 개인데 그 다음에 두 개가 되었다가 마지막으로 세 개가 되는 것이 무엇이냐?'는 물음이다. 스핑크스와 마주친 오이디푸스는 '사람'이라는 답을 맞힌다. 왜냐하면 사람은 어린아이 때는 사지로 기다가 어른이 되면 두 발로 다니고, 노인이 되면 지팡이에 의지하기 때문이다. 약속대로 오이디푸스는 왕위를 계승하고, 죽은 라이오스 왕의 부인이었던 이오카스테Iocaste와 결혼하게 된다. 서로 모자간인 줄은 꿈에도 모른 채 둘 사이에 두 명의 아들과 두 명의 딸이 태어난다.

이후 오이디푸스의 비극이 전개되는 상황은 그리스 비극 작

인문학으로 보는 그리스신화

가 소포클레스의 《오이디푸스》에 가장 상세하게 소개되어 있다. 오이디푸스가 과거에 들었던, 아버지를 죽이고 어머니와 살을 섞게 될 운명이라는 예언을 아내에게 말하며 고민한다.

"나는 내 어머니의 침대를 더럽히고 차마 볼 수 없는 아이들을 낳고 나를 낳아준 아버지를 죽이게 된다는 것이었소."

이에 이오카스테는 과거에 라이오스 왕이 들었던 예언을 상세히 설명한 후에, 그런데 정작 아들이 아니라 깊은 산의 좁은 길에서 웬 도둑에게 죽임을 당했다고 한다. 이처럼 예언자의 말이란 어처구니없으니 신경 쓰지 말라는 충고다.

하지만 오이디푸스는 그녀의 설명을 통해 좁은 길에서 라이오스를 죽인 사람이 바로 자신임을 알게 된다. 당시 상황, 왕의 나이와 키, 생김새 등을 확인한 결과 자신의 행위였던 것이다. 의식하지 못한 채 예언대로 행동한 자신에게 몸서리친다.

"아, 나는 불행한 놈이구나! 방금 무서운 저주 속에 내 몸을 내던졌으면서도 그것을 모르고 있었구나."

아들의 손에 의해 남편이 죽고, 자신은 아들과 결혼하여 네 명의 아이를 낳았다는 사실을 알게 된 이오카스테는 자살로 생을 마감한다. 이 소식을 듣고 오이디푸스가 방 안으로 뛰어 들어갔지만 이미 밧줄에 목을 감고 죽어 있는 그녀를 발견한다. 비참하게 울부짖으며 아내이자 어머니인 그녀의 목에 감긴 밧줄을 푼 후에 내려서 눕힌다.

신고전주의 경향의 프랑스 화가 알렉상드르 카바넬Alexandre Cabanel (1823-1889)의 〈이오카스테에게 작별을 고하는 오이디푸스〉는 이 비극적 상황을 회화로 연출한다. 대신 비극의 효과를 극대화하기 위해서였는지 방 안이 아닌 궁전 바깥으로 비극의 장소를 옮긴다. 이미 숨을 멈춘 이오카스테를 시녀들이 끌어안고 있다. 오이디푸스가 그녀의 늘어진 손을 붙들고 영원한 이별에 비통해 하는 중이다. 딸이 아버지의 품에 안겨 슬픔을 나눈다. 주변으로는 테베 시민들이 무슨 영문인지 몰라 우왕좌왕하는 중이다. 일단은 왕비가 자살했다는 소식을 듣고 경악하는 표정이다.

비극은 여기에서 끝나지 않는다. 오이디푸스는 이오카스테의 옷에 꽂혀 있는 황금 브로치를 빼낸 후에 이 모든 상황을 보고 있는 자신의 눈을 향해 절규한다.

"너희들은 다시는 내가 겪고 또 내가 저질러 놓은 무서운 일들을 보지 못하리라. 너희들은 너무 오랫동안 보아서는 안 될 사람들을 보아 왔고 내가 알고자 하던 일은 보지 못했다. 이제부

카바넬 〈이오카스테에게 작별을 고하는 오이디푸스〉 1843년

터 너희들은 어둠 속에 있어라!"

　자신의 두 눈을 여러 번 찌른다. 찌를 때마다 피투성이가 된 눈알의 조각들이 수염을 적신다.

　이후 친부 살해와 근친상간의 죄로 인해 테베에서 쫓겨난다. 두 아들은 추방당하는 아버지를 외면했고, 딸인 안티고네가 눈을 잃은 그를 부축하여 길을 안내한다. 앞서 소개한 잘라베르의 그림은 바로 이 순간을 담아낸 것이다. 이미 테베 안에 그가 저지른 행위가 파다하게 퍼진 상태였기에, 시민들이 떠나는 그를 보며 손가락질을 하고 저주를 퍼붓는다.

오이디푸스를 둘러싼 심리학적 재해석

오이디푸스 신화는 근친상간과 친부 살해라는, 인간이 절대로 어겨서는 안 되는 가장 심각한 터부taboo를 상징한다. '터부'란 관습이나 도덕상 금지된 일을 가리킨다. 터부를 침범한 자는 자신은 물론이고 주위 사람들이나 공동체에도 재앙을 가져온다. 사회마다 다양한 터부가 있지만 근친상간이나 존속 살해는 예나 지금이나 가장 위험한 금기로 규정된다.

그렇기 때문에 오랜 기간 오이디푸스 신화는 심각한 해악으로서의 터부 차원에서 다루어졌다. 하지만 정신분석 창시자이자 심리학의 아버지라 불리는 프로이트Freud (1856-1939)는 오이디푸스 신화를 심리학의 중요한 기초로 삼는다. 근친상간과 친부 살해를 지극히 예외적인 특수한 사건이 아니라, 대부분의 인간이 갖는 '오이디푸스 콤플렉스'로 규정하고, 이를 통해 도덕관념의 뿌리인 죄의식이 형성되는 근거를 찾는다. 오이디푸스 신화에 대한 심리학적 재해석이라 할 수 있다.

프로이트는《정신분석강의》에서 "나는 인류 전체가 종교와

도덕의 궁극적 원천인 죄의식을 오이디푸스 콤플렉스를 통해 습득하지 않았을까 하는 추정에 도달했다."라고 한다. 그에 의하면 인간의 본성은 선보다는 상대적으로 악에 더욱 가깝다. 현실에 만연한 추악한 행위만 보더라도 악이 훨씬 더 많은 자리를 차지한다. 대부분의 사람은 선한데, 오직 소수의 양심 없는 야심가 때문에 이 모든 악행이 생겼다고 볼 수는 없다. 인간의 정신적 자질 속에 들어 있는 악을 제외하고는 현실에서 벌어지는 일상적·대규모적 악행을 설명할 수 없다.

그리스 항아리 그림인 〈오이디푸스와 이오카스테〉는 근친상간과 친부 살해 예언을 듣는 장면이다. 신화를 다룬 많은 그림처럼 서로 다른 시점의 사건을 하나의 화면에 담는다. 가운데 오이디푸스가 있고 이오카스테와 두 딸이 보인다. 가족의 단란한 한때를 보는 듯하지만 표정이 심상치 않다. 그는 수심이 가득한 표정이고 손으로 수염을 만지작거리고 있다. 그녀 역시 심각한 표정에 손과 얼굴을 가리고 있어서 무언가 일이 터지기 직전의 분위기다.

왼쪽에 보이는 노인은 예언자다. 오이디푸스에게 아버지를 죽이고 어머니와 결혼할 운명이라는 예언을 던지는 중이다. 아들이 보이지 않고 오이디푸스 양쪽으로 두 딸이 있는 모습도 의미심장하다. 나중에 진실이 밝혀지고 자신의 눈을 찌른 뒤 추방의 길을 떠날 때 두 딸의 보살핌을 받게 되는 상황을 미리 암시

그리스 항아리 〈오이디푸스와 이오카스테〉 기원전 330년경

하는 듯하다.

워낙 얽히고설킨 비극 상황이고, 꽤 유명한 연극이었기에 당시 가장 대중적인 회화인 항아리 그림에 자주 등장했던 것으로 보인다. 대부분의 그리스인은 폭풍 전야처럼 불길함을 풍기는

이 그림을 보면서 한 남자의 아내이자 어머니로 살아갈 여성과 자기 두 눈을 찌르고 왕위에서 내려와 방랑의 길을 떠날 남성의 미래를 떠올렸을 것이다. 게다가 나중에 딸 중의 하나인 안티고네가, 서로 싸우다 죽게 될 두 오빠와 관련하여 겪게 될 비극적 상황까지 겹쳐지면서 몸서리를 쳤으리라.

동시에 뭐 이런 기구한 운명이 있느냐며 혀를 찼을 것이다. 그리고 이 모든 비극의 출발점에 근친상간과 친부 살해에 대한 예언이 자리하고 있음을 떠올렸을 가능성이 크다. 당대는 물론이고 그리스 역사를 통틀어 유례를 찾기 어려울 정도로 극단적인 터부 침해이고, 그 결과 끔찍한 비극이 발생했다는 교훈을 떠올렸으리라.

하지만 프로이트가 보기에 근친상간과 친부 살해와 관련된 상황이나 발상이 지극히 예외적으로 특별한 기질을 가진 사람에 의해서만 나타나는 게 아니다.

"오이디푸스 신화에서는 아버지를 죽이고, 어머니를 아내로 맞아들이고 싶어 하는 소원이 다소 약화된 형태로 실현된다. (…) 그것이 아동의 정신생활에서 매우 일반적이고 중요한 요인으로 작용하고 있음은 부인할 수 없다."

신화에서야 아버지를 살해하지만 현실에서는 아버지를 부

정·극복하고 아버지와 동일시하는 현상이 나타난다. 인간에게 보편적으로 존재하는 콤플렉스다.

그의 설명을 조금 더 듣자. 대부분의 남자아이는 어린 시절에 어머니를 사랑의 대상으로, 성적인 대상으로 여긴다. 보통 많은 사람이 근친상간은 인간이 본능적·생리적으로 거부하게 되어 있다고 생각하지만 이는 전혀 근거가 없다. 만약 근친상간의 유혹을 억제하는 어떤 믿을 만한 자연적 장벽이 존재한다면 법과 인륜과 같은 냉엄한 금지 조항들이 불필요하다. 현실적으로 이를 규제하는 법과 도덕이 있다는 점이 오히려 근친상간이 빈번하게 이루어졌음을 증명한다.

문화로부터 콤플렉스가 만들어지는 것이 아니라 콤플렉스로부터 문화가 만들어진다. 대부분의 사회에서 근친상간을 엄격히 금하고 있는데, 욕망이 없다면 구태여 금지할 이유가 없다. 근친상간이 금지되고 있는 것은 금지라는 문화적·사회적 조치 이전에 이미 욕망이 존재하기 때문이다. 욕망과 실제 행위에 뒤이어 근친상간을 금지하는 명령과 법이 만들어진다. 금지는 인간의 원초적 욕망에 대한 억압 과정에서 형성된 것이다. 이렇듯 문화라든가 존재 이전에 욕망이 있고, 이에 대한 억압이 생긴다. 욕망은 외부적인 조건에서 비롯되는 게 아니라 우리의 내부로부터 나온다. 그 핵심에 성적인 욕망이 자리 잡고 있다.

인간은 먹고 배설하며, 짝짓고 번식하고, 질투하고 소유하면서 살아가는 존재다. 당연히 모든 과정에서 자신의 만족을 구하는 강력한 욕망을 지닌다. 그 가운데 성적인 욕망이 가장 강렬하다. 특히 정신활동의 기반이 강하게 형성되는 유아기의 욕망이 지배적인데, 이때 성적 대상은 당연히 외부의 여성이 아닌 어머니에게로 집중될 수밖에 없다.

유아 시절에 아들은 어머니와 친밀한 관계를 형성하는데 아버지를 어머니에 대한 경쟁자로 보고 증오심을 갖게 된다. 콤플렉스의 핵심은 이 성적 에너지가 금지의 대상이 됨으로써 나타난다. 보통 사춘기를 거치면서 아들은 어머니를 향한 성적인 욕망에서 벗어나 그 욕망을 현실상의 다른 여성을 통해 실현한다. 그런데 이러한 과제를 자연스럽게 해결하는 사람이 그리 많지 않다. 겉으로는 드러나지 않지만 내면적으로 해결이 되지 않은 채 살아가는 사람이 많다. 성장 과정에서 독립이라는 과제를 해결하지 못하는 사람들에게서 신경증 증상이 생겨나기 시작한다. 그리고 이러한 경향이 인류에게 원초적인 죄의식을 형성하는 일반적인 원인으로 작용한다. 바로 이 죄의식에서 종교나 도덕적인 규범이 형성되었다는 주장이다.

무의식은 당장 일어나는 복잡한 현실의 근원을 파고들어 가는 방식이어야 한다. 예를 들어 강 하류의 물이 오염되었다면 당연히 그 오염원을 추적해서 근본적인 원인을 찾아내고 해결해야 하는 것과 마찬가지다. 이를 위해서는 현대 사회가 아니라 원시 공동체에 해당하는 인류에 대한 분석으로 거슬러 올라가야 한다. 인류 공동체의 원형에 대해서는 신화가 우리에게 많은 정보를 제공한다. 오이디푸스 신화는 그 일부에 불과하고 그리스신화의 처음으로 거슬러 올라가도 역시 아버지 살해 이야기가 중요하게 등장한다.

크로노스의 반란과 이를 이은 제우스의 반란이 대표적이다. 크로노스는 아버지인 우라노스를 거세하고 어머니인 가이아를 구함으로써 권력을 쟁취한다. 다음에는 제우스가 자식들을 삼키는 크로노스를 몰아내고 형제들과 어머니를 구함으로써 권력을 쟁취한다. 이 과정에서 형제들 간의 권력 다툼이 벌어진다.

신화의 형식으로 등장하는, 아버지 살해를 통한 권력 획득은 당시 현실의 공동체를 반영하는 것으로 이해할 수 있다. 원시 공동체에서 무제한적인 권력을 갖고 있는 족장은 모든 여성을 소유하고 있는데 이 소유를 지키기 위해 아들들을 경계한다. 그러다가 아들이 아버지의 질투라도 자극하게 되면 목숨을 잃거나, 거세되거나, 공동체 밖으로 쫓겨난다. 나중에 늙게 된 아버지는 '어리기 때문에 경쟁자로서의 위험이 덜하고 사랑스러운' 막내에게 권력을 넘겨주지만 아버지에게 쫓겨난 아들들이 힘을 모아 아버지 살해를 저지른다는 얘기다.

아버지를 죽인 후, 여성을 독차지하는 아버지의 자리와 상속 문제를 놓고 여러 아들 사이에 다툼이 발생한다. 그런데 이러한 싸움이 서로를 공멸에 몰아넣을 것을 우려하여 상호 의무와 권리, 도덕 규정 등을 포함하는 일종의 사회계약을 형성한다. 계약에 따라 각 아들은 분쟁의 원인이 되는 어머니와 누이들에 대한 사랑과 소유를 포기하게 되는데 여기에서 근친상간의 금기와 족외혼이 생겨난다. 이를 통해 드디어 사회 조직과 사회 제도가 탄생한다. 그렇기 때문에 콤플렉스가 문화적 현상을 지배하며, 나아가 문화적 현상에 선행하는 원천에 해당한다는 주장을 펼친다.

터부를 어떻게 볼 것인가?

오이디푸스 신화에 대한 재해석에 근거하여, 근친상간 유혹 때문에 갖게 되는 친부 살해 발상을 금지하는 과정에서 문화적·사회적 규범이 형성된다는 주장을 그대로 받아들이기에는 프로이트의 논리와 근거에 허점이 많다. 무엇보다 먼저 아들이 아버지에 대해 흔히 갖는 적대감의 원인을 성적인 동기에서 찾는 발상이 매우 취약하다.

남자아이가 아버지에 대해 두려움이나 거리감을 갖는 경우가 꽤 있기는 하다. 우리의 경험을 스스로 돌아보더라도 어머니에 대해서는 편하게, 심한 경우는 만만하게 생각하지만 아버지에 대해서는 전혀 다르다. 하지만 아버지에 대한 적대감은 어머니에 대한 집착이나 성적인 라이벌에 대한 것이기보다는 다른 요인이 작용하는 경우가 많다.

아버지에 대한 적대감은 가부장제 사회의 특징을 반영한다. 가부장제 아래에서 아들은 아버지의 권위에 예속되어 있다. 사실상 아버지의 소유물이며 아버지에 의해 운명의 상당 부분이 결정된다. 아버지의 후계자가 되기 위해 아버지의 마음에 들어야 할 뿐만 아니라 순종해야만 한다. 압박은 증오감을 낳고 압박자로부터 벗어나고 싶은 욕망을 불러일으킨다.

그리스신화에 나타난 오이디푸스와 아들의 관계만 해도 그러하다. 퓌슬리의 〈아들에게 저주를 내리는 오이디푸스〉는 왜곡된 부자 관계를 잘 보여준다. 오이디푸스가 아들 폴리네이케스에게 악담을 퍼붓는 중이다. 이미 눈은 멀었고 노쇠한 몸이지만 험악한 표정으로 손가락질을 해가며 아들을 비난한다. 옆에서 두 딸이 슬픈 표정과 간절한 몸짓으로 만류하지만 아랑곳하지 않는다. 아들은 더 이상 아버지의 저주스러운 악담을 들을 수 없다는 듯 고개를 돌리고 거부의 손짓을 한다.

이 상황을 이해하기 위해서는 소포클레스가 오이디푸스 신화를 다룬 또 다른 비극 《콜로노스의 오이디푸스》를 만나야 한다. 오이디푸스가 추방당할 때 두 아들은 아버지를 외면했고, 딸인 안티고네가 부축하여 길을 안내했다. 둘은 어려운 조건에서 방랑 생활을 하다가 아티카라는 나라에 정착한다. 평소에 아

퓌슬리 〈아들에게 저주를 내리는 오이디푸스〉 1786년

버지를 위해 여러 소식을 전하던 막내딸 이스메네도 찾아와 아
버지를 같이 돌본다.

이스메네가 아버지가 추방당한 뒤에 벌어진 상황을 알린다.
두 아들은 왕위를 둘러싸고 경쟁을 벌였다. 먼저 큰아들인 폴리
네이케스가 권력을 차지했다. 하지만 곧 혈기 왕성한 작은아들
이 왕위를 빼앗고 형을 나라 밖으로 쫓아냈다. 큰아들은 망명자

가 되어 아르고스의 들판으로 가서 새로운 동맹 세력을 규합했다는 것이다.

오이디푸스는 두 아들에 대한 상황 설명을 듣고 분노를 터뜨린다.

"그들은 아비가 치욕스럽게 내 나라에서 쫓겨날 때, 그것을 막으려 하지도 않았고 나를 지켜주지도 않았어. (…) 아들놈들은 왕의 자리와 제 아비를 바꿔서 왕권을 휘둘러 영토를 다스리고 싶었더란 말이다."

두 아들은 아버지가 권력에서 내려오는 상황을 적극적으로 저지하기보다는 방관했다. 또한 아버지가 제거된 자리를 놓고 아들 사이에 권력 다툼이 발생했다.

적어도 형식상으로는 프로이트가 말한, 신화 형식으로 등장하는 상징적인 친부 살해, 즉 현실에서는 아버지 제거를 통한 권력 획득 양상을 보인다. 하지만 신화의 어디에도 오이디푸스와 두 아들 사이의 갈등에 성적인 요소의 흔적은 보이지 않는다. 이오카스테를 둘러싸고 아버지와 아들 사이에 미묘한 감정의 골은 전혀 없다. 대신 그 자리를 아버지의 가부장제적인 억압과 아들의 반발이 차지한다.

아들은 아버지를 찾아와 죄송한 마음과 자신의 어려운 처지에 대해 하소연하듯 설명한다.

"아버지의 봉양에 관해서는 저는 이를 데 없이 고약한 놈입니다. (…) 저는 추방자가 되어 조국에서 쫓겨났습니다."

하지만 오이디푸스는 아들을 향해 저주를 퍼붓는다.

"네놈과 네 아우가 피투성이가 되어 쓰러지고 말 것이다. 나는 이 저주를 내 편으로 불러들이겠다. 어버이를 공경할 줄 알아야 한다는 것, 이런 자식들을 낳은 아비가 장님이 되었다고 해서 어버이를 업신여겨서는 안 된다는 것을 깨닫도록 말이다."

오이디푸스는 자신이 두 아들에게 내린 저주가 실현될 것이라고 한다. 피를 나눈 형제 사이에 유혈 사태가 벌어지고, 서로의 손에 의해 죽게 되리라는 끔찍한 저주다. 퓌슬리의 그림은 이 순간을 묘사한 것이다.

그런데 이러한 갈등에 성적인 요인이 깔려 있다고 보기는 어렵다. 권력과 부를 독점하려 하고 나이가 들어 주도권이 상실된 상황에서도 이에 미련이 있는, 역사적으로 나타난 가부장제 아래에서의 전형적인 아버지 모습이다. 평소에도 권위적이고 억압적인 아버지의 위세에 눌려 있던 아들은 성장 과정에서 상당히 주눅이 든 채로 살아간다. 하지만 마음속에 거리감과 원망이 자라난다. 아버지가 노쇠하고 힘이 빠지기 시작하면 지위와 부의 상속을 서두르고 싶어 하는 아들은 아버지와 갈등이 심화되기 마련이다. 하지만 끝까지 지위와 부를 유지하려는 아버지와 충돌이 깊어갈수록 적대감도 커진다.

우리 주변에서 지금도 종종 나타나는 현상이다. 아버지와 아들 사이에 상속을 둘러싸고 충돌이 벌어지는 상황 말이다. 심한 경우에는 친부 살해와 같은, 아버지와 아들 사이에 유혈 사태가 벌어지기도 한다. 백 보 양보하여 설사 아주 극히 드물게 그 배경에 성적인 요소가 일정하게 개입하는 사례가 있다고 해도, 프로이트의 논리는 특수한 사례를 인간 모두의 운명으로 성급하게 일반화시키는 억지에 가깝다.

어머니에 대한 아들의 특별한 감정을 성적인 욕망만을 중심으로 설명하는 프로이트의 논리도 의심스럽기는 마찬가지다. 남자아이가 어머니에게 갖는 집착이 일정하게 있는 것은 사실이다. 남자아이에게 어머니가 애정의 대상일 뿐만 아니라 성욕의 대상이기도 하다는 점을 부분적으로는 인정할 수 있다. 모두가 그러한 것은 아니겠지만, 남성의 경우 자신의 어린 시절을 돌이켜 생각해보면 그러한 감정이 어렴풋하게 기억나는 경우가 있기도 하다.

하지만 그러한 현상이 있다고 해서 모든 애정과 집착을 성

인문학으로 보는 그리스신화

적인 욕망으로 환원시킬 수 있는 것은 아니다. 스스로 독립적인 활동을 할 수 없는 어린아이는 부모, 특히 일상적으로 자신을 보호하는 어머니에게 전적으로 의존하는 경향을 갖는다. 어머니와 결합해 있는 특별한 감정은 유년 시절을 넘어 전 생애에 걸쳐 중요하게 작용한다. 어머니로부터 보호를 받고 안도감을 느낄 수 있던 상태에 대한 동경이 잠재된 심리적인 경향으로 이해하는 것이 합리적인 해석이다.

그러므로 오이디푸스 신화가 보여주는 근친상간과 친부 살해의 터부를 성적인 요인으로 사실상 한정하고, 또한 오이디푸스 콤플렉스라고 하는 하나의 불변적 본성으로 인간에게 나타나는 모든 심리적 현상을 설명하려는 시도는 설득력이 떨어진다. 아이와 어머니, 그리고 아이와 아버지가 갖는 관계에는 다양한 요소가 개입하기 때문이다. 무엇보다도 가족은 사회로부터 독립하거나 닫혀 있을 수 없다. 반대로 가족은 사회를 향해 열려 있고 아이는 곧바로 사회와 통한다.

가족 형태는 사회의 변화에 따라 다양한 모습으로 나타났다. 원시 공동체 사회의 모계 전통에서 시작해 고대 국가가 형성될 즈음에 대가족을 중심으로 한 가부장제가 지배적인 지위를 차지했다. 가부장제 대가족과 전통 사회의 국가는 서로가 서로를 뒷받침하는 근거 역할을 했다. 한국과 중국 등에서 '군사부일체' 즉 가부장제 대가족의 아버지와 국가 권력을 동일시하여, 구성원들에게 일방적인 복종을 강요하는 논리가 위력을 떨쳤다.

현대 사회에 와서 핵가족이 일반화되면서 아직 가부장제 요소가 힘을 발휘하기는 하지만 과거에 비해 약화된 상태다. 그만큼 오이디푸스 신화에서 나타나는 터부가 전형적으로 적용되기 어려운 조건이다. 게다가 1인 가구의 급격한 증가까지 맞물리면서 새로운 해석과 통찰이 더욱 절실하다. 가족의 인간관계와 개인의 심리 현상, 나아가 터부에 대한 이해에서 그리스를 비롯한 전통 사회보다 더욱 개별 가족을 넘어선 사회적 조건의 영향에 주목할 필요가 있다. 한 가족 안의 오이디푸스가 아니라 전체 사회 구조 안에서 오이디푸스의 그림자를 찾으려는 확장된 시선을 가져야 한다.

오디세우스와 페넬로페

'행복하자 우리',
가족이란 무엇인가요?

20년간 남편을 기다린 아내 이야기

그리스신화에서 아킬레우스·헥토르와 어깨를 견주는 영웅으로 오디세우스가 빠지지 않는다. 호메로스가 그의 영웅담만으로《오디세우스》라는 한 권의 서사시를 남겼을 정도로 말이다. 워터하우스의 〈페넬로페Penelope와 구혼자들〉은 오디세우스와 부인 페넬로페에 연관된 이야기 가운데 가장 인상적인 장면을 담고 있다.

그녀는 트로이 전쟁과 귀국 과정에서의 고난 때문에 무려 20년 동안이나 남편이 돌아오기를 기다린 여성이다. 트로이 전쟁에 참가한 다른 그리스 영웅들의 아내 중 상당수가 기다림을 포기하고 재혼한 것과 비교되어 서양 문화에서 최고의 열녀로 통한다. 그림은 시아버지의 수의를 짠다는 핑계로 구혼자들의

워터하우스 〈페넬로페와 구혼자들〉 1912년

청혼을 피하는 이야기를 묘사한다.

오디세우스가 죽었다는 소문에 시어머니가 죽고 시아버지는 시골에서 칩거에 들어가자 집안 살림을 그녀 혼자 꾸린다. 백 명이 넘는 구혼자들이 집으로 찾아와 머물면서 가축 떼를 죽여 매일 잔치를 벌였기 때문에 재산은 날이 갈수록 줄어든다. 아들 텔레마코스Telemachos가 있지만 스스로 "나로 말하면 결코 파멸을 막아낼 만큼 강하지 못하고 앞으로도 무용에 서투른 약골"이라고 토로할 정도로 사태를 해결할 힘이 없다. 남은 가족들과 구혼자들이 집요하게 결혼을 압박하자 그녀는 한 가지 꾀를 낸

인문학으로 보는 그리스신화

다. 시아버지의 수의를 짠 뒤 구혼자들 중 한 명과 결혼하겠다고 약속한다. 그녀는 낮이면 큼직한 베틀에서 천을 짰으나 밤이면 불을 밝히고 다시 천을 풀곤 한다. 이렇게 계략을 써서 들키지 않고 3년을 버틴다.

그림을 보면 가운데 페넬로페가 베틀에 앉아 천을 짜는 모습이 보인다. 옆에 하녀들이 있기는 하지만 시간을 끌기 위해 일부러 일을 도맡아 하는 눈치다. 머리 위에는 밤이 되면 불을 켜고 다시 실을 풀어내기 위해 등불이 걸려 있다. 창밖에서는 그녀가 천을 짜는 순간임에도 구혼자가 손을 실내로 뻗어 꽃을 전하며 결혼을 보챈다. 옆으로는 다른 구혼자가 보석함에서 진주 목걸이를 꺼내 들고 재물로 유혹하는 중이다. 다른 남자도 화려한 옷감과 금붙이, 목걸이를 창문턱에 걸어놓고 대답을 기다린다. 리라를 퉁기고 노래를 부르며 감성적으로 사랑을 고백하는 청년도 보인다.

하지만 그녀는 이들에게 눈길 한 번 주지 않고 일에만 열중하고 있다. 작업하던 옷감의 색깔을 바꾸려는지 줄이 감긴 북을 들어 이로 실을 끊는 중이다. 창문 쪽 벽에는 그리스 병사들이 트로이 전쟁에서 싸우는 모습이 그려져 있어서 현재 그녀의 마음이 오직 전쟁터에서 돌아오지 않고 있는 오디세우스로 향하고 있음을 보여주는 듯하다.

하지만 하녀의 고자질로 계략이 드러나자 어쩔 수 없이 수의를 완성한다. 스스로도 더 이상 버티기 어려운 처지로 몰린다.

"이제 나는 결혼을 피할 수 없고 다른 어떤 계책을 세울 수도 없
어요. 부모님은 결혼하라고 재촉이 성화같고 이 모든 것을 아는
내 아들은 구혼자들이 그의 재산을 먹어치우는 것을 못마땅해
하지요."

사위가 20년이 되도록 돌아오지 않고, 살아 있다는 보장도 없
으니 그녀의 부모는 재혼을 하라고 성화다. 워낙 세월이 흘렀으
니 페넬로페 홀로 버티며 구혼자들의 청혼을 거절할 명분도 이
제는 바닥이 난 상태다.

게다가 사태는 더욱 어려운 방향으로 흘러간다. 그녀는 구혼
자들이 훨씬 더 견디기 힘든 다른 일을 궁리하고 있다는 말을
전해 듣는다.

"텔레마코스가 돌아올 때 그를 날카로운 청동으로 죽이려 합니
다. 그는 아버지의 소식을 좇아 멀리 갔답니다."

자기 아들을 거추장스럽게 여기던 구혼자들이 이제는 그를
죽일 계략까지 꾸미고 있다고 하니 페넬로페는 심장이 멈출 듯
슬픔에 빠진다.

사태가 급박하게 돌아가고 있음을 알게 된 오디세우스는 거지로 변장하고 하인을 찾아간다. 이후 아들에게 자신의 정체를 밝히고 집이 있는 시내로 들어간다. 궁전에 도착하자 자신에게 여전히 충심을 갖고 있는 돼지치기와 소치기를 하는 하인들을 찾는다. 그리고 이들에게도 정체를 밝히고 함께 구혼자들을 물리칠 계획을 세운다.

오디세우스가 아들과 함께 구혼자들을 물리치는 장면은 덴마크 화가 크리스토퍼 빌헬름 에케르스베르크Christoffer Wilhelm Eckersberg (1783-1853)의 〈페넬로페의 구혼자들을 응징하는 오디세우스〉에 가장 그럴듯하게 묘사되어 있다. 오디세우스는 계략을 꾸미며 아들과 하인들이 구혼자들의 무기를 숨기게 한다. 페넬로페로 하여금 '누구든 남편 오디세우스의 활을 구부려 시위를 걸고, 활을 쏘아 12개의 도끼 구멍을 뚫고 과녁을 맞히는 자와 결혼하겠다'고 선언하도록 만든다. 구혼자들이 활에 시위를 얹지 못하자, 거지로 변장하고 집에 돌아와 있던 오디세우스가 활을 빼앗아 과녁을 맞힌다. 그 직후에 아들과 하인들의 도움을 받아 무기 없이 허둥대는 구혼자들을 모두 죽인다.

그림은 오디세우스와 구혼자들 사이에 본격적인 싸움이 시작되는 순간을 묘사하고 있다. 약간 미완성인 채로 남겨진 작품이기는 하지만 그 어느 그림보다 현장의 생생함을 전해준다. 오디세우스가 활을 쏘아 구혼자들의 숨통을 끊고 있다. 벌써 몇몇은

에케르스베르크 〈페넬로페의 구혼자들을 응징하는 오디세우스〉 1814년

화살을 맞고 바닥에 뒹군다. 아들은 창을 들고 공격에 나선다. 구혼자들은 변변한 무기가 없는 탓에 탁자를 들어 방패로 삼고 화병을 던지며 저항한다. 하지만 이미 오디세우스의 기세에 눌려 전세는 기울어졌고, 이들의 표정에도 두려움이 가득하다.

구혼자들과 동침한 하녀들까지 모두 죽인 후에 아내와 아버지에게 자신의 정체를 밝힌다. 워낙 오랜 세월이 흘러 페넬로페가 남편의 얼굴을 제대로 알아보지 못하자 오디세우스가 그들 부부가 쓰던 침대의 특이한 구조를 설명하고 난 뒤에야 극적으로 포옹을 하며 20년 동안의 긴 이별을 끝낸다.

인문학으로 보는 그리스신화

가족이란 무엇인가?

오디세우스와 페넬로페 이야기는 행복한 결말을 향한다. 이탈리아 화가 프란체스코 프리마티치오Francesco Primaticcio (1505-1570)의 〈오디세우스와 페넬로페〉를 함께 보자. 이 작품은 구혼자들을 물리치고 난 다음의 행복한 시간을 보여준다. 두 사람 모두 옷을 벗고 있어서 이미 서로의 육체를 탐하며 달콤한 시간을 보낸 후다. 오디세우스가 사랑스러운 눈길로 바라본다. 부드러운 손길로 그녀의 턱을 어루만지며 얼마나 그리워했는지를 고백하는 듯하다.

페넬로페 역시 한순간도 눈을 떼지 않겠다는 시선으로 마주 본다. 두 손을 들고 있어서 이야기에 열중하는 중임을 알 수 있다. 단순히 사랑의 밀어를 속삭이는 모습은 아니다. 손가락으로 손바닥을 가리키고 있어서 그동안의 일들을 되짚어가며 하나하나 설명하는 시간인 듯하다. 오랜 기간 겪었던 수많은 이야기와 서러움을 토로하는 중일 게다.

그림의 오른쪽 뒤편으로 문을 열고 나가는 하녀들의 모습이 작고 어렴풋하게 보인다. 하녀들이 침대를 깨끗하게 정돈하고 향수를 뿌린 후에 나가는 모습이다. 굳이 부부의 사랑을 묘사하는 데 필요 없는 설정이지만 화가 나름의 의도는 있다. 문을 연 틈새로 도시의 건물이 보이고 그 뒤로 산과 하늘이 이어진다. 그즈음 유럽 회화에서 본격적으로 시도되던 원근법의 매력을

프리마티치오 〈오디세우스와 페넬로페〉 1563년

실현함으로써 평면 캔버스에 풍성한 공간감을 주려는 의도가
엿보인다.

　실제로 《오디세우스》에는 구혼자들을 물리친 이가 남편임을
확인한 후에 서로 얼마나 그리움에 사무쳤었는지를 보여주는
대목이 이어진다. 배가 난파되어 바다 위를 헤엄치던 사람이 육
지를 발견한 듯이 남편의 등장을 반긴다. 흰 팔로 그의 목을 끌

어안고는 잠시도 놓아주려 하지 않는다. 오디세우스도 급한 마음을 억누를 수 없는지 "여보! 이제는 우리 함께 침상에 가서 달콤한 잠으로 휴식을 즐기도록 해요."라며 그녀를 침대로 이끈다. 두 사람은 달콤한 사랑을 실컷 즐기고 나서 각자가 겪은 일을 들려주며 상대방을 즐겁게 해준다.

서사시가 마지막으로 향하면서 호메로스는 혼백의 입을 빌어 페넬로페에 대한 자신의 열렬한 찬가를 들려준다.

"행복하도다! 오디세우스여! 그대야말로 부녀자가 지녀야 할 덕행이 뛰어난 아내를 얻었구려. 나무랄 데 없는 페넬로페는 얼마나 착한 심성을 지녔는가! 그녀는 결혼한 남편 오디세우스를 얼마나 진심으로 사모했던가! 그러니 그녀가 가진 미덕의 명성은 결코 사라지지 않을 것이고 신들은 사려 깊은 페넬로페를 위해 지상의 인간들에게 사랑스러운 노래를 지어주실 것이오."

그러면 우리도 이제 호메로스처럼 오랜 고난과 위기를 극복하며 행복한 순간을 맞이한 두 사람을 축복하며 끝내면 될 일인가? 사정이 그리 간단하지는 않다. 오디세우스와 페넬로페에 얽힌 이야기를 보며 그저 해피엔딩을 축하하고 단란한 가족의 완성에 흐뭇해만 하기에는 찜찜한 구석이 적지 않다. 서로에게 일편단심으로 충실한 이상적인 남편과 부인으로 이루어진 최상의 가족처럼 보이는 표면에 현실 가족의 비뚤어진 이면이 스친다.

먼저 부인과 아들, 그리고 가족에 대한 오디세우스의 평소 생각이나 행동이 20년 만의 상봉에서 나타나는 절실함과 매우 다르다.

"나는 들일이나 빼어난 자식들을 양육하는 살림살이는 좋아하지 않았소. 그 대신 나는 언제나 노를 갖춘 배와 전쟁과 반들반들 닦은 창과 화살을 좋아했는데, 남들에게는 섬뜩하기만 한 무서운 것이지만 나는 신들께서 내 마음속에 심어주신 바로 그런 것들을 사랑했소."

그가 사랑한 것은 오직 전쟁이다. 트로이 전쟁과 이후의 고난 때문에 못 본 것만이 문제가 아니다. 결혼 전이든 후든 그에게 주어진 시간의 대부분을 전쟁과 관련된 일로 보냈다. 집에서 가족들과 보내는 시간을 전혀 좋아하지 않았다. 오죽했으면 20년이 흘렀다고 해서 남편의 얼굴을 제대로 못 알아볼 정도일까. 부부이기는 했으나 그만큼 서로 얼굴을 보며 대화를 나눈 시간조차 가뭄에 콩 나듯 매우 드물었다고 봐야 한다.

그의 인생 목적은 전쟁 영웅으로서의 명성과 부의 축적이었다. 결혼하고 아이를 낳았지만 가족에게 아무런 관심도 두지 않고 전쟁에만 몰두했던 것도 이를 위해서였다.

"나는 금세 재산이 늘어 사람들 사이에서 존경과 두려움의 대
상이 되었소."

이를 정상적인 가족이라고 할 수 있을까? 부인과 자식을 소
유물로 생각하고, 가족에게 일방적으로 희생만을 강요하는 가
부장제 가족의 비뚤어진 행태를 가장 극단적으로 보여주는 게
아닐까?

20년 동안 못 보던 부인과 자식을 만난 이후에는 과연 과거
의 잘못을 반성하고 가족의 새로운 미래를 만들고자 노력하는
모습을 보일까? 오디세우스가 이후 보인 행태는 전혀 그렇지
않다. 프리마티치오의 그림처럼 달콤한 시간을 보낸 후에 두 사
람은 깊은 잠에 빠진다. 오디세우스는 부드러운 잠자리에서 일
어나자마자, 다시 말해서 20년 만에 만난 바로 다음 날 아내에
게 지시를 내린다.

"우리 두 사람 다 고대하던 잠자리에 이르렀으니 이제 당신은
집안에 있는 재산을 돌보시오. 오만불손한 구혼자들이 먹어치
운 가축들은 내가 몸소 나서서 상당수 약탈해올 것이오."

부부 사이의 갈등은 하룻밤 진하게 몸을 섞고 회포를 풀었으니 이제 됐다고 한다. 오디세우스는 단 하루 만에 다시 옛날의 모습 그대로 돌아간다. 부인에게 명령하듯 말하고는 몸에 싸움을 위한 무구들을 걸치고 아들과 하인들을 깨운다. 그들에게도 모두 전쟁 무기를 손에 들라고 명령한다. 청동 무기와 무구로 단단히 무장한 후에 오디세우스를 선두로 하여 다시 전쟁과 약탈을 위해 밖으로 나간다. 이전과 전혀 다를 바 없이, 부인과 자식의 의사는 한마디도 물어보지 않고 병영의 병사에게 명령하듯이 일방적이고 수직적인 관계로 돌아간다. 얼굴도 제대로 보지 못하는 나날이 다시 시작될 것이다.

또한 신화에는 페넬로페를 비롯한 여성에게 재산에 대한 어떠한 권한도 없는 상태가 정당화되는 논리가 곳곳에 나온다. 심지어 신의 입을 통해 재산은 오직 남자인 남편이나 아들에게만 귀속되고 페넬로페는 남자의 재산을 축낼 가능성이 있는 위험한 존재로 그려진다. 아테나 여신은 오디세우스의 아들에게 귀국을 서두르게 하면서 다음과 같이 말한다.

"자네의 재산은 몽땅 그자에게 털릴지도 모르네. 여자의 마음이란 믿을 것이 못 되거든. 자네의 어머니가 그자와 재혼하게 된다면 새 남편의 재산을 늘려주기 위하여 자식이나 전 남편은 모두 잊게 마련이니까."

재산은 오직 아버지나 남편, 맏아들의 것이다. 가부장제적인 장자 상속이 상식처럼 여겨진다. 재산에 대한 권한은 오직 남성에서 남성으로 이어진다. 집안에 관련된 일체의 권한이 남성에게만 주어진다. 어린 아들조차 페넬로페에게 "이 집에서는 제가 주인이니까요."라는 말을 서슴지 않는다. 여성은 재산에 대한 권리가 없음은 물론이고 다른 남성에게 속하게 됨으로써 자칫 재산을 날려버릴 수 있는 존재일 뿐이다. 그리스를 대표하는 아테나 여신이 실제로는 가족에 대한 왜곡된 가치의 수호하는 존재가 된 셈이다.

정절의 가치도 오직 여성에게만 요구된다. 사실 페넬로페에게 고민과 갈등이 없었던 것은 아니다. 아들조차 어머니의 마음속에서 나타나는 동요를 알고 있었다.

"어머니께서도 마음속으로 망설이고 계시오. 남편의 침상과 백성의 평판을 존중하며 집을 돌보실 것인지, 아니면 구혼자 중에서 훌륭하고 선물을 가장 많이 주는 남자를 따라갈 것인지 말이오."

하지만 얼굴도 제대로 기억하지 못하고 20년 동안 소식도 없는 남편만을 기다리며 정절을 지켰기에 호메로스의 칭송을 듣게 된다. 모든 여성이 비슷한 처지에 있게 되더라도 페넬로페처럼 처신하라는 권고이자 강요다.

하지만 남편인 오디세우스에게도 같은 규범이 요구되었을까? 트로이 전쟁 후에 10년의 고난 과정에서 무려 7년 동안 머문 곳이 아름다운 바다 요정 칼립소Calypso의 섬이다. 칼립소는 난파되어 섬으로 떠내려 온 오디세우스에게 먹을 것과 잠자리, 사랑을 주면서 곁에 둔다. 자의든 타의든 어쨌든 오디세우스가 그녀와 상당히 깊은 관계에 있었음을 보여주는 대목이 몇 군데 나온다. 낮에는 바다에 나가 고향을 그리워했지만 밤이면 그녀 곁에서 잠든다.

또한 오디세우스를 고향으로 보내라는 제우스의 말을 전하러 온 전령에게 칼립소는 남신들은 무제한으로 여러 여인과 사랑을 즐기면서 "여신이 인간을 사랑하는 남편으로 삼아 공공연히 동침하면 질투를 하시니" 부당하다고 항의하는 내용도 마찬가지다. 오디세우스는 비록 섬을 떠나기는 어려웠어도 얼마든지 그녀와 동침하지 않을 수 있었다. 신화에 묘사된 칼립소의 성품, 오디세우스를 아끼고 배려하는 부드러운 태도로 봐서는 같은 이불 속에서 자지 않는다고 해서 목숨을 해치는 짓을 했으리라고 보기 어렵다. 하지만 신화는 어디에서도 오디세우스의 이러한 처신을 비난하지 않고, 오히려 영웅담의 하나로 다룬다.

인문학으로 보는 그리스신화

클링거 〈페넬로페〉 1896년

독립적 인격으로서의 여성을 위하여

몽환적인 미술 양식을 보여주는 독일 화가 막스 클링거Max Klinger (1857-1920)의 〈페넬로페〉는 우리가 생각하는 그녀와 상당히 다른 이미지를 보여준다. 남편만을 기다리고 오직 주어진 운명에 순응하며 살아가는 수동적인 여인의 모습이 아니다. 의자 팔걸이에 한 손을 걸치고, 다른 손은 턱을 괸 채 골똘히 생각에 잠겨 있다. 도전적인 시선으로 정면을 응시하는 모습도 예사롭지 않다.

무슨 생각에 잠긴 걸까? 그녀 앞에 걸린 그림에는 하늘과 땅,

그리고 물에서 자유롭게 뛰노는 동물들의 모습이 묘사되어 있다. 아무것도 걸치지 않은 자유분방한 모습의 남녀가 동물들과 함께 들판을 거니는 모습도 인상적이다. 어떠한 제한도 없는 자연 상태를 보여주는 그림이라는 점에서, 혹시 페넬로페도 이들처럼 어떤 인위적인 제약 없이 자유로운 삶을 꿈꾸고 있는 것은 아닐까?

그리스의 신화나 사회가 여성에게 강제하는 억압적인 굴레와 상당히 다른 분위기라는 점은 분명하다. 신화는 오이디푸스와 페넬로페에게만 서로 다른 정절의 기준을 적용한 것이 아니다. 남성 신이나 영웅은 사회에 온갖 금기를 강제하면서도 스스로는 금기로부터 벗어나 자유롭게 욕망을 충족한다. 고대에서 현대에 이르기까지 일부일처제라는 윤리를 여성에게 강제하며 남성 자신은 역사적으로 공창이나 사창 등 매춘을 통해 제한 없이 성을 누렸던 가부장제 사회의 일그러진 모습을 그대로 반영하는 존재다.

가부장제 사회의 특징 중 하나가 매춘이다. 당시 그리스의 여신 신전에서는 공공연하게 매춘이 이루어졌다. 여신을 경배하러 몰려드는 순례자를 상대로 신전 무녀들은 '거룩한 매춘'을 했다. 그리스 이전의 다른 문화에서도 매춘 기록은 있다. 하지만 그리스만큼 일반적 현상으로 자리 잡지는 못했다. 신화 속에서 피그말리온이 여성에 대한 혐오감으로 결혼을 거부하고 자신이 만든 조각상을 사랑하게 된 계기도 일반화된 매춘 행위 때문이다.

흔히 매춘이 인류 역사와 함께했고, 인류가 생존하는 한 매춘은 불가피하다고 말하지만 역사적 사실은 아니다. 모계 사회를 특징으로 하는 원시 공동체에서는 매춘이 없었다. 지금도 아마존강 유역이나 오스트레일리아 등 몇몇 지역에 문명과 분리된 채 원시 공동체에 가까운 생활을 하는 원주민들이 있다. 문화인류학자들에 의해 많은 연구가 이루어졌고, 한국에서는 예전에 〈아마존의 눈물〉이라는 다큐멘터리로 이들의 생활이 상세하게 소개된 바 있다. 하지만 사회현상으로서의 매춘을 보여주는 증거를 찾아보기 어렵다.

가부장제에 기초한 고대 국가 형성 이후 매춘 행위가 대규모적으로 나타나기 시작했다. 도덕적으로 엄격했던 유럽 중세 사회에서조차 매춘은 암암리에 예외로 인정될 정도였다. 과거에 비해 상대적으로 여성의 지위가 상당히 높아진 현대 사회에 이르러서도 나라마다 정도의 차이는 있지만 매춘이 여전히 맹위를 떨친다. 인간 사회에 어쩔 수 없는 '필요악'이라는 궁색한 논리까지 만들어가며 생명력을 이어가고 있다.

정절에 대한 이중 잣대는 사회와 가정에서 여성에 대한 남성 지배를 뒷받침하는 전형적인 사고방식이다. 그리스신화에서 처음부터 제우스가 지배자는 아니었다. 그리스 문명의 뿌리인 미노아 문명에서는 모계 사회를 상징하는 여신이 최고신이었다. 가이아와 헤라 등 여신을 숭배했다. 하지만 가부장제를 형성한 북방 부족이 침입하면서 제우스가 지배자의 자리를 차지한다. 헤라는 하위 파트너로서의 아내 자리로 떨어진다. 그 이후 헤라는 세상일을 관장하기보다는 제우스에 대한 질투의 화신이 되어버린다. 그리스가 모계 사회에서 가부장제 도시국가로 변화되었음을 보여준다. 가족 내에서의 억압과 지배의 역사가 시작된 것이다.

가부장제에 기초한 일부일처제는 남성의 경제적 이익을 위해 만들어졌기 때문에 한쪽의 성에 의한 다른 쪽의 억압, 즉 남자의 지배와 여자의 복종이라는 결과를 초래한다. 남성은 자유롭고 행복할까? 슬프게도 남성 역시 가부장제의 족쇄에서 신음하며 지내야 한다. 억압의 부메랑이 자신의 심장을 향한다. 경제적 우위를 지키기 위해 대부분의 남성은 끊임없이 고된 노동을 해야 하고, 나머지 가족 구성원과의 수평적이고 친숙한 관계를 잃어버림으로써 아버지는 고립되고 외로운 섬이 되어버린다.

그러므로 여성이 독립적인 인격으로서 스스로를 실현하는 일은 비단 여성만을 위한 과제가 아니다. 모든 관계는 상호적일 수밖에 없다. 지배하는 쪽도 불가피하게 저항이라는 상대의 반작용을 염두에 두어야 하기 때문에 항상 불안의 그림자에서 벗어나지 못한다. 특히 일상적인 관계 안에 있는 가족이라면 더하다.

인문학으로 보는 그리스신화

지배는 외형적으로는 권위를 낳지만, 내면적으로는 고립을 낳는다. 여성의 자유로운 삶은 곧 남성의 자유를 실현하는 전제다.

인문학으로 보는 **그리스신화**
오늘, 우리를 위한 그리스 신화의 재해석

초판 인쇄일 2019년 8월 8일
초판 발행일 2019년 8월 15일
초판 2쇄   2024년 8월 5일

지은이   박홍순

발행인   이상만
발행처   마로니에북스
등 록   2003년 4월 14일 제 2003-71호
주 소   (03086) 서울특별시 종로구 동숭길113
대 표   02-741-9191
편집부   02-744-9191
팩 스   02-3673-0260
홈페이지   www.maroniebooks.com

ISBN 978-89-6053-577-0 (03100)

• 이 책은 마로니에북스가 저작권자와의 계약에 따라 발행한 것이므로 본사의 서면 허락 없이
  는 어떠한 형태나 수단으로도 이 책의 내용을 이용하지 못합니다.
• 책값은 뒤표지에 있습니다.
• 이 도서의 국립중앙도서관 출판예정도서목록(CIP)은 서지정보유통지원시스템 홈페이지
  (http://seoji.nl.go.kr)와 국가자료공동목록시스템(http://www.nl.go.kr/kolisnet)에서 이용하
  실 수 있습니다.(CIP제어번호: CIP2019029746)